Der Pelikan

D1672632

VERGANGENHEITS
VERLAG

Angela Hartwig

DER PELIKAN

Das Leben der Lina Richter
Reformpädagogin, Politikberaterin, Frauenrechtlerin

VERGANGENHEITS
VERLAG

Impressum

Bibliografische Informationen der Deutschen Nationalbibliothek
Die Deutsche Nationalbibliothek verzeichnet diese Publikation in der Deutschen National-
bibliografie; detaillierte bibliografische Daten sind im Internet über
http://dnb.d-nb.de abrufbar.

ISBN: 978-3-86408-318-1

Korrektorat: Ralf Diesel

Grafisches Gesamtkonzept, Titelgestaltung, Satz und Layout: Stefan Berndt – www.fototypo.de

© Copyright: Vergangenheitsverlag, Berlin / 2024
www.vergangenheitsverlag.de

Inhalt

Ich bin verabredet am Stockacher Tor, einem Seiteneingang von Schloss Salem am Bodensee. Es ist der letzte Tag vor den Osterferien, doch Frühling liegt nicht in der Luft. Der Regen peitscht über den Parkplatz, mein Schirm ist vom Winde verweht. Nass und durchgefroren erreiche ich das Internat. Auf dem Schloss soll heute meine Reise in die Vergangenheit beginnen, die mich über Salem, Berlin, Ostpreußen, Usedom und Hamburg bis ins schottische Gordonstoun führen wird. Es ist eine Reise auf den Spuren meiner Urgroßmutter Lina Anna Richter: Bürgertochter, Pädagogin, Frauenrechtlerin, politische Beraterin, Mutter von fünf Kindern. In der Familienchronik dominieren die berühmten Männer, der Komponist Giacomo Meyerbeer oder der Maler Gustav Richter. Für die Geschichten der Frauen war da wenig Platz. Nun will ich eintauchen in das Leben meiner verkannten, aber offensichtlich bedeutenden Vorfahrin. Die Begrüßung am Schlosstor ist herzlich. Die Schulsekretärin empfängt mich, führt durch prunkvolle Gänge, von denen links und rechts die Klassenzimmer abgehen. Ein wohliges Hanni-und-Nanni-Gefühl überkommt mich. Wie mag das Leben meiner Urgroßmutter als Lehrerin auf dem Schloss vor 100 Jahren ausgesehen haben? Ein Schwarz-Weiß-Film läuft in meinem Kopf ab, während um mich herum Schülerinnen und Schüler in Ferienstimmung fröhlich schwatzend Rollkoffer vorbeischieben und Nachrichten in ihre Handys tippen. 800 Briefe, verstaut in Kartons, hat Lina Richter 1933 auf ihrer Flucht vor den Nazis in Salem zurückgelassen. *„Beim Aufräumen entdeckten wir in einem alten Schrank die Briefe. Gott sei Dank hat noch jemand einen Blick hineingeworfen"*, erzählt die Sekretärin. Über Umwege sind die Schreiben erst vor wenigen Jahren in das Berlin-Brandenburgische Wirtschaftsarchiv gelangt. Um das außergewöhnliche Leben meiner Urgroßmutter erfassen und begreifen zu können, habe ich in Archiven in Berlin, Hamburg und Baden-Württemberg recherchiert, Familienalben, Bücher, Briefe und Schriften gesichtet und meinen Vater gebeten, seine Erinnerungen an die Großmutter und ihre Familie noch einmal lebendig werden zu lassen. Die privaten Briefwechsel mit ihren engen Freunden Ida und Richard Dehmel sowie Max Brahn geben einen zusätzlichen Einblick in das Seelenleben meiner Urgroßmutter.

Lina Richter wird als Lina Oppenheim 1872, ein Jahr nach der Reichsgründung, in Berlin geboren. Als Tochter eines reichen Bankiers und einer ostpreußischen Adligen kämpft sie um das Recht auf Bildung für Mädchen und entscheidet sich mit 20 Jahren, Lehrerin zu werden. Einige Jahre später heiratet sie gegen den anfänglichen Widerstand der Familie ihre große Liebe Raoul Richter. Fünf Kinder werden geboren, doch ihr Mann, ein damals bekannter Professor für Philosophie in Leipzig, stirbt früh. Mit 40 Jahren ist Lina Richter Witwe und alleinerziehend. Sie sucht Trost in der Arbeit, beginnt, den akademischen Nachlass ihres Mannes zu ordnen und zu veröffentlichen. Dann schlägt sie einen eigenen Weg ein, engagiert sich in der Deutschen Vereinigung für Frauenstimmrecht. Der Erste Weltkrieg bricht aus. Lina Richter arbeitet im Außenministerium zunächst in der Presseabteilung, dann an der Seite des Prinzen Max von Baden, dem letzten Kanzler des Kaisers. Dessen Autobiografie *Erinnerungen und Dokumente* gestaltet sie entscheidend mit. Als Mitinitiatorin der Heidelberger Vereinigung engagiert sich Lina Richter für eine Revision des Versailler Vertrages. Sie schreibt ein Buch über die grausamen Auswirkungen der englischen Seeblockade auf deutsche Familien. Deren Not versucht sie, mit großzügigen Spenden und karitativer Arbeit zu lindern. Nach dem Krieg gründet Lina Richter mit ihrem ehemaligen Chef Kurt Hahn das reformpädagogische Internat Salem, wo sie ihren alten Beruf als Lehrerin wieder aufnimmt. Sie flieht vor den Nazis nach Großbritannien. Einige Jahre später reist sie in einer Familienangelegenheit noch einmal zurück nach Deutschland. Der Ausbruch des Zweiten Weltkrieges macht die Rückkehr ins schottische Gordonstoun unmöglich. Lina überlebt den Krieg in Berlin. Nach Kriegsende zieht es sie erneut für einige Jahre nach Schottland. Ihren Lebensabend verbringt Lina Richter schließlich bei ihrem ältesten Sohn in Frankfurt am Main.

Lina Richter war keine Anführerin, sie stand nie in der ersten Reihe, aber sie war Beraterin, Ideengeberin und die ordnende Hand hinter einigen großen Männern ihrer Zeit. Die an sie gerichteten Briefe zeugen von dem großen Respekt, den Philosophen, liberale Politiker, Künstler und Wissenschaftler vor Lina Richter hatten, und davon, wie viel Wert sie auf ihre Meinung und Rat legten. Hildegard vom Spitzemberg, eine Freundin ihrer Schwiegermutter Cornelie Richter, schrieb über meine Urgroßmutter: *„Die kleine Frau gefiel mir ausnehmend: so ernst, so hübsch fanatisch in ihren Ansichten und Gefühlen! Ich hatte das Gefühl, das dieses Paar auf edle Ziele losgeht mit dem heiligen Eifer der Jugend – sie werden ihre Erfahrungen machen, ihr Lehrgeld zahlen, aber ihre Lebensarbeit wird eine gesegnete sein, weil mit voller Seele getan."*[1]

Dieses Buch erhebt nicht den Anspruch, wissenschaftlich-akademische Studie zu sein. Vielmehr möchte ich über die zitierten Briefe die Akteurinnen und Akteure in Dialog miteinander treten lassen. Die dialogische Darstellung ist eingebettet in den historischen Kontext. Aber wie umgehen mit der Tatsache, dass vieles, was sich im Privaten ereignete, wenig bis gar nicht schriftlich überliefert ist? Die Geschichtswissenschaft hat ihre Probleme mit allem, was nicht als Quelle fixiert ist. Doch Gespräche in der Familie, ihre Gewohnheiten und Traditionen werden in der Regel nur mündlich von Generation zu Generation weitergegeben. Gerade dieses mündlich Tradierte, also das, was man sich unter den Nachkommen über Lina Richter erzählt, birgt Atmosphärisches und Emotionales. In der Geschichtswissenschaft ist diese Dimension kaum darstellbar, dennoch möchte ich auf Familienüberlieferungen nicht verzichten, auch auf die Gefahr hin, stellenweise eine persönliche, subjektive Perspektive einzunehmen.

In das vergangene Jahrhundert reise ich mit dem Sänger und Schauspieler Otto Reutter, dessen Couplets den Alltag in der Kaiserzeit wunderbar humorvoll kommentieren, sowie mit der Chansonette Claire Waldoff und ihren frechen Texten über die Männer dieser Epoche.

Der großartige Reiz des Landes

Lina Richters Geschichte beginnt in Ostpreußen in der Mitte des 19. Jahrhunderts. Die Schönheit des ursprünglichen Landes in allen Jahreszeiten fängt der Maler Ernst von Saucken in seinen Gemälden ein. Die Bilder strahlen eine tiefe Liebe zur Landschaft und den Menschen aus. Ein Jäger, der gedankenversunken auf einen zugefrorenen See blickt und das Gewehr nicht anheben mag, als ein Hase auf ihn zuläuft. Ein kleiner Junge, der verträumt in einem Kornfeld einen großen Strauß Feldblumen pflückt. Und über allen Bildern wölbt sich der weite Himmel. Ich spüre immer einen tiefen Frieden, wenn ich die beiden beschriebenen Bilder betrachte, die bei uns im Wohnzimmer hängen. Der Dichter Thomas Mann fühlt sich in Ostpreußen *„erfüllt von der Landschaft"*[2] und schwärmt von dem *„großartigen Reiz des Landes"*[3]. Tief verwurzelt mit dem Land lebt die Familie von Saucken-Tarputschen seit Generationen auf dem Familiengut in Tataren. Vater des Malers Ernst von Saucken ist Kurt von Saucken-Tarputschen, Mitglied des Reichstages, seine Mutter dessen Cousine Lina Amalia. Eine Schwester von Ernst wird der Tradition folgend ebenfalls auf den Namen Lina getauft, Lina Louise. Sie wird die Mutter von Lina Anna, meiner Urgroßmutter. Zwei Generationen später kommt der Name zurück in die Familie, meine Tochter trägt den Namen Lina Cornelie.

Ernst und Lina Louise haben noch drei Geschwister: August, Kurt und Elsbeth. Ihr Zuhause ist der Sauckenhof, seine Ruinen lassen noch heute die ehemalige Herrlichkeit erahnen. Hohe Bäume umsäumen das vornehme Herrenhaus mit der großen Freitreppe, die aus dem Sommersalon in den üppig blühenden Garten führt. Im angrenzenden See lernen die Kinder schwimmen.

Das Leben auf dem Sauckenhof ist beschaulich. Jahreszeiten und Wetter bestimmen die Arbeit des Tages. Ein Hauslehrer vermittelt das akademische Wissen, am Nachmittag durchstreifen die Kinder die Natur, erforschen und entdecken die artenreiche Tier- und Pflanzenwelt. Mit den Eltern lesen Ernst, Lina-Louise und ihre Geschwister die für Ostpreußen typischen langen Balladen, singen Lieder über die Heimat.

An langen Winterabenden werden Theaterstücke einstudiert, Kulissen gemalt und Kostüme geschneidert. Wunderbare Bilder entstehen vor meinen Augen, wie gerne würde ich einmal aus unserer hektischen Zeit aussteigen und mit meinen Vorfahren am Kamin plaudern.

Geistiger und kultureller Mittelpunkt Preußens zu der Zeit ist Königsberg. Die Stadt gibt sich weltoffen auch für die jüdische Religion. Nach dem Emanzipationsedikt von 1812, das preußischen Juden einen Antrag auf die Staatsbürgerschaft und damit Bürgerrechte ermöglicht, liegt das Kreditwesen der Stadt überwiegend in den Händen jüdischer Privatbankiers. Eines der größten und angesehensten Bankhäuser in Königsberg ist in den 1860er-Jahren die Firma Oppenheim & Warschauer, die Rudolph Oppenheim gemeinsam mit Robert Warschauer führt.

Oppenheim und seine Frau Dorothea haben vier Kinder, drei Töchter und einen Sohn: Benoit. Benoit ist 25 Jahre, als er die sieben Jahre jüngere Lina Louise von Saucken auf einer Gesellschaft kennenlernt. Vielleicht war es ein prachtvoller Ball, vielleicht ein arrangiertes Dinner. Überliefert ist es nicht, so bleibt Platz für schöne Fantasien. Der Bankierssohn ist ein stattlicher, nicht allzu großer junger Mann. Ein Vollbart verdeckt seinen schön geschwungenen Mund. Aus den tiefen Augenlidern blitzt ein konzentrierter Blick. Benoit Oppenheim ist bestimmt fasziniert von der Schönheit der jungen Lina Louise, ihrem ebenmäßigen Gesicht und den klaren, strahlenden Augen, die auch ihre Tochter Lina Anna später auszeichnen werden. Das gemeinsame Thema der jungen Leute dürfte die Kunst sein. Louise hat ein enges Verhältnis zu ihrem Bruder Ernst, dem Maler. Oppenheim sammelt begeistert und kenntnisreich mittelalterliche und spätmittelalterliche Kunst.

Die Verbindung zwischen Benoit und Louise darf dennoch als heikel bezeichnet werden. Oppenheim entstammt einer bürgerlich-jüdischen Familie, Louise einem alten christlichen Adelsgeschlecht. Ihre Liebe bricht mit Traditionen und sorgt für reichlich Gesprächsstoff in den Königsberger Salons. Die politisch liberal eingestellte Familie von Saucken hält jedoch nicht viel von überholtem Sozialprestige und gibt ihren Segen zu der Verbindung. Die Eltern möchten ihre Tochter materiell gut versorgt wissen, und Oppenheims lockt die Vorstellung, gesellschaftlich aufzusteigen. Die Religion stellt ohnehin kein Hindernis dar, schon Benoits Großvater Mendel Wolff Oppenheim war zum Christentum übergetreten, sein Vater Rudolph, wie er selbst, wurde direkt nach der Geburt getauft.

Am 19. Mai 1870 feiert auf dem Familiengut in Tataren eine große Gästeschar aus Bürgertum und Adel die prachtvolle Trauung von Lina Louise von Saucken-Tarputschen und Benoit Oppenheim. Die Menükarte des opulenten Hochzeitsessens ist erlesen. An langen, mit üppigen Blumenbuketts geschmückten Tafeln genießen Familie und Freunde des Brautpaares Austern, Hummer und Gänseleberpastete. Auf silbernen Tabletts servieren die Diener anschließend Rehrücken mit Spargel und weitere Köstlichkeiten. In den Gläsern perlt Champagner, später werden Weiß- und Rotweine eingeschenkt. Kerzen brennen auf kostbaren Kandelabern und tauchen den Festsaal in ein romantisches Licht. Die Gäste vertiefen sich in Gespräche, genießen das festliche Beisammensein. Französische Früchte und Eistorte beenden das Dinner, bei dem die Korsetts der Damen hoffentlich nicht zu eng geschnürt waren.

Am Morgen nach der Hochzeit beginnt für Lina Louise ein neues Leben in einer fremden Welt. Die jungen Eheleute – Lina Louise ist 20 Jahre alt, Benoit 27 – verlassen das heimatliche Gut im reizvollen Tarputschen und ziehen mit Benoits Eltern nach Berlin. Die Stadt wird ein Jahr später Hauptstadt des Deutschen Kaiserreiches.

Es saust und zischt, poltert und donnert, knirscht und kreischt, knarrt und quietscht

Otto Reutter
Berlin ist ja so groß

Berlin wird immer größer
Es hat Peripherie'n
Die immer weiter weichen
Im Weichbild von Berlin
Lebt man auch dort jahrein, jahraus
Man kennt sich niemals ständig aus.
Berlin ist ja so groß – so groß – so groß –
Denkt man, man kennt Berlin,
Dann ist's schon wieder größer
Als wie es früher schien.
(Text und Melodie: Otto Reutter, Teich/Danner: 252)

In der zweiten Hälfte des 19. Jahrhunderts wächst Berlin in einem kaum vorstellbaren Tempo, entwickelt sich in den Gründerjahren zum Zentrum des Aufschwungs in Deutschland. Motor der Expansion ist die Industrie. Entlang der Spree an der Köpenicker Straße und der Chausseestraße rauchen so viele Schornsteine, sind so viele Dampfmaschinen in Betrieb, dass die Berliner Schnauze die Gegend „Feuerland"[4] tauft. Schnell wird es dort zu eng, und neue Fabriken siedeln sich in den Randbezirken an, verschmelzen zu riesigen Industriekomplexen.

Zu Beginn des Jahrhunderts zählt die Stadt 150.000 Einwohner, als Oppenheims in Berlin ihre neue Heimat finden, leben bereits 1,5 Millionen Frauen, Männer und Kinder in der Metropole. Diese Menschen müssen versorgt werden, und so wächst nicht nur die Industrie, sondern alle Bereiche der Wirtschaft boomen, auch kräftig angekurbelt durch fünf Milliarden Franc Reparationszahlung der Franzosen. Geschäfte, Cafés, Restaurants und Theater öffnen ihre Türen, es gründen sich Versicherungen und Banken – hier mischen Rudolph und Benoit Oppenheim kräftig mit.

Rudolph Oppenheim lässt für seine Familie in der Bellevuestraße am Tiergarten eine prachtvolle Familienvilla bauen, alte Kastanienbäume prägen das Bild in einer der vornehmsten Gegenden der Stadt. Während der Bauphase residieren Benoit und Lina Louise in einer Wohnung am Pariser Platz. Sie leben zu Beginn ihrer Berliner Jahre noch mittenmang im trubeligen, lauten Geschehen. Seinen Eindruck vom Alltag auf den Straßen von Berlin beschreibt der Schriftsteller Otto von Leixner einige Jahre später: *„Wer durch die belebten Hauptstraßen der Weltstadt wandelt, dem scheint es fast unmöglich, dass hier noch irgendwo stille Inseln sich erhalten haben können. Das Ohr wird von Lärm erfüllt; schwerfällige Omnibusse rasseln, unter stetigem Geklingel rollen Pferdebahnwagen, dazwischen vornehme Kutschen, Droschken, Milchwagen, deren geleerte Blechgefäße bei jedem Stoß klirren, schwerbeladene Frachtfuhrwerke poltern, über eine nahe Brücke braust unter schrillem Pfiff ein Zug daher. Es saust und zischt, poltert und donnert, knirscht und kreischt, knarrt und quietscht! Und zu diesen Geräuschen, die durch äußere Kräfte erzeugt werden, gesellen sich die mannigfaltigen Laute der lebendigen Wesen, Gepiepse von tausend Spatzen, Pferdegewieher, Hundegebell und das Geplauder und Geschwätz der Menschen. All diese Töne fließen zu einem Strome von Geräuschen zusammen, dessen Getöse den Kleinstädter betäubt, den Eingeborenen aber wenig stört.“*[5]

Was für ein Kontrast zu der stillen Idylle Ostpreußens und dem Leben in der Natur. Aus der alten Heimat schreiben die Kinder später Briefe, die aus einer anderen Welt zu stammen scheinen: *„Da haben wir Würmer gesucht, wir haben auch sehr viele gefunden und einen großen Vogel gesehen, der graublau mit schwarzen Flügelspitzen war, auch haben wir einen Hasen gesehen mitten im Garten. Dann haben wir Hasenhetze gespielt mit den Kindern vom Gärtner. Da war einer Hase und viele waren Hunde, dann war ein Gebüsch der Wald, wo der Hase frei war, und an demselben Gebüsch fängt man an zu laufen. Der Hase bekommt 8 Schritt Vorsprung, und ist gezwungen Haken zu schlagen, um in das freie Gebüsch zu kommen. Da so viele Hunde sind, muß der Hase zwischen den Hunden Haken schlagen, wobei er sehr oft gefangen wird.“*[6]

Kaum angekommen in Berlin, kündigt sich bei Oppenheims Nachwuchs an. Die Schwangerschaft verläuft ohne Komplikationen, am 22. Februar 1871 gebärt Lina Louise ihren ersten Sohn. Er erhält, nach seinem Großvater, den Namen Rudolph. Kurz nach seiner Geburt zieht die Familie in die nun fertiggestellte Villa in der ruhigen Bellevuestraße um. Lina Louise wird schnell wieder schwanger, am zweiten August des folgenden Jahres werden Oppenheims erneut Eltern: Meine Urgroßmutter erblickt das Licht der Welt. Sie wird der Familientradition entsprechend auf den Namen Lina, Lina Anna getauft. Benoit ist stolz auf seine Tochter, verwöhnt das Mädchen und unterstützt sie in ihrem Streben nach Bildung. Lina erbt von ihrem Vater vor allem seine Zielstrebigkeit und die Sturheit. Zwei Eigenschaften, die einer Frau damals durchaus von Nutzen waren, wenn sie sich außerhalb der gesellschaftlichen Normen bewegen wollte – und das wollte sie. Lina bekommt in den folgenden Jahren noch zwei Brüder: Kurt und Benoit, der Jüngere.

Die Kinder haben das Glück, in eine privilegierte Familie hineingeboren zu werden. Oppenheims leben im behaglichen Wohlstand. Benoit übernimmt nach dem Tod seines Vaters dessen Bankhaus, leitet dieses erfolgreich und verdient ein erhebliches Vermögen. 1871 wird das Bankhaus R. Oppenheim Mitbegründer des Berliner Bankvereins. Das Vermögen von Benoit Oppenheim wächst bis 1913 auf über 7,5 Millionen Mark an, was heute einer Kaufkraft von weit über 30 Millionen Euro entsprechen würde. Die Familie lebt ohne Geldsorgen, auch in den Jahren ab 1873, in denen Berlin in die Gründerkrise stürzt, Betriebe verstaatlicht werden und Massen ihre Arbeit verlieren.

Die Geschwister Oppenheim: Lina, Benoit jun., Rudolph und vorne sitzend Kurt.
Foto: Hans-und-Luise-Richter-Stiftung im Stadtmuseum Berlin

Otto Reutter
ABC (Der alte Dorfschulmeister)

A, B, C, mir tut der Schädel weh!
Kinder stell'n oft kluge Fragen
Und wir wissen nichts zu sagen
„Warum?" fragt mich ein kleiner Wicht,
„SCHREIBT man anders, als man SPRICHT?"
Man schreibt „e-u" und sagt „REUE"
Sucht doch einen Laut, nicht zweie.
„e-i" – „ei" man sagt doch nie:
Unser Huhn legt ein „E-i"
(Text und Melodie: Otto Reutter, Teich/Danner Nr. 349)

Lina und ihre Brüder erhalten standesgemäß eine gute Bildung und
Erziehung. Meine Urgroßmutter darf weit mehr lernen, als es für junge
Mädchen ihrer Gesellschaftsschicht im ausgehenden 19. Jahrhundert
üblich ist. Und sie darf nach ganz neuen Methoden lernen. Ihr Vater
stellt den Berliner Reformpädagogen Siegmund Auerbach als Privatlehrer
ein. Sein Ansatz, zu unterrichten, unterscheidet sich elementar von den
Methoden der Staatsschulen. Die Reformpädagogik steckt um 1880 noch
in den Kinderschuhen, Auerbach ist einer ihrer ersten Vertreter. In der
Familie Oppenheim legt er den Grundstein für die berufliche Zukunft
der klugen Tochter. Auerbach trichtert Lina nicht nur Zahlen und Daten
ein, sondern versucht, ihr Interesse an Bildung zu erwecken. Er motiviert
sie, sich Herausforderungen zu stellen, macht sie neugierig auf die Welt.
Sie soll erkennen, nicht auswendig lernen. Lina fiebert den Unterrichts-
stunden entgegen, vor allem Sprachen faszinieren das junge Mädchen.
Neben Französisch lernt sie Englisch, die Sprache, die sie im Ersten Weltkrieg für die Regierung und Oberste Heeresleitung übersetzen wird.

Auerbach ist es aber nicht allein, der Lina in jungen Jahren formt.
Viel geistige Anregung verdankt sie ihrem verehrten Onkel Ernst von

Saucken. Der Mentor ihrer Kindheit liest mit seiner Nichte die klassischen Werke der Weltliteratur, führt sie in die griechische Mythologie und römische Kaisergeschichte ein. In der Familienvilla in Berlin finden die langen Abende des gemeinsamen Lesens, die von Saucken aus seiner Kindheit in Tarputschen kennt, eine Fortsetzung. Ernst von Saucken, dessen Gesicht schon Großzügigkeit und Herzenswärme ausstrahlt, gibt Lina die Geborgenheit, die sie bei ihrem manchmal herrischen Vater vermisst.

Ernst von Saucken: *„Meine liebste Lina (...) Deine Liebe, Deine herzliche Treue in all der Zeit, die wir miteinander verlebt haben, bildet einen wertvollen Bestandteil von dem, was ich mein Lebensglück nenne. Du und Rolf, Ihr seid die ältesten und in Ihrer Treue berührtesten, gleichsam die Führer der jüngeren Generation, die mir eine Liebe entgegenbringt, welche mich den Besitz eigner Kinder nie hat vermissen lassen. Diese Liebe ist dadurch noch seltener und kostbarer, daß das natürliche Band nicht so eng ist, sie ist ein aus freier Wahl gegebenes Geschenk. Und wie ein Geschenk nimmt mein dankendes Herz sie auf, möchte sie hüten und sich noch lange daran wärmen."*[7]

Lina und ihr Onkel, der nur 16 Jahre älter als seine Nichte ist, verbringen vor allem im Sommer viel Zeit miteinander, wenn sie mit ihrer Mutter und den Brüdern nach Ostpreußen auf das Familiengut reist. Es sind wunderbare Wochen voller Kinderglück, von denen die Geschwister ihrem Vater, der in Berlin nicht abkömmlich ist, in vielen Briefen berichten.

Kurt Oppenheim: *„Lieber Papa! (...) Heute, weil es so heiß war, machte ich einen Spaß und legte mir den Schwimmgürtel an und schwamm ein wenig am Strick. (...) Wir können jetzt schon auf den Stelzen ziemlich weit gehen und wir können schon reiten, sogar Benni."*[8]

Im Garten porträtiert der Maler Ernst von Saucken seine Nichte, als sie zehn Jahre alt ist. Vielleicht malt er das Bild sogar an ihrem Geburtstag. Lina trägt ein feines rosa Kleid und einen hellgelben Sonnenhut.

Kindersommer in Ostpreußen: Lina Richter, gemalt von
ihrem Onkel Ernst von Saucken, 1882

Ein Weidenkorb liegt über ihrem Arm, darin hat sie Sommerblumen gesammelt. Im Hintergrund blühen prächtig die Stockrosen. Der Blick des Mädchens allerdings ist scheu, fast melancholisch. Ernst von Saucken hat Linas ernstes Wesen schon in Kinderjahren erkannt.

Auf dem Gut der Vorfahren entwickelt meine Urgroßmutter als junges Mädchen auch ihre Liebe zur Natur und zur Freiheit. In Tarputschen liegt der Grundstein für ihr späteres Engagement in der freideutschen Jugendbewegung. Ostpreußen wird für Lina immer ein Sehnsuchtsort bleiben. Während ich die Briefe ihres kleinen Bruders lese, verstehe ich es immer besser.

Kurt Oppenheim: *„Lieber Papa! Gestern haben Rudi und ich einen Krebs gefangen und zum Abendbrot mit andern Krebsen aufgegessen. Heute kam ich mit, um zuzukucken wie Onkel sich badete und da sah ich wie eine junge Grasmücke aus dem Nest fiel und ich zeigte sie Onkel, dieser sagte mir sie zu lassen und ich tat es. Nachher gingen wir in's Feld, wo ein Fischreiher flog. Mama und allen geht es gut, und wie geht es Dir und Großmusche? Hier ist es sehr schön, es hat noch kein mal geregnet. Heute sind wir gewogen. Benni wiegt 36, Lina 48, Rudi grade 60 und ich 45 Pfund. Ich habe schon alle Hunde gesehen. Alle grüßen Dich sehr und ich bin mit einem herzliche Gruß Dein Kurt.“*[9]

Kurt muss ein fröhlicher, aufgeweckter kleiner Junge gewesen sein. Lina liebt ihren Bruder sehr. Das ernste Gesicht auf dem Porträt wirkt fast, als hätte sie eine Vorahnung auf das herannahende Unglück. Zurück in Berlin erkrankt Kurt plötzlich schwer. Die Ärzte diagnostizieren Diphtherie. Die gefürchtete Krankheit trägt damals den grausamen Beinamen „Würgeengel der Kinder“.[10] Den Jungen plagt hohes Fieber, sein Hals ist schwer entzündet, das Atmen fällt ihm immer schwerer. Qualvoll erstickt Linas Bruder, stirbt mit nur acht Jahren. Wie viele Stunden mag seine Schwester wohl an seinem Krankenbett verbracht, seine Stirn gekühlt, ihm Hoffnung zugesprochen haben? Vielleicht durfte sie aber auch gar nicht zu ihm, weil die Eltern Angst vor Ansteckung hatten.

Die Wunde, die Kurts Tod in Linas Herz hinterlässt, verheilt nie ganz. Viele Jahre später rettet meine Urgroßmutter aus dem Nachlass ihres Vaters die vielen Briefe, die Kurt aus Tarputschen geschrieben hat, und bewahrt diese kostbaren Fundstücke bis zu ihrer Flucht auf. Für ihren zweiten Sohn wünscht sich Lina den Namen Curt. Als Curt zwei Jahre alt ist, porträtiert der Maler Georg Kolbe den Jungen nach ihren Vorgaben. Auf dem Bild hält Linas Sohn schützend seine Hand über einen Eisvogel. Eine Erinnerung an den letzten fröhlichen Sommer in Ostpreußen mit ihrem Bruder.

Kurt Oppenheim: *„Lieber Papa! (...) Wir haben vorgestern hier einen Eisvogel gesehen, als wir ihn fliegend sehen wollten, warf man mit Steinen nach ihm, und traf ihn auch, aber er flog nicht weg bis Onkel Ernst den Zweig, auf welchem er saß schüttelte daß er runter fiel und da flog er erst weg."[11]*

Ich bin überzeugt, dass der frühe Tod des Bruders den Wunsch meiner Urgroßmutter begründet, Pädagogin zu werden und sich politisch für Familienpolitik und Kinderfürsorge einzusetzen.

Im folgenden Sommer reist die Familie erstmals nicht nach Ostpreußen, sondern auf die 200 Kilometer von Berlin entfernte Insel Usedom, wo Benoit 1883 die Villa Oppenheim erbauen lässt. Das strahlend weiße neoklassizistische Bauwerk gehört noch heute zu den schönsten Villen an der Strandpromenade in Heringsdorf. Usedom entwickelt sich in der zweiten Hälfte des 19. Jahrhunderts zu einem mondänen Treffpunkt für die Berliner Gesellschaft. Adel, Banker und Großindustrielle, aber auch Künstler, Maler und Musiker verbringen die Ferien auf der Insel und bauen in der Parklandschaft hinter der Promenade ihre Sommerhäuser. Auch der Kaiser besucht das Seebad häufig, genießt private Teestunden bei der verwitweten Konsulin Staudt. Von Berlin aus ist Usedom für die Sommerfrischler bequem auch ohne Pferd und Kutsche zu erreichen. Die Bahn fährt bis Stettin, von dort aus geht es mit dem Dampfer nach Swinemünde und dann weiter nach Heringsdorf.

Ernst von Saucken: *„Die Tage, die ich in Heringsdorf verlebt, stehn mir in sehr guter Erinnerung; ich liebe den Ort unbeschreiblich, d. h.*

Einst Motiv für den Künstler Lyonel Feininger: Die Villa Oppenheim in Heringsdorf

eigentlich den Besitz, in dem das Sommerleben Eurer Familie sich nun
schon seit mehr als einem Menschenalter abspielt und der für mich darum
etwas alt-anheimelndes hat."[12]

Neben Oppenheim besitzen auch die Bankiersfamilie von Bleichröder und der Fabrikant Hugo Delbrück prachtvolle Villen in Heringsdorf. Sie genießen an der Ostsee nicht nur die Sommerfrische, in den Herrenzimmern werden bei Cognac und Zigarren auch einträgliche Geschäfte verhandelt.

In der Villa Oppenheim wird Lina im Sommer 1933 ihren jüdischen Freund Kurt Hahn verstecken, bevor beide nach Schottland emigrieren. Kurz darauf beschlagnahmt die NSDAP die Villa und richtet dort ihre Ortsparteizentrale ein. Nach dem Krieg bringt das Ministerium für Staatssicherheit seine Gäste in dem Gebäude unter.

Viele sehnsuchtsvolle Blicke habe ich bei früheren Besuchen auf Usedom schon auf die Villa Oppenheim geworfen, die nach der Wende verkauft und zu einem Resort-Hotel umgebaut wurde.

Seit diesem Sommer ist das Anwesen „dauerhaft geschlossen". Das strahlende Weiß der Fassade ist in ein Beige übergegangen, an den ikonischen Säulen beginnen grüne Algen zu wachsen. Am gegenüberliegenden Strand dreht sich zu lauter Musik ein Riesenrad. Während ich Fotos für das Familienalbum knipse, dröhnt *Rockin' All over the World* von Status Quo in meinen Ohren. Was für eine unwirkliche Szenerie.

Claire Waldoff
Es gibt nur ein Berlin

Einstmals zwischen Moor und Torf
Stand ein altes Fischerdorf
Klein, aber kess
Stets voller Noblesse
Allbeliebt war's weit und breit
Wegen der Bescheidenheit
Das war Berlin!
Zauberstadt Berlin

Ihr braucht uns gar nichts vorzugaukeln
Von dem berühmten Wiener Charme
Wir werden das Kind, das Kind schon schaukeln
Wir nehmen Euch alle auf den Arm

Es gibt nur ein Berlin
Und das ist mein Berlin
Hält uns auch keiner für normal
Das ist uns alles ganz egal
(Text: Willi Kollo, Hans Pflanzer, Melodie: Willi Kollo)

Zurück in Berlin: Dort residiert in enger Nachbarschaft zu Oppenheims in der Bellevuestraße 5 die Salonniere Cornelie Richter in ihrer Stadtwohnung. Sie ist die Witwe des gefeierten Malers Gustav Richter. Der Künstlerfürst, Träger des Ordens Pour le Mérite, porträtiert die feine Berliner Gesellschaft, in der er auch privat eine hohe Stellung genießt. Richters bekanntester Auftraggeber ist Kaiser Wilhelm I., das wohl berühmteste Gemälde ein posthum entstandenes Bildnis der Preußenkönigin Luise, heute zu sehen im Wallraff-Richartz-Museum in Köln. Viele Reisen führen den Künstler in den Orient, es entsteht sein

Meisterwerk *Der Bau der Pyramiden* und hält Einzug in die Münchner Historische Galerie. Das Monumentalgemälde verbrennt im Zweiten Weltkrieg.

Cornelie und Gustav Richter haben vier Söhne, der zweitälteste trägt den Namen Raoul. Ein – wenn auch bestimmt unabsichtlich – mit Vorausschau gewählter Name. Raoul ist die Hauptfigur in Giacomo Meyerbeers Oper *Die Hugenotten*. Vor dem Hintergrund der blutigen Bartholomäusnacht erzählt die Oper die traurige und tödlich endende Liebesgeschichte zwischen dem Hugenotten Raoul de Nangis und der Katholikin Valentine de Saint-Bris. *Die Hugenotten* gelten heute als musikalisches Schlüsselwerk des 19. Jahrhunderts. Sein Komponist Meyerbeer ist der Vater von Cornelie Richter. Die jüngste Tochter ist mit ihrer jüdischen Familie eng verbunden, dennoch tritt sie mit nur 17 Jahren aus tiefem Glauben zum Christentum über, erhofft sich zudem eine größere Akzeptanz in der Gesellschaft. Ein Trugschluss, denn für den Berliner Adel und das Bürgertum bleibt Cornelie Richter, geb. Meyerbeer, eine Jüdin, die immer wieder antisemitischen Anfeindungen ausgesetzt ist. Ihr Vater ahnte es.

Giacomo Meyerbeer: „*Keine Pomade de Lion keine Graisse d'ours ja nicht einmal das Bad der Taufe kann das Stück Vorhaut wieder wachsen machen, dass man uns am 8ten Tag des Lebens raubte: und wer nicht am 9t. Tage an der Operation verblutete, dem blutet sie sein ganzes Leben lang nach, bis nach dem Tode noch.*"[13]

Zwei Jahre nach dem Tod des Komponisten lernt Cornelie Meyerbeer 1866 ihren zukünftigen Mann bei einem winterlichen Empfang der Mutter kennen. Sie ist 24, Gustav Richter bereits 43 Jahre alt. Dann geht alles sehr schnell: Heiratsantrag, Verlobung im Mai, Hochzeit nach nur drei Monaten im August. Die Gesellschaft tratscht: Was mag der Grund für diese Eile sein? Das Brautpaar mochte wohl einfach ungern warten, Cornelie Richter ist zu diesem Zeitpunkt noch nicht schwanger. Ihr erster Sohn Giacomo Gustav kommt 1869 auf die Welt, 1871 folgt Raoul. Der Vater malt die beiden Lockenköpfe im Sonntagsanzug. Das Gemälde hängt im Haus meiner Eltern, und ich komme nicht umhin, eine gewisse Ähnlichkeit zu meinen Söhnen im Kindesalter festzustellen.

Ein Jahr nach Raoul wird Reinhold, und 1876 Hans geboren. Cornelie und Gustav Richter führen eine glückliche, gesellschaftlich rege und für die Söhne vorbildliche Ehe.

Doch der Künstler leidet an Rheuma, fürchtet, in naher Zukunft nicht mehr malen zu können. Er begibt sich in die Hände des bekannten Arztes Ernst von Leyden, der schon den krebskranken Kaiser Friedrich III. behandelte. Von Leyden ist – und hier kommen die Familien zueinander – Linas Onkel, verheiratet mit Benoit Oppenheims Schwester. Der Arzt stellt die Verbindung her zwischen Kunst und Geld, doch die Ehepaare sind zu verschieden in ihren Interessen, als dass daraus eine Freundschaft erwachsen könnte. Oppenheims leben gesellschaftlich eher zurückgezogen, Richters lieben den großen Auftritt, sind gerne Gastgeber glamouröser Feste im Atelier des Malers.

Philipp von Eulenburg, preußischer Diplomat, enger Vertrauter von Kaiser Wilhelm II. und gern gesehener Gast im Richter'schen Salon: *„Der ungewöhnlich liebenswürdige, schöne Mann war mit der geistvollen jüngeren Tochter Meyerbeers, Cornelie, vermählt, deren großes Vermögen dieses selten liebenswürdige kluge Paar in den Stand setzte, in schönen, mit Kunstschätzen angefüllten Räumen des Hauses Bellevuestraße 5 eine fürstliche Gastfreundschaft zu üben. (...) Auch Figuren der Bohème sah man bisweilen bei Richters und sonderbare Käuze aus der Gelehrtenwelt.“*[14]

Die Bohème, ebenso wie sonderbare Käuze aus der Gelehrtenwelt, ist vor allem dem nüchternen Benoit Oppenheim suspekt. Die Kinder jedoch kommen einander näher. Rudolph und Raoul freunden sich an, verbringen viel Zeit miteinander. Und immer öfter ist auch Lina mit von der Partie, sie mag den einfühlsamen, ernsten Raoul. Er ist es wohl auch, der die Freundin nach dem Tod des kleinen Bruders tröstet und auffängt. Nur zwei Jahre nach dem Tod von Linas Bruder trauert Raoul

Die Söhne des Malers: Giacomo Gustav (rechts) und Raoul Richter um seinen Vater. Die aufwändigen Behandlungen und Kuren, denen sich Gustav Richter unterzieht, verlängern am Ende nur das Leiden. Der Maler stirbt am 3. April 1884 in den Armen seiner Frau.

Cornelie Richter: *„Alles was ich bin danck ich Dir! Alles Glück! Du hast mich gelehrt in heitern Tagen heiter und in schweren Tagen geduldig zu sein. Durch Deine Augen sehe ich die Schönheit. Und deine Bescheidenheit – die wahre Innere – sei mein Leitstern."*[15]

In einem Nachruf auf Gustav Richter heißt es: *„Viele haben neben ihm um den gleichen Ruhm geworben. Aber die Sonne dieses seltenen Genius, welcher als Künstler, Dank seinem ernsten und edlen Streben, immer ein Schoßkind des Glückes gewesen ist, hat sie alle überstrahlt, und heute, wo diese Sonne erloschen ist, sucht man in Berlin vergeblich nach einem Meister, der würdig ist, seine Erbschaft anzutreten."*[16]

Doch der Ruhm des Malers, zu Lebzeiten groß, verblasst nur wenige Jahrzehnte später. Nach dem Untergang der wilhelminischen Gesellschaft, die er porträtierte, ist seine Kunst nicht mehr gefragt. Theodor Fontane schreibt in einem Brief an seine Frau: *„Es war ein Pech für ihn, daß er nur Trivial-Comtessen und Juden-Madames zu malen hatte."*[17] Das Märkische Museum Berlin würdigt die Arbeit Gustav Richters 2004 noch einmal mit einer Gedenkausstellung unter der Überschrift *„Juden Bürger Berliner – das Gedächtnis der Familie Beer – Meyerbeer-Richter".* Kurz nach Ausstellungsbeginn kommt in England sein Urururenkel auf die Welt, mein Sohn Nicholas-Raoul – mit den schwer zu bändigenden Richter-Locken. Cornelie Richter muss ihre vier Söhne nach dem Tod des Vaters allein großziehen. Baronin Hildegard von Spitzemberg, eine scharfsinnige Beobachterin des politischen und gesellschaftlichen Lebens in Berlin, hält in ihrem Tagebuch fest: *„Ich kann mir die weiche, verwöhnte, von jedem Hauche bewahrte Frau gar nicht denken, ohne diese Atmosphäre von Liebe, frohem Lebensgenuß und Reichtum, gegenüber der Aufgabe, die 4 Söhne zu erziehen."*[18] Die Baronin irrt, Cornelie Richter zeigt sich der Aufgabe sehr wohl gewachsen. Der Reichtum ist vorhanden, und sie ist selbstbewusst

Ihr Salon war Treffpunkt der Berliner Gesellschaft: Cornelie Richter, 1882

genug, ihre herausragende gesellschaftliche Stellung als Witwe zu behaupten.

Cornelie Richters Salon entwickelt sich mit den Jahren zu einem der geistigen Mittelpunkte des damaligen Berlins, ist Anziehungspunkt für Adlige, Künstler, Gelehrte und Diplomaten unterschiedlicher Weltanschauungen und Religionen. Max Reinhardt, Hugo von Hofmannsthal, Cosima Wagner, Elisabeth Förster-Nietzsche, Harry Graf Kessler und Reichskanzler von Bülow treffen bei Vorträgen, Konzerten oder Abendessen aufeinander. In seinen Jugendjahren verkehrt auch Prinz Max von Baden, zu dessen Stab in der Reichskanzlei Lina Richter später gehören wird, häufig und gerne in der Bellevuestraße.

Prinz Max von Baden: *„Verehrteste, liebe Frau Richter! (...) Ich habe Ihnen viel zu danken für so mannigfaltige Beweise freundlicher Gesinnung und für schöne Stunden sympathischen Austausches von Gedanken und Empfindungen, die Alles das umfassten, was mir schön und groß erscheinen darf. – Daß mir solches gewährt wurde, betrachte ich als hohes Glück und eine Verwöhnung des Schicksals."*[19]

Cornelie Richters sanftes, gütiges Wesen, ihre Gabe, verständnisvoll zuzuhören, und die ungewöhnlich harmonische Beziehung zu den vier Söhnen schaffen in ihrem Salon eine besonders anziehende Atmosphäre, erinnern an den *„frohen Lebensgenuß"*[20] früherer Jahre. *„Diese Söhne waren wie Vertreter verschiedener Lebenselemente: Gustav, der Künstler und glänzende Essayist, dessen Gegenwart in einem Salon eine schwingende und bunte Stimmung zauberte, die alle verwandelte und beglückte. Raoul, der Philosoph und Nietzsche-Verehrer, mit dem tiefen, ernsten, forschenden Blick, in dem schon etwas von der Ahnung eines frühen Todes lag; Reinhold, der Jurist, der still beobachtend nur mit wenigen Freunden sich aussprach, Hans, der Offizier. Cornelie Richter selbst, mit ihren sanften, großen schwarzen Augen, die voll Güte und Verständnis strahlten, saß immer mit einem begreifenden Lächeln im matten Licht ihrer großen Lampen."*[21]

Die Gesellschaften im Hause Richter durchweht ein in jeder Beziehung liberaler Geist. Fragen aus Kunst, Politik und Gesellschaft werden offen und manchmal kontrovers erörtert. Auch die moderne Avantgarde erhält Einladungen. Als Erste aus ihrem Kreis bittet Cornelie Richter Henry van de Velde zu einem Vortrag über moderne Kunst in ihren Salon. Der Architekt und Designer legt einen bemerkenswerten Auftritt hin und liefert der Gesellschaft hinreichend Gesprächsstoff für die nächsten Tage. Van de Velde findet sämtliche Möbel im Wohnzimmer seiner Gastgeberin furchtbar, ebenso wie die Bilder seinen Geschmack nicht zu treffen vermögen. Diese Meinung behält er dabei nicht für sich, sondern äußert sein Missfallen unmissverständlich. Am liebsten hätte er die Einrichtung aus dem Fenster geworfen.[22] Cornelie Richter hört lächelnd zu und bewahrt größte Gelassenheit, eine Dame eben. Trotz seiner Abneigung gegen die Inneneinrichtung konstatiert auch van de Velde, dass der Salon von Cornelie Richter zu einem der wichtigsten Salons in Berlin gehört.

Respekt zolle ich der Weltoffenheit und Toleranz meiner Ururgroßmutter. Selbstbewusst lädt sie 1907 den in verschiedene Prozesse um seine angebliche Homosexualität verwickelten Kuno von Moltke zum Weihnachtsfest ein. Sie riskiert damit ihre gesellschaftliche Stellung, verliert sie aber nicht.

Bei allem Ansehen, das Cornelie Richter genießt, bewahrt sie dennoch immer eine Distanz zu ihren Gästen, *sie sprach nicht viel*.[23] Cornelie Richter erklärt ihr Schweigen so: *„Ich möchte das Lob des Schweigens singen, nicht aus Geheimnistuerei: aber einmal verhindert es, uns manch unbedachtes Wort auszusprechen, womit wir auch andere kränken und beleidigen können – zum zweiten ist es auch klug, sich nicht durch ein ausgesprochenes Wort festnageln zu lassen – u endlich können die Umstände sich auch schnell einmal ändern."*[24] Lina wird zu ihrer Schwiegermutter zeitlebens ein vertrautes und sehr herzliches Verhältnis bewahren, nennt sie Mama. Beide Frauen verlieren früh die geliebten Männer, müssen ihre Kinder allein erziehen und sich in einer patriarchischen Gesellschaft behaupten. Sie meistern selbstbewusst ihr Leben, aber was geht in ihren Herzen vor? Ich bin sehr dankbar, die Briefe an die wenigen Männer und Frauen lesen zu dürfen, denen meine

Vorfahrinnen sich anvertraut haben. So fühle ich mich ihnen in gewisser Weise nahe.

Lina Richter: „*Meines Mannes Mutter ist gar nicht, glaube ich, zu begreifen, ohne von ihrer Jugend und glücklichen Zeit, dem langen wunderbar getragenen Leid erst im Kampfe mit der Krankheit, dann nach dem Tod des Gatten, anschauliche Bilder zu haben. Mir sind, ehe ich offiziell zur Familie gehörte, objektive Schilderungen von Augenzeugen zugetragen worden; seitdem kann ich sie nie ansehen, ohne daß ich zugleich ihr an Glück und Leid überreiches Erleben auftauchen sehe. Ihre Seele muß verschlossen sein, weil sie zu viel bewahrt.*"[25]

Claire Waldoff
Warum soll er nicht mit ihr?

Warum soll er nicht mit ihr vor de Türe stehn?
Warum soll er nicht mit ihr mal konditern jehn?
Warum soll er nicht mit ihr, wehn die Frühlingslüfte zart
Machen mal uff de Spree eene Mondscheinfahrt?
Warum soll er nicht mit ihr mal nen Witz riskiern?
Warum soll er nicht mit ihr mal die Liebe spürn?
Warum soll er nicht mit ihr, warum soll er nicht mit ihr?
Tscha, ick weeß et nich – die Mutter, die is nich dafür
(Text und Melodie: Claire Waldoff)

In Linas Fall wird es der Vater sein, der nicht dafür ist. Benoit Oppenheim beäugt die immer enger werdende Freundschaft zwischen Lina und Raoul argwöhnisch. Aus den Kindern sind zwei ernste, forschende junge Menschen erwachsen, die beginnen, sich langsam ineinander zu verlieben.

Beide eint das Interesse für Theater und Philosophie. Sie schreiben und schenken sich lange Dramen, in denen sie ihr Leben, ihre Freude, aber auch ihre Traurigkeit verarbeiten. Raoul und Lina können sich ereifern in Diskussionen über Kunst, Literatur, Philosophie und Politik. Die gemeinsamen Leidenschaften ergänzt Raoul um die Musik, in der er sich ganz verlieren kann. Diese Gabe hat er von seinem Großvater Giacomo Meyerbeer geerbt, dem er nicht nur äußerlich ähnelt.

Lina Richter: *„Nicht nur als Enthusiast, auch als tiefer Kenner fast aller ihrer wahrhaft großen Erzeugnisse durfte er in den Bezirken der Musik und Dichtung seine zweite Heimat finden. Über Erkenntnis und Kunst wölbte sich ihm der gleiche Himmel – ein Äther, in dem Kleinliches verdampfte. Und schloß sich Raoul Richters Geist persönlichen, rein*

Die Jugendzeit: Lina Richter um 1890

menschlichen Beziehungen mit einer Wärme auf, die Fernerstehende nicht ahnen konnten – gerechtfertigt mußte jedes solches Verhältnis werden durch eine Übereinstimmung im Wesentlichen der Charaktere; er mußte dem Anderen unter jenem Himmel einmal begegnet sein."[26]

Raoul Richter und Lina Oppenheim sind sich unter jenem Himmel begegnet. Hier finden zwei Schöngeister mit den gleichen *„edlen Zielen"* zueinander. Die Jugendliebe hält auch in den Studentenjahren, die Raoul nach Heidelberg und Leipzig führen. Cornelie Richters Sohn schreibt sich zunächst für Medizin ein, doch seine Berufung ist die Philosophie. In Leipzig lernt Raoul den Philosophen Max Brahn kennen, er wird ein enger Freund und Wegbegleiter auch von Lina.

Max Brahn: *„Er fühlte sich als einen der Auserwählten, nicht in der Leistung, aber in der Gesinnung und in der Notwendigkeit, dem Weltdenken sein Leben zu widmen.*"[27]

Lina ist gerade 18 Jahre alt, da erkrankt auch ihre Mutter, stirbt 1890 mit nur 40 Jahren. Die einzige Tochter ist nun auch die einzige Frau im Haus. Benoit Oppenheim hat ehrgeizige Pläne, möchte Lina verheiratet und versorgt sehen. Ein Industrieller, Banker oder Politiker wäre als Schwiegersohn nach seinem Geschmack. Favorit soll nach Familienüberlieferungen der Industrielle und spätere Außenminister der Weimarer Republik, Walter Rathenau, gewesen sein. Auch Rathenau kann sich die Verbindung gut vorstellen, wie er später einmal gegenüber Ida Dehmel gesteht. *„Ich frage ihn, ob er Frau Lina Richter kenne, u. da sagt er, das sei diejenige gewesen, die ihm als seine Frau vorgeschwebt habe.*"[28] Lina jedoch weigert sich, eine arrangierte Ehe einzugehen. Benoit Oppenheim wird ein herrisches Wesen zugeschrieben, die Tochter hat es nicht leicht, sich gegen das Familienoberhaupt durchzusetzen. Lina nimmt gegen den Vater ihren ersten Streit mit der Männerwelt auf und beginnt, 20 Jahre alt, ein eigenständiges Leben zu planen. Gerne würde die gebildete Tochter des Bankiers studieren, doch die Türen der Universitäten öffnen sich für Frauen in Preußen erst 1908, *„allerdings nicht, damit Frauen sich selbst verwirklichen, sondern der deutsche Mann* *nicht durch die geistige Kurzsichtigkeit und Engherzigkeit seiner Frau am Herd gelangweilt werde".*[29]

Die Töchter des reichen Bürgertums werden üblicherweise dazu erzogen, einen geselligen, standesgemäßen Haushalt zu führen. Sie sollen in ihren Salons eine angemessene Konversation führen können – am besten auf Französisch. Die Themen, mit denen sich die Damen der Gesellschaft befassen, sind Literatur, Kunst, Gärten, die Erziehung der Kinder. In diesen Bereichen darf die Frau bewandert sein. Briefe in geschliffener Sprache schreiben, Klavier spielen und tanzen zu können, zählen ebenfalls zu den Anforderungen an die Bürgertöchter. Höhere Bildung anzustreben, einem Studium oder gar einer bezahlten Arbeit nachzugehen, steht dagegen nicht auf dem gesellschaftlich vorgezeichneten Lebensplan.

Cornelie Richter: *„Man sagt immer, es sei für Mädchen nicht wichtig, ihnen eine gelehrte Erziehung zu geben, das ist gewiss wahr – aber eine möglichst breite geistige Bildung sollte man ihnen doch zu kommen lassen – einen Drill selbständig zu denken – es ist in späteren Jahren oft schmerzlich, wenn man, trotz wachsender Intelligenz Schwierigkeiten hat, eine kräftigere geistige Kost zu verstehen – weil einem der nötige Schulsack fehlt – ich habe das an mir selbst erfahren."*[30]

Da Lina das Studium verweigert wird, sucht sie nach einem Beruf. Das allerdings ist außerhalb der Arbeiterklasse ebenfalls gar nicht einfach. Der einzige Ausweg, der emanzipierten Bürgertöchtern offensteht, ist eine Ausbildung zur Pädagogin. *„So ist es wenig verwunderlich, dass die Vorreiterinnen der bürgerlichen Frauenbewegung im Kaiserreich und Weimarer Republik Lehrerinnen waren – und diesen Beruf als Sprungbrett für ihre spätere politische Karriere nutzen."*[31]

Diese Vorreiterinnen sind unter anderen Helene Lange, Gertrud Bäumer, Liv Fischer-Eckert, Agnes von Zahn-Harnack oder Minna Cauer. Auch Lina wird diesen Weg gehen.

Lehrerinnen dürfen in der Kaiserzeit jedoch nicht heiraten, sondern unterliegen dem sogenannten Lehrerinnenzölibat. Die Lehrerin hatte

Die Lehrerin hatte ein Fräulein zu sein: Lina Richter um 1895

ein Fräulein zu sein. Die männliche Gesellschaft traut dem weiblichen Geschlecht schlicht nicht zu, seinen Verpflichtungen als Mutter und Ehefrau sowie der Arbeit als Pädagogin gleichzeitig nachkommen zu können. Ohnehin herrscht die Meinung, dass Frauen, die einen Beruf der Ehe vorzögen, psychische Probleme haben müssten. Eine Lehrerin, die nicht hysterisch sei, gehöre zu den Seltenheiten.[32] Diese Aussage wird dem Psychiater Carl Wernicke (1848–1905) zugeschrieben. Was für einen frauenfeindlichen Unfug selbst studierte Köpfe damals ohne großen öffentlichen Widerstand verfassen durften. Lina mag das Zölibatsgelübte jedoch ganz gelegen gekommen sein. Sie kann der Ehe entsagen, ohne ständige Diskussionen mit dem Vater führen zu müssen, der in seiner Tochter die eigene Dickköpfigkeit und Sturheit wiedererkennen muss.

Das Lehrerinnenzölibat überlebt die Kaiserzeit und zwei Weltkriege. Erst in den Fünfzigerjahren wird es aus den entsprechenden Dienstverordnungen der Länder gestrichen. Mit den Jahren wächst Lina zu einer attraktiven jungen Frau heran. Die dunklen, vollen Haare trägt sie meist zurückgesteckt. In ihrem Gesicht dominieren die großen wachen Augen, der entschlossene Blick und der volle Mund. Ein Mund, der allerdings nur selten lächelt. Die junge Lina Oppenheim ist nicht im herkömmlichen Sinne hübsch, aber sie strahlt bürgerliche Eleganz und Intelligenz aus. Es ist ein schönes, klares Gesicht, das in Erinnerung bleibt. Ich habe eine Fotografie meiner Urgroßmutter neben den Laptop gestellt und schaue während des Schreibens von Zeit zu Zeit hinüber. So fühle ich mich ihr verbunden und lasse mich von ihrem kritischen Blick immer wieder zur Arbeit anspornen. Als Frau versteht Lina es, sich zurückhaltend elegant und klassisch zu kleiden. Sie ist nicht eitel. Große Federhüte, gerüschte Kleider, ein tiefes Dekolleté, auffälliger Schmuck – diesen Extravaganzen der damaligen Mode verweigert sie sich. Lina braucht keine Diamanten, um zu glänzen, sie begnügt sich mit einer bescheidenen Brosche. Ein einziges Mal lässt sich meine Urgroßmutter in einem mit Fischen gemusterten Kimono fotografieren, ein seltener Farbklecks in ihrem Kleiderschrank. Die Aufmerksamkeit der Männer zieht sie nicht über Kleidung, Schmuck und Schminke auf sich. Lina brilliert als aufmerksame, intelligente und mitfühlende Gesprächspartnerin. Ihre Kollegin Marie Ewald erinnert sich: *„Sie war eine überaus zierliche Dame, etwas trippelnden Schrittes auf ihren sehr kleinen Füßchen. Unter einem vollen, dunklen Scheitel lagen dunkel gerahmt ihre wachen stahlblauen Augen. Unverkennbar war ihre Erscheinung die einer Dame jener erloschenen Zeit, in der es ziemlich war, eine Dame zu sein."*[33] Über die äußere Erscheinung von Raoul hingegen lästert ein Freund der Mutter: *„... der zweite, Raoul, ist seit dem unglücklichen Natternbiss noch blässer wie früher und noch hässlicher."*[34]

Linas Lebensliebe ist kein schöner, aber ein geistvoller, ein anziehender Mann.

Max Brahn: *„Persönlich, überraschend, einzig war alles an ihm (...) Ein sorgfältig gepflegtes Äußeres, ein würdig Modisches – disziplinierter Körper und starker Wuchs, ungebrochene, von Stubenluft nicht angekränkelte Gesundheit. Der schmale Schnitt des Gesichts, die kurze, doch scharf bedeutend geformte Stirn, die große ausdrucksvolle Nase, das strahlend, stets bewegliche, doch nie unstete, ruhig aus Tiefen sich speisende Auge zeigten in ihm sofort den Menschen gesammelter Geistigkeit."*[35]

Ein tiefer Ernst geht von Raoul aus, den Fremde mit Unfreundlichkeit verwechseln könnten. Freunde erinnern sich dagegen an seine Liebenswürdigkeit und Großzügigkeit, nennen ihn einen vornehmen, würdevollen, gütigen Charakter. Geistigen Kleinmut kann Raoul nicht ertragen, ein Zucken um den Mund verrät dann seine Ablehnung. Lina reagiert mit einem zornigen Funkeln in den Augen auf Menschen, für die sie so gar keine geistige Sympathie empfinden kann.

Max Brahn: *„Etwas Eigenes umwarb Raoul Richter. Wer ihm gegenüberstand, wer nur weniges mit ihm sprach, der nahm doch einen bestimmten Eindruck mit sich fort: Er war einer Macht begegnet, für die sein Fühlen ihm schnell den Ausdruck gab: Etwas Großzügiges, ja etwas Großes war ihm entgegengetreten. Es gab kein Entrinnen vor so lauterer Flamme; ein Funke sprang über von Mensch zu Mensch, wo er nur Menschen gegenübertrat, und vielen wurde er so ein Erzieher zur Wahrheit.*

Nicht gerade immer weich und geschmeidig, aber stets erquickend und ermunternd trat er Menschen gegenüber, die er für würdig nahm, mit ihnen Probleme zu lösen."[36]

Lina ist einer dieser Menschen. Raoul bewundert ihren scharfen Verstand, ihr nimmermüdes Streben nach Bildung, den starken Willen. Schon als Student eröffnet er Lina die Welt der Philosophie, und sie lässt sich mitreißen von seiner Leidenschaft für Wissenschaft, Kunst und Kultur, für das Denken und Durchdringen großer Fragen, auf die eigene Antworten gefunden werden.

Max Brahn: *„Keine Ruhe war ihm gegeben, ehe der Gedanke nicht klar und scharf war, daher auch seine Darstellung nie einen Zweifel übriglässt. Unehrlich wäre er sich vorgekommen, wenn er einen Satz geschrieben hätte, der nicht nach allen Seiten durchdacht, durchfühlt, durchwühlt war. Keiner konnte sich rühmen, ein reineres intellektuelles Gewissen zu haben.*"[37]

Der Freund hätte so auch Linas geistigen Anspruch an sich beschreiben können. In fast jedem ihrer Briefe nimmt sie einen philosophischen Bezug. Später wird sie einmal das *„Wachsen und mein Mitwachsen dürfen in der Philosophie*"[38] als das Beste an ihrer Ehezeit bezeichnen.

Lina Richter: *„Mein Mann öffnete mir den Blick auf einen reinen Himmel – und das schon so früh, daß ich mich anderer Lebensweise nie anpassen lernte.*"[39]

Ihre große Liebe widmet sein Leben einem immerwährenden Kampf um Wahrheit und Ideal. Mit nur 22 Jahren promoviert Raoul Richter 1883 summa cum laude zu dem Thema „Schopenhauers Verhältnis zu Kant in seinen Grundzügen". Nach seiner Doktorarbeit über den größten Lebensverneiner und Pessimisten des 19. Jahrhunderts, Schopenhauer, wendet sich Raoul dem größten Lebensbejaher und Optimisten seiner Zeit zu, Friedrich Nietzsche. Er ist fasziniert, doch er findet noch keinen Zugang zu Nietzsches Philosophie. Wie umgehen mit dem „*erbittertsten Gegner der Mitleidsmoral*"?[40] Raouls körperliche und geistige Kraft erschöpft sich an dem inneren Zwang, zu einer Erkenntnis kommen zu müssen, das Chaos widersprechender Ansichten zu ordnen. Als Zeitgenosse gilt es für ihn noch, das Verständnis der Philosophie Nietzsches zu erarbeiten. Beurteilen, gar wertschätzen kann er sie noch nicht. Raoul fühlt sich ohnmächtig, stürzt in stärkste geistige Unruhe. Cornelie Richters Sohn ist in einer gläubigen Familie aufgewachsen. Wie steht es mit dem Verhältnis zwischen Religion und Philosophie? Welchen Einfluss wird Nietzsche auf Kunst, Literatur, Wissenschaft und Gesellschaft nehmen? Darauf findet er keine ihn befriedigende Antwort. Er wird sie acht Jahre später in seiner Vorlesungsreihe „Einführung in die Philosophie" geben. Schlimmer noch trifft Raoul das Zerwürfnis zwischen Nietzsche und Wagner. Die Musik Richard Wagners erfüllt seit den Jugendjahren sein Herz. Raoul ist ein intimer Kenner des Komponisten, dessen Frau Cosima bei ihren Aufenthalten in Berlin häufig Gast im Hause seiner Mutter ist. Kunst und Philosophie bei Richard Wagner – das kann er noch nicht trennen, es wird 1906 dann Thema seiner Antrittsvorlesung als außerordentlicher Professor.

Lina Richter: „*1889/90 war das Gestirn Friedrich Nietzsches, dessen Herrschaft über die Gemüter damals erst begann, dem jungen Studenten hell aufgegangen, und es behielt die Kraft der Anziehung und Wirkung über die Zeit des akademischen, dann des privaten Studiums hinaus. Dazu treten in den Jahren 1894 und 1895 die Schriften Sören Kierkegaards. Dieses tief-christliche Gemüt ist imstande, mit sanfter Traurigkeit, einem seinen Ekel vor Lebenslust und -Mut ernsten Gewissen eben das zu verleiden, was der Überschwang Nietzsches ihnen verklärt.*"[41]

Raoul möchte sich den beiden zeitgenössischen Philosophen als Wissenschaftler nähern, ihre Gedanken in Einklang bringen mit den Ideen der großen alten Denker. Mit diesem ehrgeizigen Verlangen stößt der junge Mann an seine Grenzen. In langen Stunden am Schreibtisch bringt er nur abgerissene, unvollständige Gedanken zu Papier. Seine geistige Unruhe mündet schließlich in einer schweren Depression. Tage der tatenlosen Traurigkeit unterbrechen schwere Wutausbrüche. Dann ringt Raoul auf den Bergen, im Wald oder am Meer mit den Kräften der Natur, um sich zu spüren und für kurze Zeit zur Ruhe zu kommen.

Lina Richter: *„Es sind Jahre einer erschütternden seelischen Krise (...). Zu einer Objektivierung der Probleme brachte es der junge Denker noch nicht; aber als er die unsicheren Sohlen nicht mehr auf dem Boden haften fühlte, wendet er sich zu Mutter Erde zurück. In den Jahren meisternder Jugend naht er auch ihr gewaltsam: er erklimmt Bergesgipfel, ringt mit den Meereswogen, stampft mit den Hufen seines Rosses ungebahnten Waldboden. Dann wirft er sich ihr liebend in die Arme. (...)In der gefahrvollen Zeit (...) fand er den Weg vom Kulturzwiespalt zur Natureinfalt zurück."*[42]

In dieser dunklen Zeit, im Sumpf aus Kummer und Versagensangst, verliert Raoul den Glauben an eine Zukunft mit Lina. Beide haben ihre Jugend hinter sich gelassen, stehen mit Mitte zwanzig vor Ehe und Familiengründung. Es ist Linas Lebenswunsch, nicht nur fremde Kinder zu unterrichten, sondern das Mutterglück zu erleben. Raoul fühlt sich in seinen depressiven Phasen außerstande, ihr diesen Wunsch zu erfüllen. Der wahre Grund für Raouls abweisende Haltung wiegt weit schwerer, als Student hat er sich mit der Syphilis angesteckt. Sowohl Schopenhauer als auch Nietzsche, die Philosophen, deren Gedankenwelt er zu durchdringen versucht, litten ebenfalls an der Krankheit. Eine Heilung gibt es im ausgehenden 19. Jahrhundert noch nicht. Die Ärzte experimentieren mit Tinkturen auf der Basis von Quecksilber. Ihre Behandlung tötet nicht wenige Patienten, bevor die Krankheit es vermag. Raoul offenbart sich seiner großen Liebe, bittet um die Trennung. Lina lehnt ab.

Lina Richter: *„Ich versprach ihm das Lebensopfer."*[43]

Ein theatralischer Ausspruch, geschrieben in einem Brief an Richard Dehmel. Doch Lina wählt ihre Worte stets mit Bedacht. Es ist ihr unbeugsamer Wille, den sie ausspricht. Lina kämpft nicht nur mit Raouls Krankheit, sie bekümmert zudem, dass ihr pragmatischer Vater für den Auserwählten nur wenig Sympathien hegt und schon gar kein Verständnis für dessen seelischen Ausnahmezustand aufbringen kann. Ein arbeitsloser, depressiver Philosoph ist nicht der Schwiegersohn, dem Oppenheim bereit ist, seinen Segen zu geben. Brechen mit dem verehrten Vater möchte Lina genauso wenig wie mit dem geliebten Mann. Ihr bleibt kaum mehr als Warten und Hoffen auf Einsicht und Genesung. In langen Briefen lässt Raoul Lina an seinem Seelenkampf teilhaben, und mit ihren Antworten dringt sie wie kein anderer Mensch in sein Innerstes vor, liest seine Gedanken, gibt ihm Lebensmut. Das verzweifelte Ringen mit der Depression, sein innerliches Erleben, das er so lange nicht aussprechen kann, verarbeitet Raoul in einer Novelle, schafft ein anrührendes Zeugnis seines und auch Linas Leiden. Langsam droht die Krankheit beide zu zerstören, bringt auch Lina an den Rand des Aufgebens. Nach Raouls Tod wird sie gestehen, die Leiden in den Jahren der Novelle seien fast grausamer gewesen als die gegenwärtigen.[44]

Lina Richter: *„Ob ich an Kierkegaard gedacht habe! Mein Gott, er war ja der unheilbringende Stern, der unsre erste glückliche Zeit überschattete. Und an den quälerischen Selbstzergliederungen dieses Mannes suchte ich – als Raoul mir davon zu kosten gab – blind und vergeblich Gründe für sein rätselhaftes Wesen. Bis ich mich beschied und ergab – glaubte, ihm damit den letzten Liebesbeweis zu geben – und da gerade hatte er seine Depression überwunden, und holte mich zu sich."*[45]

Raoul gibt der Novelle den Titel *Beichte an eine Heilige*.[46] Nur Lina, die Heilige, wird das Buch lesen, es wird nie veröffentlicht. Leider ist es auch in der Familie nicht erhalten.

Seiner Verehrung für Lina verleiht Raoul immer wieder in Gedichten und Danksagungen Ausdruck. Aber die Novelle kennen nur die beiden Liebenden. Wir Nachkommen können nur versuchen, die Gefühle dieser Jahre nachzuempfinden, ohne je ganz auf den Grund der beiden Seelen blicken zu dürfen. Das ist vielleicht auch gut so.

Dem Nietzsche-Spruch „Was mich nicht umbringt, macht mich stärker"[47] folgend, überwindet Raoul die seelische Krise und lässt seine Sturm-und-Drang-Jahre hinter sich. Auch die Symptome der Syphilis scheinen überwunden. Das Ringen um philosophische Erkenntnis bleibt Inhalt seines Lebens, aber Raoul fühlt sich nun gereift und in der Lage, daraus Kraft zu schöpfen. Es gelingt ihm, philosophische Erkenntnisse wieder zu Papier zu bringen, wieder zu lehren. Den Studenten gibt er mit auf den Weg: *„So hat uns Nietzsche vor allem eines gelehrt: Probleme zu sehen, wo wir sie vielleicht nicht sahen, und sinnend zu schweigen, wo wir vielleicht leichtfertig redeten; und tat er das, so gab er uns viel: die Möglichkeit, selbst zu philosophieren."*[48]

Raoul Richter: *„Alles in allem werden Schopenhauer und Nietzsche wohl immer zusammen genannt werden müssen, als die unerschrockensten Gestalter entgegengesetzter Ideale und Werte, die von einer gemeinschaftlichen Grundauffassung über das Wesen der Wirklichkeit und des Lebens sich abheben. Beide scheuten vor keiner Einseitigkeit zurück; aber gerade diese Monumentalität erhebt sie zu Typen der von ihnen vertretenen Richtungen. Beide sehen das Leben mit unerbittlich strengem Blick als ein Ungeheuer von Macht- und Daseinswillen an, dessen Glieder in ewigem Kampf miteinander ringen, beiden ist der Intellekt nur eine Wirkung dieses Willens, beiden das Dasein als Ganzes von keiner Gottheit behütet und von keiner Vorsehung zu ferneren Zielen gelenkt. Und beide sprechen mit dem dämonischen Pathos ihrer philosophischen Seele das Urteil über den Wert eines solchen Lebens, der eine sein Nein, der andere sein Ja."*[49]

Von der Depression genesen, begibt sich Richter auf eine mehrtägige Wanderung mit Hugo von Hofmannsthal. Der Dichter erinnert sich: *„Richter war der erste Jüngling norddeutscher Geistesbildung, der in meinen Gesichtskreis trat. Ich hörte, er wäre vor kurzem beträchtlich krank gewesen, aber ich begriff, er war nun ganz gesund und reifer, als wenn er etwa die Prüfung dieser Krankheit nicht mitgemacht hätte."*[50] Zurück in seinem Zimmer greift Raoul am letzten Abend zu einem Bleistift und unterstreicht in Hölderlins Hyperion die Zeile „Glaube mir, du hättest nie das Gleichgewicht der schönen Menschheit so rein erkannt, hättest

Du es nicht so sehr verloren gehabt".[51] Raoul scheint seine Depressionen überwunden zu haben. Er ist nun bereit für eine Zukunft mit Lina.

Hugo von Hofmannsthal: *„Es war, als ginge er immer heftig auf ein Licht los, das er innerlich gewahr wurde."*[52]

Im Winter 1897 habilitiert Raoul Richter an der Universität Leipzig zum Thema „Der Willensbegriff in der Lehre Spinozas". Die Erörterung über die logische Strenge der Philosophie Spinozas wäre ohne die Unterstützung seiner Frau nie zustande gekommen. Auf die erste Seite der Ausgabe, die er Lina überreicht, schreibt Raoul: *„Gehört es mir? Gehört es Dir? Ich kenne nur noch uns und wir."*[53] Liebe und Respekt spricht aus den Zeilen, mit denen der Jugendfreund Lina endlich den ersehnten Heiratsantrag macht. Es ist eine so besondere Liebeserklärung.

Meine Urgroßmutter ist erfüllt von Glück, doch ihr Vater lehnt die Verbindung noch immer ab. Eine lange Sommerreise, auf die Oppenheim seine Tochter mitnimmt, soll Distanz zwischen die jungen Leute bringen. Trotz Raouls Genesung sorgt sich Oppenheim weiter um die finanzielle Absicherung seiner Tochter. Zwar besitzt die Familie Richter ein ausreichendes Vermögen, Raoul selbst kann jedoch kein festes Einkommen vorweisen. Als künftiger Privatdozent ist er abhängig von der Anzahl der Hörer, die sich in seine Vorlesungen einschreiben und dafür „Eintritt" zahlen. Freund Max Brahn erinnert sich: *„Das praktische Leben lernte er wenig kennen; materielle Werte sah er kaum, und er dankte es dem Geschick, wie es auch Schopenhauer getan hatte, daß es ihm erspart geblieben war, auf Gelderwerb gestellt zu sein."*[54]

Es geht Benoit Oppenheim aber nicht nur ums Geld und darum, dass seiner Vorstellung nach ein Ehemann aus eigener Kraft die Familie ernähren sollte. Die jüdischen Wurzeln von Cornelie Richter sind ihm ein Dorn im Auge. Bei Rathenau hegte er diese Bedenken noch nicht. Oppenheim verdrängt zunehmend seine eigene jüdische Herkunft, sammelt – wenn ich mir die Bilder aus den Räumen seiner Villa betrachte – fast obsessiv christliche Kunst. Raoul Richters Freundschaften zu Richard Dehmel und Harry Graf Kessler, beides Männer mit einem schillernden Privatleben, schrecken den pragmatisch denkenden Vater zusätzlich ab. Ein Grund, sich den beiden Männern zu nähern. Die Recherche entwickelt sich zu einer sehr lohnenden und bereichernden Beschäftigung:

Richard Dehmel ist um die Jahrhundertwende einer der bedeutendsten deutschen Dichter. Else Lasker-Schüler schwärmt: *„Richard Dehmels Gedichte fließen wie Blut, jedes ein Aderlass und eine Transfusion zugleich. Er ist der Großkalif der Dichtung.“*[55] *„O, Kalif!“*[56], so beginnt Else Lasker-Schüler dann auch ihre vielen Briefe an Dehmel. Fasziniert bin ich eingetaucht in Dehmels Roman in Romanzen *Zwei Menschen,* für Raoul ein Epos des modernen Pantheismus. Dehmels Sprache ist leidenschaftlich, sinnlich, erotisch. Es ist sehr bedauerlich, dass sein Werk weitgehend aus den Buchhandlungen verschwunden ist. Ebenso wie über seine sündigen Texte diskutiert die Berliner Gesellschaft in den 1890er-Jahren über Dehmels Privatleben. Der verheiratete Dehmel lernt 1895 in ihrem Salon die ebenfalls verheiratete und zu dem Zeitpunkt schwangere Ida Auerbach kennen. Es ist die große Liebe auf den ersten Blick. Sehnsuchtsvolle Briefe an die Geliebte unterschreibt Dehmel mit *„Dein nichts als Dein sein Wollender“.*[57] Vier Jahre lang pflegen der Dichter und die Kunstmäzenin ein kaum verborgenes Verhältnis, bis sie sich von ihren Partnern scheiden lassen und 1901 heiraten. Ihre Liebe füreinander scheint so unabdingbar zu sein wie die Gefühle, die Lina für Raoul hegt. Die eher nüchterne Lina lässt sich mitreißen von Richard Dehmels Dichtkunst und findet in Ida Dehmel eine gleichgesinnte Mitstreiterin für Frauenrechte. Die bürgerlich erzogene Tochter eines Bankiers fasziniert die heitere, unkonventionelle Lebensweise des Künstlerehepaars Dehmel. Es werden Richard und Ida Dehmel sein, die Lina nach dem Tod ihres Mannes auf dem Weg zurück ins Leben begleiten.

Einen noch turbulenteren Lebensstil verfolgt Harry Graf Kessler, oft bezeichnet als der größte Dandy des 20. Jahrhunderts. Der Weltenmann trifft nahezu alle großen Persönlichkeiten seiner Zeit und hält die Begegnungen mit ihnen in Tagebüchern fest. Zwischen 1880 und 1937 füllt er 10.000 Seiten mit Namen aus Politik, Kultur und Gesellschaft und erzählt deren Geschichten. Harry Graf Kessler ist regelmäßiger Gast in Cornelie Richters Salon, verehrt Cornelie als seine zweite Mutter. Besonders eng gestaltet sich die Freundschaft zu ihrem ältesten Sohn Giacomo Gustav. Kessler unternimmt aber auch mit Raoul in Leipzig die ein oder andere Zechtour – nachzulesen in den Tagebüchern. *„Mit Raoul auf Kneipe"*[58], notiert er mehrfach. Die Abneigung seines Schwiegervaters verarbeitet Raoul Jahre später in einem Drama. *Tränenzauber* heißt das Stück, in dem er seine Liebesgeschichte mit Lina, der er den Namen „Nixchen" gibt, erzählt. Ein Auszug mag zeigen, wie Oppenheims erste Reaktion auf den Heiratsantrag ungefähr ausgefallen sein mag:

Vater:
„Wo denkt ihr hin, ihr stürmischen jungen Leute!
Weiß Gott, hätt' ich dich treu nicht stets befunden
Und fleißig bei der Arbeit, meine Antwort
Schlüg' - wie ein Peitschenhieb dir auf den Rücken
Doch weil du lieb mir bist, will ich mich zwingen,
Und sage ruhig und gelassen: Nein
Die Tochter fort uns führen, keinen Groschen
Im Beutel, nichts gelernt als Säen, ernten,
Und pflügen – und dann ziehen wollen
In ungewisse Zukunft – Frau und Kinder
Vielleicht gar hungern lassen – Nein, nein, niemals"

Mutter:
„... Drum soll die Tochter uns ihr Herz ausschütten,
Ob sie den Gustav liebt, wie er sie liebt."

Nixchen:
„Gewiß, gewiß! Mit tausendfachem Ja
Geb ich der Frage Antwort – und ich weiß auch,
Daß, liebe Eltern, euch schon längst bekannt;
Wie Gustav und ich fühlen – nur die Sorge
Um äußren Wohlstand dränget den Gedanken
In euch zurück- doch heute lasst ihn frei.

Hegt Zuversicht, wie wir Zuversicht hegen,
Eint unsren Bund laßt nach kurzem Brautstand
Uns froh und mutig unsre Weg zieh'n.
Wer mutig mit der Welt den Kampf will wagen,
Den werden ihre Wogen aufwärts tragen."

Vater:
„Wie glüht Dein Kopf, wie leuchten deine Augen!
Doch darf das Alter sich nicht blenden lassen
Von Jugendtorheit -Liebe, gutes Kind
Füllt nicht den Magen – edle Herzen leiden
Nur mehr, wenn sie den Liebsten darben sehen.
Und darum bleibt es so: ich will die Heirat
Verbieten, weil ich MUSS, weil ich euch liebe,
Nicht euer Unglück wollen kann – nun geht
Vergeßt die heutge Stunde und bezwingt euch!" [59]

Familienmitglieder beschreiben Benoit Oppenheim als dominanten und eigensinnigen Patriarchen. Sein Neffe nennt ihn einen gestrengen Vater. Lina muss also den einen oder anderen Kampf um ihre Liebe ausfechten, Raouls Drama zieht sich über fünf Akte. Doch für die *„stürmischen jungen Leute"* gibt es ein Happy End, mit dem Segen der Familie darf die Verlobung bekannt gegeben werden.

Kurt von Saucken: *„Da ich Dich kenne und weiß, wie lange Du Raoul sehn kannst, bin ich sicher, daß Du eine Dich völlig befriedigende und beglückende Wahl getroffen hast. Ich wünsche Dir also von ganzem Herzen Glück zu Deiner Verlobung und wünsche, daß Du das Glück finden mögest, das Du liebes gutes Geschöpf verdienst. Das ist der beste Wunsch, den ich Dir aussprechen kann, denn Du weißt nicht, wie lieb ich Dich habe und wie viel ich von Dir halte. Daß ich Deinen Bräutigam früher, vor vielen Jahren, nicht so nett gefunden habe, weißt Du leider und ich kann es jetzt nicht auch einmal leugnen. Ich bin aber fest davon überzeugt, daß ich ihn jetzt ganz anders beurtheilen würde, er ist ja auch viel älter geworden. Sage ihm, bitte, viele Grüße von mir und daß er nicht böse sein soll, wenn ich ihn* *früher vielleicht ganz falsch beurtheilt habe. (...) Allen, besonders aber Dir, meine gute Lina, von deinem alten treuen Onkel KvSaucken*[60]

Am 27. September 1898, es ist ein Dienstag, geben sich Lina Oppenheim und Raoul Richter in Berlin das Jawort. Der Himmel ist wolkenlos, die Sonne strahlt, als Lina und Raoul Richter nach der Trauung aus der Dreifaltigkeitskirche treten. Zur Hochzeit schenkt der Bräutigam seiner Braut ein Gedicht:

Das helle Licht gibt matte Regenbogen
Der starke Grundton schwache Obertöne –
Warum sich nur die Herzen unserer Söhne
am Mattverklingenden so sattgesogen?
Doch bleibt des ernsten Mannes stetes Ringen
Zum Lichte und zum Grundton durchzudringen.
Seiner innig geliebten Braut legt als glücklichen Dank für den wunder-
vollen Beginn vollkommenster Gemeinsamkeit dies bescheidene Stück
Vergangenheit zu Füßen
Der Verfasser[61]

Freund Max Brahn gestaltet die Hochzeitszeitung, gibt ihr den Titel „Allwissenheit – Internationale Zeitschrift für Alles und noch Einiges mehr", veröffentlicht darin für den Philosophen Raoul seine Vorlesung über die moderne Ethik und schreibt für die Lehrerin Lina einen Beitrag über experimentelle Pädagogik. Ein Exemplar ihrer Hochzeitszeitung fiel aus einem alten Buch auf meinen Schreibtisch. Ein zu ehrendes Fundstück. Die Ehe bedeutet für Lina auch einen Abschied von ihrem Berufsleben. Als verheiratete Frau muss sie ihre Tätigkeit als Pädagogin aufgeben. Sie tut es leichten Herzens. Das Paar verlässt das laute Berlin und zieht in die damals noch beschauliche Stadt Leipzig, richtet sich eine Wohnung im Stadtteil Plagwitz ein.

Cornelie Richter konferiert mit ihrer Freundin Helene von Harrach, einer Cousine des späteren Reichskanzlers Theobald von Bethmann-Hollweg, über die damals übliche Aussteuer der Braut.

Helene von Harrach: „*Liebe Cornelie*

Die Gebräuche sind in nuancen etwas verschieden – Im Allgemeinen bringt die Braut das Meiste mit: Silber, Wäsche, Porzellan, Lampen, Hausgeräte, Betten – Außerdem an Mobiliar das Schlafzimmer, eventuell ihr Toilette Zimmer, jedenfalls <u>einen</u> Salon, Jungfernzimmer & überhaupt für das wirkliche Personal – Ich überließ meinem Schwiegersohn seine Zimmer, das Esszimmer & ein Dienerzimmer. Freda z.B. gab ihren Töchtern auch dieses Alles mit, – mit Ausnahme des Privat-Herrnzimmers.

Ich <u>glaubte</u>, daß mein System das richtigere wäre, da es auch bei mir so gehandhabt worden war –

Für die Ausstattung meiner Tochter in diesem weitesten Sinne, hatte ich mir eine bestimmte Summe gesetzt, – in die hinein die verschiedenen ressorts sich teilen mußten – deshalb fand ich auch richtig einige ressorts dem Mann zu überlassen, um die Privatsachen der Frau nicht zu verkürzen. Sehr gerne bin ich zu jeden fernern praktischen Notizen bereit, – soweit meine Erfahrung reicht, die ja eine umgekehrte ist wie die Ihre sein muß – Kirche z. B. fällt auch gewöhnlich der Frau zu – & ich erinnere mich, daß wir Elisabeth ihre beiden, allerdings sehr kleinen Salons meublirten, wie auch das Vorzimmer, – Vielleicht nützt Ihnen dieser ungefähre Behelf –

Ich denke Ihrer mütterlichen Spannung für Raoul & teile sie, aber wie Sie mit Hoffnung und Zuversicht – (...)

Von Herzen Ihre
Helene."[62]

So mancher Nacht gedenke ich, wo Richter in solche Hitze geriet, dass es fast schien, als würde es zum Handgemenge kommen

Otto Reutter
Ach Leipzig, wie bist Du so fein!

Ich habe viele Städte gesehen
Doch gibt's keine Stadt auf der Welt,
Das muss ich ganz offen gestehen,
Dir mir so wie Leipzig gefällt.
Ich bin aus Berlin, bin ein Preuße
Doch gerne gesteh' ich es ein:
Die Spree ist ein Dreck geg'n die Pleiße
Ach Leipzig, wie bist Du so fein!

In Leipzig, da ist es sehr schöne,
Geht man durch die Straßen hier bloß,
Das Rathaus, das ist viel zu kleene,
Die Markthalle viel zu groß.
Die elektrischen Lampen, die loben,
Die Leipziger hier allgemein
Statt unten, da leuchten sie oben.
Ach Leipzig, wie bist zu so fein.
(Couplet von Otto Reutter, Teich/Danner 176)

Lina und Raoul möblieren ihre geräumige Leipziger Wohnung im Stil der Zeit. Die Räume wirken gemütlich, aber keinesfalls luxuriös oder überladen. An den Wänden hängen Bilder von Ernst von Saucken und Gustav Richter. Viel Platz nehmen Bücher ein. Klassiker und moderne Literatur, Lyrik und natürlich die Werke der großen Philosophen stehen in den Regalen. Mit dem Bleistift notieren beide Eheleute beim Lesen ihre Anmerkungen an den Rand. Kaum eines ihrer Bücher steht heute in der Familienbibliothek, in dem sich nicht auch die Gedanken von Lina oder Raoul zu dem Werk nachlesen lassen.

In ihrem Heim empfängt das Paar gerne und regelmäßig Philosophen, Schriftsteller, Pädagogen, Intellektuelle vieler Wissensgebiete. Harry Graf Kessler gehört dazu. Wilhelm Wundt, Ludwig Woltmann und Max Brahn sind regelmäßige Gäste. Lina liebt die Gesellschaften in ihrem Haus, ist eine umsichtige Gastgeberin und fabelhafte Köchin, wenn auch die Portionen für die Herren nach deren Geschmack manchmal etwas klein ausfallen. Das Rezept für Bierkrapfen schafft es später sogar in die Küche des Prinzen Max von Baden. Die Abendrunden haben keinen Saloncharakter, eitle Talente oder Tagesgrößen erhalten keine Einladung. Es ist ein kleiner eingeschworener Kreis, der in der Nonnenstraße zusammenkommt und sich über Kunst, Philosophie, Pädagogik und Politik austauscht. Und wie selbstverständlich nimmt Lina an den Gesprächsrunden teil, inspiriert die Herren mit ihrer weiblichen Sichtweise auf die diskutierten Fragen. Raouls Frau ist eine leidenschaftliche Diskutantin, die öffentliche Rede liegt ihr zwar nicht, aber im kleinen Kreis schreckt sie vor keiner Debatte zurück.

Max Brahn: *„So mancher Nacht gedenke ich, wo wir beieinander saßen mit unserem Freund Woltmann und Richter in solche Hitze geriet, daß es fast schien, als würde es zum Handgemenge kommen."*[63]

Im Wintersemester 1888/89 nimmt Raoul Richter seine Lehrtätigkeit an der Universität Leipzig auf. In dem Begleitbuch zur 2004 gezeigten Richter-Ausstellung beschreibt der Kulturwissenschaftler Herbert Kopp Oberstebrink Raoul Richter als *„einen Philosophen von erstaunlicher Produktivität. Sein in den kaum 20 Jahren seines Schaffens entstandenes Werk umfasst neben der umfangreichen zweibändigen Arbeit über den Skeptizismus in der Philosophie, der in zwei Auflagen erschienenen Monographie über Nietzsche und einigen anderen Büchern zahlreiche Aufsätze und Rezensionen, die Herausgabe von Nietzsches Ecce Homo, von Werken Humes und Berkeleys sowie der buchhändlerisch äußerst erfolgreichen Sammlung Kant-Aussprüche. Angesichts dieses an Umfang*

Wolkenlose Jahre: Lina Richter in ihrer Leipziger Wohnung.
Sie ist schwanger mit Sohn Curt, 1900

wie Erfolgen reichen Werkes ist es erstaunlich, mit welcher Gründlichkeit Richter heute auch und vor allem in der Fachphilosophie vergessen ist."[64]

Das verwundert vor allem, da die Lektüre von Raouls Büchern auch für Nicht-Philosophen eingängig und sehr anregend ist. Zu Lebzeiten allerdings ist mein Urgroßvater außerordentlich beliebt bei seinen Studenten, was nicht nur an dem Fachwissen und seinem vornehmen Auftreten, sondern vor allem an der begeisternden Art seines Vortrags liegt.

Max Brahn: *„So war das Äußere seines Vortrags fesselnd und eigener Art. Der eindringliche Ton der Stimme bohrte sich in das Ohr wie ein besonderer Vers. Die Aufmerksamkeit wurde erregt, eine Reihe streng logisch verknüpfter Sätze ruhig hingesprochen, nur mit innerlichen Mitteln eine Spannung erzeugt, dann folgt plötzlich ein fast krampfhaft laut hervorgestoßenes Wort, das die Lösung brachte und in Sinn und Verstand gleichmäßig einschlug. Unaufmerksame wird es in seinen Vorlesungen wohl nie gegeben haben; ob man ihm beistimmte oder widersprach, rege Mitarbeit wurde in jedem Augenblick erzwungen. Wo er in persönliche Beziehung zu seinen Hörern trat, zeigte sich die tiefste Quelle seines Inneren: Vornehmheit und Hoheit. Es gab für ihn nichts Gewöhnliches."*[65]

Mit – wie seine Frau es beschreibt – *„gefestigtem Charakter und gesicherten Grundanschauungen"*[66] bereitet Richter 1901 die in Deutschland erste Vorlesungsreihe über das Leben und Werk Friedrich Nietzsches vor, die ihm nicht nur in Universitätskreisen Anerkennung verschafft. Wirtschaftliche Gründe mögen ebenfalls eine Rolle gespielt haben. Richters Vorlesung und Vorträge über den heftig umstrittenen Philosophen sind gut besucht.

Lina Richter: *„Die gründliche Durchforschung und Beherrschung der Gedankenwelt Nietzsches, deren Geflecht vor seiner Hand nicht mehr verworren lag, ließ ihn schmerzlich empfinden, wie verzerrt und unscharf ihre großen Linien und Umrisse, wie trübe und schwimmend ihre zarten und feinen Schattierungen und Farbentöne von Bewunderern wie von Verleumdern fast allgemein gesehen werden."*[67]

Nietzsche gilt zu Beginn des 20. Jahrhunderts in konservativen Kreisen als „Tagesphilosoph"[68] und „Modedenker"[69], seine Lehre als dekadent, pathologisch oder gar anarchistisch, seine Schriften seien die „zusammenhanglose Gedankenflucht eines Tobsüchtigen".[70] Die Studentenschaft hingegen kann sich begeistern für die Ideen Nietzsches, deutet sie auch als Aufforderung zur sexuellen Befreiung, zur feministischen und homosexuellen Emanzipation. Nietzsche selbst soll den Wunsch geäußert haben, „daß ein anderer Mensch einmal eine Art Resümee meiner Denkergebnisse machte und mich selbst dabei in Vergleichung zu bisherigen Denkern brächte".[71] Richter unternimmt als einer der ersten Wissenschaftler diesen Versuch.

Raoul Richter: „*Der wissenschaftliche Kampf um ein unbedingt Wertvolles besteht nach wie vor weiter. Er ist durch Nietzsches Eingriff nicht erledigt im verneinenden Sinn, er ist es aber auch nicht etwa trotz Nietzsches Eingriff im bejahenden Sinn. So bedeutet die Anschauung dieses Mannes im Kampf um das Wertproblem nur einen ernsten Schlag, nicht eine Entscheidung. Aber mit der Fülle feinster, bei der Zergliederung der bisherigen Moralanschauung hingeworfener Bemerkungen steht Nietzsche einzig da, und es wird noch lange währen, bis diese Fülle in ihrer anregenden Kraft von Kulturhistorikern, Ethikern, Religionsphilosophen und Psychologen wird ausgeschöpft sein.*"[72]

Die von Raoul Richter erarbeitete Vorlesungsreihe „Friedrich Nietzsche. Sein Leben und Werk" stößt bei den Studenten auf ein begeistertes Echo. Im Wintersemester 1902/03 strömen 200 Zuhörer jeden Mittwoch um 18 Uhr in den Vortragssaal, um über Persönlichkeit und Werk des umstrittenen Philosophen zu hören. Richters Buch zur Vorlesung erscheint bis 1922 in vier Auflagen.

Wilhelm Wundt, Psychologe und Philosoph: „*Wer in dem Buch über Friedrich Nietzsche einen fortgesetzten Lobeshymnus auf den merkwürdigen Dichter und Denker erwarten sollte, der würde sich freilich gründlich enttäuscht finden. Nicht minder aber derjenige, der eine der üblichen Widerlegungen dieser oder jener der sogenannten Lehren Nietzsches oder aller zusammen hier suchte. Richter empfand es tief, daß dieser Schriftsteller kein Lehrer seiner Zeit war, noch eigentlich sein wollte, wohl aber, daß er vielleicht mehr als irgendein anderer Ausdruck der Stimmungen dieser Zeit war, und darum sah er, als es noch unter den eigentlichen Fachgelehrten für kompromittierend galt, sich mit Nietzsche zu beschäftigen, in der Vertiefung in die Ideengänge dieses Denkers und in ihren Wandlungen eines der interessantesten Probleme der philosophischen Zeitgeschichte."*[73]

Harry Graf Kessler stellt für Richter den persönlichen Kontakt zur Schwester Nietzsches, Elisabeth Förster-Nietzsche, her, für die Raoul eine wichtige Rolle als wissenschaftlicher Berater einnimmt und zu der er einen engen brieflichen und persönlichen Kontakt pflegt. Später rückt Richter in den Vorstand des Nietzsche-Archivs in Weimar. Es ist dem Philosophiegelehrten Raoul Richter, dessen Beschäftigung mit der Gedankenwelt des Philosophen ihn fast an den Rand der geistigen Erschöpfung getrieben hat, vergönnt, einen noch heute oft zitierten Nachruf auf Nietzsche zu verfassen.

Raoul Richter: *„Der wissenschaftliche Teil ist der geringste an der Philosophie Nietzsches. Ihr Schwergewicht liegt in der Absicht: die Menschheit zu einer freieren und kühneren Lebensrichtung zu erziehen."*[74]

1905 ernennt die Universität Leipzig Raoul Richter zum außerordentlichen Professor. Da Frauen zur damaligen Zeit mit dem Titel ihres Mannes angesprochen wurden, ist Lina nun Frau Professor. Sie wird es nicht nötig gehabt haben, aber zweifelsohne hat ihr der Titel bei ihrer späteren politischen Arbeit in Berlin und pädagogischen Tätigkeit in Salem nicht geschadet und gewiss die eine oder andere Tür geöffnet.

In der Tat ging ihre Selbstentäußerung allem gegenüber, was ihr klein und hilfsbedürftig erschien, ungewöhnlich weit

Otto Reutter
Wie sie komm'n, werd'n sie genomm'n

Es hatte schon 10 Kinder
Ein braves Schneiderlein,
da flog der Storch schon wieder
ins offene Fenster ein.
„Ach", ruft die Frau vom Schneider,
's sind Zwillinge gekomm'n
Doch der sagt: „Meinetwegen!
Wie sie komm'n, werd'n sie genomm'n
(Couplet von Otto Reutter, Teich/Danner, Nr. 272)

Lina und Raoul wünschen sich – nun gemeinsam – eine große Kinderschar. Über ihnen schwebt das Damoklesschwert von Raouls Krankheit. Doch Raoul scheint genesen und offensichtlich glaubt das Paar, dass eine Ansteckung nicht mehr zu befürchten sei. Lina erkrankt tatsächlich nicht. Dennoch lassen die Eltern ihre Kinder in späteren Jahren argwöhnisch auf eventuelle Symptome untersuchen.

Hugo von Hofmannsthal: *„Richter trat heran, sein Blick ruhte auf mir mit einem unbestimmbaren Ausdruck: es ist in solchen Augenblicken, als träte das Seelenhafte aus uns heraus, umschwebte uns und würde berührbar. Er sprach dann von der Zukunft, von dem, was in uns würdig werden müsse und würdig bleiben zu einem höchsten Amt: Vaterschaft."*[75]

Das Glück der Vaterschaft wird Raoul Richter am 26. August 1899 zum ersten Mal zuteil. Meine Urgroßmutter bringt Gustav Benoit zur Welt.

Ein gesunder Junge, der sich prächtig entwickelt, wie seine Großmutter Cornelie im folgenden April auf einer Postkarte schreibt. Cornelie

Mutterglück: Lina Richter mit ihrem ersten Sohn Gustav Benoit, 1899

Richter hütet den kleinen Gustav, während seine Eltern im Frühling 1900 einige glückliche Wochen am Gardasee verbringen. Lina wird erneut schwanger, am Heiligen Abend bringt sie den zweiten Sohn zur Welt, Curt-Cornelius, meinen Großvater. Ein Lockenkopf. Die Berliner Gesellschaft nimmt Anteil, der Theologe Ernst Dryander schreibt: *„Möge das liebe köstliche Weihnachtsgeschenk, das Ihren Kindern zu Theil geworden ist, ein Segen bleiben sein Leben lang."*[76]

Curt weiß sich schnell gegen seinen großen Bruder und auch später gegen seine jüngeren Geschwister zu behaupten, seine Mutter nennt ihn den Lebhaftesten von allen. Vier Jahre später folgt die einzige Tochter Eveline Phoebe. Auf einem Foto haben die beiden älteren Brüder die Schwester in die Mitte genommen, blicken aber eher skeptisch auf den Familienzuwachs, der statt im Matrosenanzug im Kleidchen daherkommt und mit dem Puppen Einzug in das Spielzimmer halten.

Hildegard von Spitzemberg gratuliert der Großmutter Cornelie Richter: *„Raoul hat mir einen so lieben und verständnisvollen Brief geschrieben. (...), man merkt ihm eben an, daß er selbst ein halbjähriges Töchterchen hat, das ihm und seiner Frau ans Herz gewachsen ist, nicht als No 3, sondern als liebe kleine hoffnungsvolle Knospe."*[77]

Lina schenkt noch zwei weiteren Söhnen das Leben. Am 16. August 1906 gebärt sie Leo Woltmann. Nesthäkchen Roland Raoul macht am 26. Januar 1909 die Familie komplett: *„Die glückliche Geburt eines kräftigen Knaben zeigen hocherfreut an Raoul und Lina Richter"*[78], formulieren die Eltern in der Geburtsanzeige. Mit den Kindern kommt Leben in die Leipziger Wohnung. Lina geht in ihrer Rolle als Mutter vollkommen auf. Bilder von ihr gibt es sonst nur in hochgeschlossenen Blusen oder Kleidern, jetzt lässt sie sich sogar beim Stillen fotografieren. Eine Amme, um die Jahrhundertwende durchaus noch üblich, kommt Lina nicht ins Haus. *„In der Tat ging ihre Selbstentäußerung, nicht nur den eigenen Kindern, sondern allem gegenüber, Mensch oder Tier, was ihr klein und hilfsbedürftig erschien, ungewöhnlich weit. Babys waren ihr Entzücken, und junge Mütter versuchte sie, von der einzig richtigen Art, sie zu nähren, zu kleiden, zu warten, zu überzeugen."*[79] Es ist eine Richter'sche Tradition, sich in der Familie nicht mit den Rufnamen,

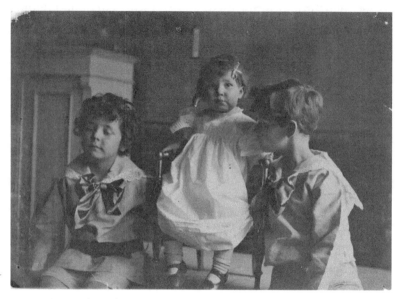

Die Familie wächst: Curt, Eveline und Gustav Richter (von links) um 1905

sondern mit Spitznamen anzureden. So wird aus Gustav *Fuf* (einfacher als Gustav) aus Curt *Büdich* (der kleine Bruder), aus Eveline *Welle* (so nennen sie die Brüder), aus Leo *Puma* (statt Leopard). Roland, der Tierliebhaber und Dichter, schreibt als kleiner Junge eine Geschichte über einen besonders intelligenten Fisch, den er *Bex* tauft. Das wird sein Spitzname.

Lina Richter: *„Das Roländchen ist wirklich jetzt brennend interessant. Es hat zwar noch nichts neues gedichtet – es sei ihm noch nichts im Schlafe gekommen, sagt er. Denn ich weiß jetzt, daß er in der Abendstunde den Besuch seiner absonderlichen Muse empfängt."*[80]

Ihre Mutter werden die Kinder später Pelikan nennen. Pelikanen werden die Tugenden der Nächstenliebe, Hilfsbereitschaft und des Familiensinns zugeschrieben. Ein mittelalterlicher Mythos besagt, dass Pelikanweibchen sich mit dem Schnabel in die eigene Brust picken, um mit dem Blut ihren Nachwuchs zu füttern. Ein neues Jahrhundert ist angebrochen, der Aufbruch in die Moderne. Für Lina ist es eine glückliche, erfüllte Zeit. Sie scheint angekommen in ihrem Leben, genießt den turbulenten Alltag in der Großfamilie.

Die Mutter erzieht ihren Nachwuchs liebevoll, legt dabei großen Wert auf Anstand, Höflichkeit und gutes Benehmen, für sie der Kern des gesellschaftlichen Zusammenlebens. Der Nachwuchs lernt: *„Benimm Dich zu Hause so, als wärst Du beim Kaiser, dann kannst Du Dich beim Kaiser benehmen, als wärst du zu Hause."*[81] Noch ihre Ururenkel sind mit diesem Leitsatz aufgewachsen, und ich kenne keinen besseren. Angemessene Kleidung ist ihr wichtig. Der Sonntagsanzug bedeutet für Lina keine reine Äußerlichkeit, sie erkennt darin ein starkes moralisches Moment.

Auch Raoul nimmt seine Aufgabe als Vater fast gleichberechtigt an mit – so formuliert es die Mutter – *„inniger Freude am Kleinen und Albernen"*.[82] Als Gustav an Scharlach erkrankt und Lina einige Wochen mit ihm im Krankenhaus verbringen muss, kümmert sich Raoul – *„der geplagte Vater"*[83], wie seine Frau ihn scherzhaft bemitleidet – selbstverständlich um den Rest der Kinderschar. Raoul ist kein gestrenger

Wenn der Vater mit den Söhnen: Fahrradtour mit Gustav und Curt, um 1905

Erzieher wie Benoit Oppenheim. Mit Gustav und Curt durchstreift er die Natur, weckt ihre Liebe zu den Bergen, unternimmt Ausflüge mit dem Fahrrad.

Musik kommt in der Familie eine große Bedeutung zu, Raoul spielt leidenschaftlich Klavier und komponiert. Schon früh führen die Eltern ihre Kinder an die Weltliteratur heran, wie Ernst von Saucken es einst bei seiner Nichte tat.

Christliche Werte vermitteln Lina und Raoul nicht über die kirchliche Lehre. Ida Dehmel erinnert einen Besuch in Leipzig: „… *nachmittags Thee bei Raoul Richters, Die 5jährige Welle singt uns vor: ‚Morgen früh, wenn Gott will.‘ Kaum ist das letzte Wort heraus, fügt sie triumphierend hinzu: ‚Aber dott diebts dar nicht.‘* "[84] In seiner Vorlesungsreihe über Friedrich Nietzsche ermuntert Raoul Richter seine Studenten: „… *auch der bessere Teil unserer Jugend ist auf dem Wege, sich das gute Gewissen zur Religion außerhalb jeder theologisch-kirchlichen Sphäre kraft dieser* (Nietzsches) *Ideen wieder zurückzuerobern.* "[85]

Lina und Raoul besitzen eine schmuckvolle Familienbibel, ein Geschenk zur Hochzeit. Die ersten Seiten sind für wichtige Ereignisse aus der Familienchronik, Geburten, Taufen, Konfirmationen vorgesehen. Sie bleiben leer.

In ihrer Ehe erleben Lina und Raoul wolkenlose Jahre, sie scheinen das perfekte Glück gefunden zu haben. Neben den Kindern, der Arbeit und Politik vergessen meine Urgroßeltern nicht ihre gemeinsamen Interessen für Musik, Literatur, Theater und bildende Kunst. Das pulsierende Berlin besuchen sie häufig. In ihrer Freizeit schreiben die Eheleute kleine Geschichten und Theaterstücke, wie sie es schon als Jugendliche getan hatten.

Lina Richter: „*Wir haben also auch wieder diese alte Kinderschwärmerei, an der auch mein Mann Freude hatte, mit Aufführung eines von ihm für die Kinder geschriebenen Stückes belebt. Und ich wünschte, Sie und Ihr Mann sähen einmal so ein Miniaturbühnenbild – hohe See oder Mondschein im Teich spiegelnd –, Effekte, die eine wirkliche Bühne nicht so erreichen kann.* "[86]

Ihre Künstlerfreunde fördern Lina und Raoul mit Aufträgen, so Georg Kolbe. Kolbe porträtiert die beiden älteren Söhne und fertigt eine Büste von Tochter Eveline an. Auch die Eheleute lassen Porträts von sich erstellen. Raouls Bruder Giacomo Gustav, Künstler wie sein Vater, malt Lina treffend als nachdenkliche junge Frau, seinen jüngeren Bruder Raoul konzentriert über die Bücher gebeugt am Schreibtisch sitzend. Beide Bilder gehören zu den wenigen Gemälden, die von Giacomo Gustav Richter noch im Familienbesitz erhalten sind. Die meisten seiner Werke fielen einem Bombenangriff im Zweiten Weltkrieg zum Opfer.

Zu ihrem zehnten Hochzeitstag lässt Raoul bei Georg Kolbe eine Gedenkmedaille für seine Ehefrau anfertigen. Die Vorderseite der Medaille zeigt Lina im Profil, und über ihr prangen die Worte „UXOR Panthea (Gattin, Allgöttin)". Wenn seine Göttin die Medaille wendet, erblickt sie einen Baum, unter dem ein Mann eine Axt schwingt und eine Frau Reisig sammelt. Ihre harte Arbeit belohnt das Glück der Familie: Im Wipfel des Baumes ruhen die Eltern mit ihren Kindern. Georg Kolbe erzählt Lina und Raouls Geschichte auf einer kleinen Münze. Ihr lebendiges soziales Leben führt Raoul und Lina auch in den Salon der Industriellengattin Charlotte Hahn. Charlotte Hahn ist wie Cornelie Richter eine bekannte Berliner Salonniere. In ihrem Haus in Wannsee trifft sich vor allem die jüdische Gesellschaft, Wissenschaftler, Politiker und Künstler. Arthur Rubinstein, Paul Ehrlich, Walter Rathenau gehören zu den Gästen. Es ist die geistige Elite Berlins, die in Charlotte Hahns Salon zusammenkommt und mit der sich Raoul und Lina verbunden fühlen, mehr als mit der Adelsschickeria in Cornelie Richters Haus. Prägend für Lina ist die Begegnung mit Charlotte Hahns Sohn Kurt, damals noch ein ganz junger Mann. Ihrer beider Leben werden mit Beginn des Ersten Weltkrieges bis in die Fünfzigerjahre untrennbar vereint sein.

Ida Dehmel: *„Sie haben lauter Freunde; es ist wirklich sonderbar, dass es einen Menschen gibt, von dem Alle nur Gutes sagen. Und nicht nur Herr Müller u. Herr Schulze, sondern die kritischsten Menschen. Wie*

„Es gab für ihn nichts Gewöhnliches": Raoul Richter an seinem Schreibtisch, gemalt von seinem Bruder Giacomo Gustav, 1908

machen Sie nur das Wunder wahr? Unsre, Dehmels und meine, Feinde sind zahlreich wie Sand am Meer. Für mich weiß ich die Erklärung: ich bin ein Menschenfreund eigentlich nur, wenn ich allein in meinem Zimmer bin."[87]

Die Sommer verbringt die Familie weiterhin in Heringsdorf, Usedom trägt im Volksmund mittlerweile den Beinamen „Berlins große Badewanne". Ein Paradies für die Kinder und Treffpunkt der Familien Richter, Oppenheim und von Saucken.

Ernst von Saucken: *„Ja, dieser Sommer in Heringsdorf, diese Verbindung von Vergangenheit und Zukunft in stiller, friedlicher Gegenwart, die unsere Kindheitserinnerungen und die Entwicklung unserer Kinder uns schafft, war wieder wie ein Gesundbrunnen für das übrige Jahr.*"[88]

Benoit Oppenheim empfängt die Großfamilie ab Juli in seiner Villa. Mit seinem Schwiegersohn hat er sich längst versöhnt, er kann nicht umhin, für Raouls Arbeit und seine wissenschaftliche Anerkennung tiefen Respekt zu empfinden. Der Bankier ist unverändert rüstig und dem Ansturm der fünf Enkelkinder gewachsen. In die Dünen baut er noch ein Holzhaus, um alle unterbringen zu können. Ohnehin scheint Linas Vater in der Sommerfrische ein anderer Mensch zu werden, der harte Geschäftsmann verwandelt sich in einen liebevollen, ehrwürdigen Opapa.

Lina Richter: *„Im wild gelassenen Teil des Garten kann selbst unsre Bande ohne Aufsicht, da nichts zu verderben ist, ihren Spielen fröhnen, und das erleichtert mir das Leben ungeheuer. Sonst leben wir am Strand, im Wasser, auf dem Segelboot. Am Vormittag ist mein Gatte mit den älteren Kindern zu einer Bernsteinsuchexpedition aufgebrochen.*"[89]

Die Kinder werden größer, durchleben Trotzphasen und Kinderkrankheiten, streiten und vertragen sich. Als Mutter setzt sich Lina mit noch größerem Engagement für die Gleichberechtigung der Frau ein, vertritt gegenüber ihrem Mann eigene politischen Ansichten, was für damalige Verhältnisse geradezu avantgardistisch anmutet. Emanzipierte Frauen schrecken bürgerliche Männer in der Mehrzahl eher ab. „*Besonders typisch (...) bei damaligen Nietzsche-Jüngern in verschiedenen Versionen und hysterischen Spielarten anzutreffen war das Argument, wonach das ewig und wesentlich Weibliche allem Geistigen fremd sei. Die Konkurrenz von Frauen auf Gebieten, die bislang als männliche Domäne galten, war daher im besten Fall sinnlos, im schlimmsten Fall aber katastrophal für beide Geschlechter.*"[90] Die abendlichen Gespräche zwischen dem Nietzsche-Forscher Raoul und der emanzipationsbewegten Lina über den radikalen Philosophen füllen viele Stunden. „Das Glück des Mannes heißt: Ich will, das Glück des Weibes heißt: Er will."[91] „Alles am Weibe ist ein Rätsel, und alles am Weibe hat eine Lösung: sie heißt Schwangerschaft."[92] Auf diese Zitate verkürzt, lässt sich Nietzsches Frauenbild selbst damals als hoffnungslos rückständig bezeichnen und bietet Anlass für lebhafte Diskussionen im Hause Richter, denen ich gerne beigewohnt hätte. Lina wird ihren Standpunkt klug vertreten haben, denn heraus kommt das Essay „Nietzsches Stellung zu Weib, Kind und Ehe", in dem Raoul sich differenziert mit dem Verhältnis des aus seiner Sicht verkannten Philosophen zu dem weiblichen Geschlecht auseinandersetzt, wenn er auch eingesteht: *„Mit der Bekämpfung der Emanzipation war es Nietzsche tiefer Ernst.*"[93]

Raoul Richter: *„Wohl führt ihn sein Talent zu Einfällen zu peinlichen Abirrungen, seine Maßlosigkeit und Übertreibung (an der übrigens auch die verständnislose Mitwelt ihre Schuld trug) zu betrüblichen Einseitigkeiten, und beides zu Ausdrücken, die uns alle über ihn selbst erröten lassen. (...) Was Nietzsche ferner ganz übersah, war die zunehmende Differenzierung und Integrierung, die wachsende Mannigfaltigkeit bei wachsender Einheit aller Kulturzustände, aller sie tragenden Persönlichkeiten, die es auch dem Weib im Laufe der Entwicklung ermöglicht, Verstand und Intellekt immer mehr auszubilden, sich selbständige Rechte auf wirtschaftlichem Gebiete, vielleicht auch einst auf politischem zu erobern, die äußere und innere Befähigung zur Ausübung einzelner bürgerlicher Berufe zu gewinnen, ohne ihrer eigene Natur, ohne dem Ideale der Mutterschaft untreu zu werden.*"[94]

Mit dieser modernen, wenn auch nicht umstürzlerischen Einstellung gehört Raoul zu den fortschrittlicheren Männern seiner Zeit. Lina schafft es sogar, den Gatten zu überzeugen, in den Vorstand des 1904 in Leipzig gegründeten Bund für Mutterschutz einzutreten: *„Ich weiß, daß sich schwer ein Mann in öffentlicher Stellung dazu bereitfindet.“*[95] Der links-liberal einzuordnende Bund für Mutterschutz propagiert eine Verbesserung der rechtlichen, wirtschaftlichen und sozialen Stellung der Frau, sein Vorstand Raoul Richter schafft in einer Rede den philosophischen Überbau.

Raoul Richter: *„Und wollen Sie eine Formel mit auf den Weg nehmen als eine Art von Talisman in den Nöten ihrer Bestrebungen, so hat Nietzsche ein Wort geprägt, das niemand wieder vergisst, der es einmal mit Verständnis vernommen: das Wort Fernstenliebe. Die Fernstenliebe ist die Devise auf der im Sturm der Zukunft flatternden Fahne, unter der die vorwärtsschreitende Menschheit Mutter und Kind zu schützen, zu erhalten und das Leben der Gesamtheit dadurch zu steigern hat.“*[96]

Unter dieser Prämisse fordert der Bund eine gesetzliche Mutterschaftsversicherung, Gründung von Mutterheimen und sexuelle Aufklärung, absolute Tabuthemen in der damaligen Gesellschaft. Aber Lina will diese Themen - auch aus eigener Betroffenheit - aufgreifen, damit die *„nicht vom Glück begünstigten Frauen“*[97] aus dem Volk auf Unterstützung für ihre Familien hoffen können.

Lina Richter: *„Ihr Heroismus, wenn wir uns ihre Existenzen vorstellen – auch wenn es nur die vielen pflegelosen Wochenbetten, nicht besondere Krankheiten sind, aus denen sie sich immer wieder aufraffen – ist so ungeheuer, daß wir zu der deprimierenden Annahme einer gewissen Stumpfheit des Gefühls greifen müssen, um die psychologische Wahrscheinlichkeit zu retten. Doch ich will annehmen, daß ihnen auch ein Gefühl ihrer Unentbehrlichkeit für Kinder und Mann so einfach deutlich werden muß, daß sie hieraus eine Quelle ihrer Kraft ziehen.“*[98]

Im Wintersemester 1909/10 hält Raoul die Vorlesungsreihe „Einführung in die Philosophie". Er unternimmt vor seinen Studenten erneut den Versuch, Nietzsches moderne Ansätze mit den großen Ideen der alten Denker zu verbinden, um so zu neuen Erkenntnissen zu gelangen. Eine Arbeit, die ihn schon einmal in Depressionen hat versinken lassen. Linas Mann bleibt in seiner Arbeit ein getriebener, rastloser Charakter. Der Philosoph ist gerade 39 Jahre alt, da verzeichnet die Bibliografie seiner Schriften bereits 100 Einträge.

Cornelie Richter: „*Raoul war wohl der Gerechteste – über den Partheien stehende Idealist im höchsten Sinne –, der den Ehrgeiz hatte überall in allen Dingen sein Bestes zu geben – bis an die letzten Enden seiner Kraft.*"[99]

Ende des Semesters ist die Kraft aufgebraucht. Raoul findet nachts nicht in den Schlaf, am Tag verfolgen Angstzustände den sensiblen Mann. Nervenerschlaffung nennen es die Ärzte und verordnen Ruhe. Mutmaßlich ist es aber die Syphilis, die nun im Endstadium Raouls Nervensystem angreift.

Rudolph Oppenheim: *„Meine liebe Lo,*
bei keinem andren Menschen würde man sein Leiden so als eine tücki-
sche, ungerechte Trübung und Beeinträchtigung des schönen herzerheben-
den Bilds empfinden, zu dem er und Du Euer Leben gestaltet habt."[100]

Ein Urlaub in Montreux gleich nach Semesterschluss soll den nötigen Abstand zur Arbeit bringen. Gustav und Curt dürfen ihre Eltern
in die Schweiz begleiten, die jüngeren Geschwister bleiben in der Obhut
des Kindermädchens. Raoul ist ein begeisterter Bergsteiger, eine Liebe,
die er über Generationen weitervererbt. Mit Nagelstiefeln und Bergstö-
cken erklimmen Vater und Söhne die Gipfel, auf denen im März noch
Schnee liegt, wie Riesengletscher sehen sie aus. Unten im Tal blühen
bereits Weidenkätzchen und Veilchen.

Lina Richter: *„Es ist auch wirklich überaus schön in der herben Erst-*
lingsstimmung der Natur. Mein Mann hat hier ziemlich guten Schlaf und
eine recht tüchtige Leistungsfähigkeit im Gehen erworben, die nervösen
Zustände sollen hoffentlich in den nun folgenden drei Wochen in Meran
schwinden, wohin er sich mit seiner Mutter begibt. Denn ich muß zum
April nach Hause, um die beiden großen Jungen in die Krallen des Gym-
nasiums zu liefern – jetzt auch den zweiten, bisher so ganz ungebunden.
Um den tut es mir extraleid."[101]

Äußerlich erholt kehrt Raoul zurück nach Leipzig, wo am 18. April
das Sommersemester beginnt und der Ruhelose sich erneut in die Arbeit
stürzt. Jede Woche hält er an vier Tagen Vorlesungen über Religions-
philosophie, viele Stunden sitzt er wieder am Schreibtisch. Ängstlich
beobachtet Lina den Gatten. Die innere Unruhe erfasst auch sie. Was
geschieht, wenn die Krankheit zurückkommt?

Lina Richter: *„Meines Mannes Nervenkräfte heben sich zwar, aber*
langsam, und genügen gerade nur zur Erfüllung des Berufs; und ein vor-

sichtiges Achtgeben meinerseits muß sie bewahren. Denn da der Schlaf bei meinem Manne sich wiedergefunden hat, so liegt das Übel eben nicht allein an dessen Mangel, und muß gründlich behandelt werden, als Nervenerschlaffung; selbst bei der unleugbaren Besserung darf man sich nicht beruhigen."[102]

Doch es scheint Raoul tatsächlich besser zu gehen. In den Sommerwochen an der Ostsee gerät seine Krankheit beinahe in Vergessenheit, scheint das Wiederaufflackern der Depression überwunden. Für seine Studenten bereitet Linas Mann die Vorlesungsreihe „Geschichte der neueren Philosophie von Descartes bis Kant" vor. Lina ist glücklich, hofft, die Krise endgültig besiegt zu haben. Sie lässt die lang vermissten Gesprächsrunden in der Leipziger Wohnung wieder aufleben, besucht die Familie in Berlin. Gemeinsam mit Raoul übersetzt Lina David Humes 1748 erschienene *Untersuchung über den menschlichen Verstand.* Raoul schreibt im Vorwort: „Zum Schluss darf meiner Frau, auf deren Hilfe und Rat in den sprachlichen Fragen sich diese Übersetzung mit erbaut, der Dank nicht vorenthalten werden."[103] Das Buch ist in zahlreichen Auflagen zuletzt 2022 erschienen, und Linas Anteil an der Arbeit gebührt gewiss mehr als ein anerkennender Satz im Vorwort. Im Sommersemester 1911 stellt Raoul sich seinem alten Trauma, versucht die Lehre Schopenhauers mit Nietzsches Geist in Zusammenhang zu bringen. Die Vorlesungsreihe „Schopenhauer und Nietzsche" fordert seinen Verstand und überfordert seine Nerven. Freund Kessler bemerkt die ersten Anzeichen.

Harry Graf Kessler: *„Raoul sehr ermüdend, weil er fortwährend von einem Thema ins andre springt."[104]*

Raouls Zustand verschlechtert sich rapide. Dennoch überwiegt erneut der Optimismus, dass ein längerer Kuraufenthalt den gewünschten Heilungserfolg bringen könnte.

Lina Richter: *„Mein Mann hat sich überarbeitet, und der Arzt verlangte an Stelle der mit kurz dauerndem Erfolg versuchten Erholungs-*

reisen einen energischen Kurgebrauch. Allein wollte mein Mann aber nicht gehen; und so haben wir zum ersten Mal die Jungen allein mit dem Fräulein in Leipzig gelassen, als die Schule begann, die Kleinen und Welle zur Großmutter placiert, und sind sieben Wochen im Wiener Wald in einem Sanatorium gewesen. Wir fanden eine kleine Dependance-Villa, in der wir am Rande eines wunderbar grünen und stark würzig riechenden Waldes lebten, vollständig einsam; keinen anderen Kurgast haben wir gesprochen, nur den Arzt und das bedienende Mädchen. Einmal kam mein ältester Schwager eine Weile zu Besuch. Mein Mann fühlte den günstigen Einfluß dieser Reise, und war heiter und genoß die Spaziergänge in den Wäldern sehr. Mir war sehr angstvoll zu Mute, auch nach den Kindern, und erst, als sich die gute Wirkung zeigte, die Ärzte sehr zufrieden waren, lichtete sich mir die Seele. Und dabei war es doch nötig, daß ich immer guter Dinge schien und Raoul nicht mit Melancholie ansteckte.“[105]

Die Ärzte dringen auf eine lange Pause. Im Vorlesungsverzeichnis der Universität Leipzig wird für das Wintersemester 1911/12 Professor Richter mit einer Vorlesung zum Thema „Kritische Geschichte der Erkenntnistheorie“ angekündigt. Raoul sagt ab, Herbst und Winter sollen ganz der Wiederherstellung seiner Nervenkräfte dienen. Lina überredet ihren Mann, nach Wannsee zu ziehen, wo Arbeit kaum möglich ist. Es bedeutet eine Trennung von der Familie, aber Lina stimmt zu.

Cornelie Richter besitzt in der Hohenzollernstraße ein Sommeranwesen mit einem wunderschön angelegten Garten, der ihr ganzer Stolz ist. Sie nennt ihn ihre Lebensschöpfung. Im Sommer schaffen prächtige Rosensträucher, farbenfrohe Blumenrabatten und üppig tragende Obstbäume ein Idyll direkt am Kleinen Wannsee. Ein idealer Ort, um zur Ruhe zu kommen, besonders, als der Sommer langsam zu Ende geht. In der Villenkolonie wird es nun still, die meisten der Bewohner verbringen die kalte Jahreszeit in ihren Stadtwohnungen in Berlin. So ist auch Cornelie Richter gewohnt, im Herbst in die Bellevuestraße umzusiedeln. Doch in diesem Jahr bleibt sie an der Seite ihres Sohnes, pflegt ihn mit aller Hingabe. In Leipzig versucht Lina derweil mit der Unterstützung ihres Hausmädchens, den Kindern ein weitgehend normales Leben zu ermöglichen. Jede Woche reist sie für einige Tage an das Krankenbett ihres geliebten Mannes, noch immer voller Zuversicht und Hoffnung auf Genesung. Es ist wahrscheinlich, dass Raoul sich in Wannsee in die Hände von Paul Ehrlich begeben hat. Der Wissenschaftler forscht seit Jahren intensiv an der Bekämpfung der Syphilis. Mit der Arsenverbindung Salvarsan gelingt ihm 1909 der Durchbruch. Lina schöpft erneut Hoffnung.

Lina Richter: *„Die Besserung meines Mannes schreitet erfreulich fort, und bei jedem wöchentlichen Besuche kann ich mich davon überzeugen."*[106]

Der stille Winter in Wannsee, lange Spaziergänge durch die prachtvolle, verschneite Havellandschaft und vertraute Gespräche über Kunst und Literatur bringen tatsächlich die Besserung, an die Lina all ihre Hoffnungen knüpft.

Doch die fröhliche gemeinsame Zeit währt nur kurz. Raoul fällt es von Woche zu Woche schwerer, sich zu konzentrieren, die Gedanken zu sammeln. Sein scharfer Verstand lässt den Denker mehr und mehr im Stich. Unerbittlich zerstört die Krankheit sein Wesen, die Behandlungserfolge sind nicht von Dauer. Kurz vor Weihnachten stattet Freund Harry Kessler einen letzten Besuch ab.

Harry Graf Kessler: *„Nachher fuhr mich Winterfeld zu Richters nach Wannsee, wo ich Raoul sah. Er ist weniger aufgeregt und inkohärent als im Mai, hat aber jetzt Sprachstörungen; auch ungleiche Pupillen, mir scheint sein Zustand hoffnungslos. Die arme Frau Richter weint heftig, als sie mit mir einen Augenblick allein war, sie wiederholte wie verzweifelt immer wieder: „Ich habe solche Angst, ich habe solche Angst!"*[107]

Die Verzweiflung ihrer Schwiegermutter ergreift auch Lina. In der Adventszeit leidet sie besonders unter der Trennung. Die Kinder sind nicht weniger traurig, den Vater nicht bei den weihnachtlichen Vorbereitungen und den Proben für das traditionelle Puppentheaterstück dabei zu wissen. Allein zündet Lina Heiligabend die Kerzen am Tannenbaum an und erinnert sich gewiss an vergangene Jahre.

Weihnachten mit fünf aufgeregten Kindern war für die Eltern stets ein fröhliches Fest mit Geschenken und Familienbesuchen. Jetzt ist es leise und besinnlich in der Wohnung. Wohin schweifen Linas Gedanken in diesen regennassen letzten Tagen des Jahres 1911? Gibt es jetzt noch Hoffnung, dass die Familie im nächsten Jahr wieder zusammenfindet? Alle sind des getrennten Lebens müde. Lina möchte die Familie wieder vereinen, ihr erster Vorsatz, den sie an Silvester für das neue Jahr fasst. Schon im Januar zieht Raouls Frau mit den Kindern nach Wannsee.

Lina Richter: *„Die Kinder sind wenigstens gesund und in der Eiszeit auch so übermütig, daß man sich daran erfrischen kann. (...) Mein Mann geht viel mit mir spazieren, es ist seine größte Freude."*[108]

Es ist auch Linas größte Freude, noch einmal mit ihrem Mann Zweisamkeit zu genießen, intensive Gespräche führen zu können. Aber die gemeinsamen Stunden werden von Woche zu Woche seltener, Raoul spürt seine Kräfte mehr und mehr schwinden. Meine Urgroßmutter kann nur hilflos zusehen, wie der geliebte Mann langsam in den Tod gleitet. In seinen letzten verzweifelten Stunden rettet Raoul sich in die Kunst, verabschiedet sich von seiner Frau mit Versen voller Liebe, und er komponiert ihr ein letztes Lied.

Lina Richter: *„Es war dieses Lied, mit dem er mir den Frieden gab und sich zugleich. Nämlich die Sicherheit, daß kein unedler Schatten sich zwischen ihn und mich gestellt hatte; und die stärkende Aufgabe, seiner Ruhe wegen mir die Ruhe zu gewinnen."*[109]

Nach vielen Wochen des grauenvollen Siechtums stirbt Raoul Richter am 14. Mai 1912 im Haus seiner Mutter. Er wird nur 41 Jahre alt. Mit Raouls Tod bricht für Lina eine Welt zusammen, die Trauer überschattet ihr Dasein ein Leben lang. Das Gefühl des Verlustes, das Vergleichen des Jetzt mit dem Früher, das Vermissen, das Suchen beherrschen ihren Alltag. Ruhe und Frieden findet sie viele Jahre nicht.

Lina Richter: „*Fast kommt mir unser Leben wie ein gut gerundetes Kunstwerk vor.*"[110]

Nur wenige Menschen lässt Lina jetzt an sich heran, teilt ihren Kummer nur mit dem Vater, ihrem Onkel Ernst von Saucken, sowie den Freunden Richard und Ida Dehmel. Noch viele Monate werden die Briefe meiner Urgroßmutter einen Trauerrand haben, drehen sich ihre Gedanken um den verstorbenen Mann, erwächst die Beschäftigung mit seinem Werk zu ihrem Lebensinhalt. Sie fühlt sich allein wertlos, gesteht ihrem Onkel, jeder Mensch verdiene Dank, der jetzt noch zu ihr käme.[111]

Die Beerdigung von Raoul Michael Hermann Richter findet unter großer Anteilnahme der Berliner Gesellschaft am 17. Mai in Wannsee statt.

Harry Graf Kessler: „*Schöne Musik, Violine und Orgel, aber leider auch Reden. Reden, die wie immer bei Begräbnissen eine Figur mit viel Licht und keinem Schatten zeichnen wollen; in dieser Karikierung erscheint der Tote erst recht tot: so blass und leichenhaft.*"[112]

Ja, es gibt viele Reden an diesem Tag, und die dunklen Seiten von Raouls Seele werden dabei nicht beleuchtet. Lina hätte es wohl auch kaum ertragen. So geben ihr die Worte der Freunde, Wegbegleiter, Kollegen und Studenten doch Trost und die Gewissheit, mit einem Mann verheiratet gewesen zu sein, der alle ihre Anstrengungen um die Liebe wert war.

Max Brahn: „*Zu einem großen Kunstwerk wurde ihm sein Leben. Er war sich bewußt, daß ihm viel gegeben war, und er entnahm daraus die Verpflichtung, noch mehr daraus zu gestalten. Er sah in sich einen Gipfel der Natur und war überzeugt, daß er damit die Verpflichtung habe, eine neue Höhe hervorzutreiben, ein großes Werk, in dem die Natur über sich herauswächst und leuchtend sich selbst wiederfindet.*"[113]

Gerhard Hauptmann: *„Die Gestalt Raoul Richters steht mir in ihrem liebenswürdigen Ernst, in ihrer gütigen Treue, ihrer Andacht zum Großen und Reinen vor der Seele."*[114]

Den ersten Sommer nach dem Tod ihres Mannes zieht sich Lina mit den Kindern nach Heringsdorf zurück, dem Ort der glücklichen Erinnerungen. Einige Wochen am Meer bei dem Großvater sollen vor allem die Kinder auf andere Gedanken bringen. Lina gelingt es noch lange nicht, die Trauer zu überwinden. Vielleicht ist es auch ein Fehler, an diesen Ort der glücklichen Erinnerungen an sorglose Ferien, Bernsteinsuchexpeditionen, Segeltörns und Strandspaziergänge im Sonnenuntergang zurückzukehren.

Ernst von Saucken: *„Für Dich hat Heringsdorf drei sehr verschiedene Epochen gehabt; die dritte in diesem Jahr zum ersten Mal; ich glaube, daß Dir der Vergleich von jetzt mit früher sich nirgends so aufgedrängt hat wie gerade hier. Orte haben eine so eindringliche Erinnerungswirkung. Und darunter hast Du die ganze Zeit gestanden und Dich gequält, die Gegenwart zu ertragen. Glaube mir, daß ich das verstanden habe, ich habe es Dir nur nicht zeigen können, noch weniger natürlich Dir helfen, was ich so gern möchte."*[115]

Aber es gibt viel mit dem Vater zu besprechen. Wie soll es für die Familie weitergehen? Lina trägt die Verantwortung für die Erziehung von fünf Kindern.

Selbstständig darf sie nicht über die Zukunft der Familie entscheiden. Ihr und den Kindern wird Raouls Bruder Reinhold als Vormund bestimmt. Die Gesetze der Kaiserzeit bestimmen die entwürdigende und heute kaum noch vorstellbare Erniedrigung von Witwen. Lina schätzt ihren Schwager sehr, aber als emanzipierte Frau sich ihm als „Mündel" unterordnen zu müssen, geht ihr bestimmt zu weit. Intelligent, gebildet, kunstinteressiert, *„ein lebendes Lexikon"*[116], so beschreibt Eveline ihren Onkel. Reinhold geht mit den älteren Jungen auf dem Wannsee segeln, spielt mit ihnen Tennis, hört sich ihre Sorgen und

Alleinerziehende Mutter von fünf Kindern: Lina Richter
mit ihrem jüngsten Sohn Bex, um 1914

Nöte an. Noch als Jugendliche und Erwachsene unternehmen die Richter-Kinder mit dem passionierten Bergsteiger lange Wanderungen im Gebirge. Als junger Mann wird Curt das Matterhorn besteigen, ohne seinem Onkel etwas davon zu verraten. Das verübelt der seinem Neffen dann doch ein wenig. Ein Ersatz für den Vater kann Reinhold den Kindern nicht sein, aber er nimmt sein Leben lang regen Anteil an ihrer Entwicklung. Curts Wunsch, Jura zu studieren, war sicherlich auch auf den Einfluss Reinholds zurückzuführen, dessen erfolgreiche juristische Karriere ihn bis ins Reichsjustizamt gebracht hat. Als Mitglied der deutschen Delegation nimmt Reinhold Richter an den Friedensverhandlungen von Versailles teil. Linas Schwager bleibt sein Leben lang ohne Familie, vielleicht sucht er auch deshalb die Nähe zu Lina und ihren Kindern und später zu seinem Großneffen Horst Richter, meinem Vater. Der schwärmt noch heute von den Besuchen bei *„meinem Onkel Reinhold"*,[117] und er erzählt viel davon. Vor allem, wenn ihn die *„schöngeistigen"*[118] Gespräche mit seiner Großmutter Lina überfordern – *„ich glaube, sie war einfach zu klug für mich"*[119] –, läuft er hinüber zum Großonkel, der ein größeres Verständnis für den Jungen und seine Interessen zeigt und dessen Grundstück mit Uferzugang zum Wannsee ein wunderbarer Abenteuerspielplatz ist. Die Kinder lieben den Onkel, das macht es Lina leicht, sich mit ihrem Schwager zu arrangieren, und Reinhold lässt sie bei der Erziehung der Kinder gewähren. Nur als die Frauenrechtlerin ihrem ältesten Sohn Gustav einige Jahre später erlaubt, die Schule zu schwänzen, um an einer politischen Versammlung der freideutschen Jugend teilzunehmen, schreitet der Schwager ein. Auch der Plan, die älteren Kinder dem Wannseer Luxus zu entziehen und sie auf eine Erziehungsanstalt des Reformpädagogen Hermann Lietz zu schicken, damit sie ein einfaches, naturwüchsiges Dasein kennen- und in einer Gemeinschaft leben lernen, scheitert an dem Veto Reinholds.

Im frühen Herbst kehrt die Familie kurzfristig zurück nach Leipzig. Von dort aus bereitet Lina den endgültigen Umzug in ein Haus in die Alsenstraße nach Wannsee vor. Dort können sie und die Kinder sich in der direkten Nachbarschaft zu ihrem Vormund

Hochherrschaftliches Elternhaus: Die Eingangshalle der
Oppenheim-Villa in der Tiergartenstraße

Reinhold und seinen Brüdern Giacomo Gustav und Hans geborgen fühlen. Auch zur Sommerresidenz von Großmutter Cornelie sind es nur ein paar Schritte. In Wannsee wird die Kreuzung Alsenstraße/ Hohenzollernstraße, in der die Villen der Familie stehen, allgemein Richters-Eck genannt.

Elisabeth Förster Nietzsche: *„Ihr Herr Gemahl hat mir einmal gesagt, wir gut Sie sich mit seiner Mutter verstünden und wie herzlich Sie einander liebten. Gewiß war sie das innigste Band, was Sie jetzt noch mit der Familie Ihres Herrn Gemahl verknüpfte.“*[120]

Zu ihrem Vater ziehen will Lina offensichtlich nicht. Oppenheim hat das Haus in der Bellevuestraße, in dem Lina ihre Kindheit verbracht hat, schon 1896 an den Verein Berliner Künstler verkauft. Als neues Domizil lässt Linas Vater eine Villa in der Tiergartenstraße im schönsten Teil des Berliner Westend bauen. Es ist wiederum ein hochherrschaftliches Haus ausgestattet mit einer Vielzahl von Kunstwerken aus der Sammlung Oppenheim.

In allen Räumen finden sich Madonnen-, Christus-, Priester- und Heiligenfiguren. Selbst im Billardzimmer steht über dem Kamin ein Altarkreuz, umrahmt von Engelskulpturen. Einladend, geschweige denn gemütlich wirkt die Villa nicht, eher Museum als Heim für fünf Kinder. Vielleicht neben dem manchmal schwierigen Wesen Oppenheims ein weiterer Grund, weshalb die Enkelkinder eher wenig von ihrem Großvater, dem Opapa, berichten. Es zieht sie eher zu ihrem Onkel Reinhold oder zur Omama Cornelie. Finanziell allerdings sorgt Oppenheim für Lina und die Kinder.

Die Wochen vergehen, fast sechs Monate sind seit Raouls Tod vergangen. Der Herbst beginnt mit gedrückten Gefühlen, noch überschatten Erinnerungen an die wolkenlosen Jahre den Alltag. Lina fühlt sich von Nebeln erdrückt, die kein erhellendes Licht zu ihr durchdringen lassen. Im grauen November entflieht sie ihrer Trauer und reist nach Hamburg zu Richard und Ida Dehmel.

Lina Richter: *„Bei Ihnen, liebe Frau Dehmel, fand ich so viel Wärme und Leben, daß ich einen schönen Ueberschuß mitnehmen konnte; und wenn ich ihn auch nötig brauche zum Durchkommen im täglichen und auf die nächsten Pflichten beschränkten Kreise, weil ich zu sehr Ebbe in meiner moralischen Kasse hatte, und nicht Ihr freudiges und hoffnungsvolles Wirken nachmachen kann – auch hiervon trage ich viel Material für meine Phantasie nach Hause. Und ihre große Freundlichkeit und frauliche Sympathie – die kann ich nicht mit Worten, nur mit Gefühlen beantworten.“* [121]

Zurück in der neuen Heimat Wannsee beansprucht Lina keine gesellschaftliche Stellung im Kreise ihrer Schwiegermutter, die sie als Mitglied der Familie Richter zweifellos hätte erlangen können. Aber das Leben einer Salonniere liegt ihr nicht, es erscheint ihr oberflächlich. Für ihre Themen wie Frauenrechte und Familienfürsorge findet sie in der konservativen Adels- und Hofgesellschaft wenig Gesprächspartner oder gar Gleichgesinnte. Die Salonkultur strebt im neuen Jahrhundert ohnehin dem Niedergang entgegen. Die sich immer mehr emanzipierenden Töchter der alten Salondamen finden zunehmend Erfüllung in anderen Beschäftigungen, engagieren sich in Vereinen oder entscheiden sich für einen Beruf.

Lina vermisst das Leben in Leipzig, die Abende erfüllt mit interessanten Gästen und Diskussionen. Ein Dasein nur als Hausfrau und Mutter behagt ihr gar nicht, sie fühlt sich einsam und wertlos. Das spüren auch die Kinder.

Gustav Richter: *„Wie ich über das Halbjahr denke?, daß wir faul und undankbar gewesen sind und Du über unser Zurücksein keine Schuld trägst, daß Du Dich uns so gewidmet hast, wie es niemand vor Dir außer meinem Vater tat.“* [122]

Der Brief geht ans Herz. Ein Junge, kaum 13 Jahre alt, der gerade seinen Vater verloren hat, fühlt sich tatsächlich schuldig, nicht so fleißig gelernt zu haben, wie es offensichtlich von ihm erwartet wurde. Doch der Anspruch seiner Mutter an die Bildung der Kinder ist außergewöhnlich, auch in Ausnahmezeiten. Da gibt es kein Pardon. Lina meldet ihre beiden ältesten Söhne, die in Wannsee bislang privat unterrichtet wurden, auf dem Steglitzer Gymnasium an.

Lina Richter: *„Gustav wird sich vermutlich nicht gerade wohl fühlen, wenn er auch nette Lehrer bekommt: der bequemer veranlagte zweite, dem alles Spaß macht, was in solcher Klasse passiert, ist schon heute, nach dem ersten Schultag, ganz zufrieden. Aber geschehen musste es bald; sie thaten zu wenig, und zu regellos, was sie thaten."*[123]

Nach der Schule wartet die Mutter mit Französischlektionen auf Gustav und Curt. Weitere Stunden erteilt der Hauslehrer Arno Steglich. Steglich wird heute als bekannter Jugendherbergsvater der Fünfziger- und Sechzigerjahre in den Archiven geführt. Sein Unterricht dient der Charakterbildung der Jungen, die zu eigenständigen, starken Persönlichkeiten heranwachsen sollen. So wollte es einst der Vater, so fordert es die Mutter.

Raoul Richter: *„Die meisten Leute sind andere Leute. Ihre Gedanken sind die Meinungen anderer, ihr Leben ist Mimikry, ihre Leidenschaften sind ein Zitat. (...) Es gibt nichts Unheimlicheres als sich selbst mit nackter Seele gegenüberzustehen, als vor das Spiegelbild des eigenen Ich zu treten und nicht zurückzuschaudern vor dem Selbst, wenn es die verhüllenden Schleier der Konvention, die aus Echtem und Unechtem gemischten Regungen der Augenblicksbedürfnisse nicht mehr verdecken. Aber auch nichts Beseligenderes, als die starke Persönlichkeit zu sein, die sich selbst unentwegt ins Antlitz zu schauen vermag und mit stolzem Bewußtsein die Erkenntnis erträgt: das bin ich. So ist die Selbsterkenntnis, wie sie schon Sokrates in unübertrefflicher Dringlichkeit gepredigt hatte, in dieser Ethik der Treue gegen sich selbst die erste und ständige Aufgabe."*[124]

Dem grauen November folgt die Adventszeit. Es ist ruhig in Wannsee, die Sommerresidenzen der reichen Berliner liegen verlassen da, man verbringt die Feiertage in der Stadt. Bei Lina flammen die Gefühle des Verlustes in dieser Zeit noch einmal besonders heftig auf. Es ist das erste

Fest ohne den geliebten Mann und Vater, trotzdem ein Fest. Aber das Vermissen tut Weihnachten besonders weh.

Ernst von Saucken: *„Liebe Lina, Viele herzliche Weihnachtsgrüße send ich Dir und den Kindern. Wie schwer wird es Dir sein, an der Erinnerung des letzten Weihnachtsabends und der früheren glücklichen Jahre vorüber zu sehn und Deine Augen fest auf die Gegenwart zu richten. (...) So kann nur die Freude Deiner guten Kinder Dir dabei helfen. Für sie ist es ja ein Fest. Ich denke an Dich in herzlicher Liebe. (...) Nun lebe wohl, liebste Lina, die innigsten Grüße Dir und den lieben Kindern allen von Deinem Onkel Ernst.“*[125]

Das Jahr 1912 versinkt, still erleben Lina und ihre Kinder den Jahreswechsel. Was wird 1913 für die Familie bringen? Stillstand oder Aufbruch?

Rudolph Oppenheim: *„Mein Wunsch für das neue Jahr ist, daß Du den Lebensmut, der Dir immer so stark zu eigen war, wiederfinden + in den Kindern + deren Erziehung eine ausfüllende + befriedigende Aufgabe + Lebensinhalt finden möchtest.“*[126]

Ich bin es Raoul fast schuldig, zu sagen, was er mir gegeben hat

Richard Dehmel
Aufrichtung

(der Gattin des Freundes)

Hörst Du nachts die leere Stille schallen?
Tote Seelen rufen dich von fern.
Eine war dir wert vor allen

O, nun möchtest Du vor Schmerz ihr folgen,
Ihr und ihrem unsichtbaren Herrn!
Und du kannst nicht fassen
Daß du weiter lebst,
Daß du deinen Arm zur Abwehr
Hoch ins Dunkel hebst:
Und auf einmal schweigt es,
Und mit frommen Händen
Legst du deinen Schmerz auf einen Stern[127]

Mit dem Gedicht sendet Richard Dehmel Raoul Richter einen letzten Gruß. Gewidmet sind die mitfühlenden Verse Lina.

Lina Richter: *„Der geschriebene Vers ist ein in Worte gefasster Stern und leuchtet mir den ganzen Tag über allen Tagestrubel."*[128]

Der rege Gedankenaustausch mit Ida und Richard Dehmel in vielen Briefen und bei persönlichen Begegnungen lässt Lina nach tatenlosen Monaten endlich den Kopf heben. Im Nachlass ihres Mannes entdeckt Lina unerwartet reiches Material, das sie sichten und veröffentlichen möchte, eine Hommage an die Liebe ihres Lebens.

Ernst von Saucken: *„Liebe Lina, Dein heutiger Brief hat mir große*

Freude gemacht. Ich brauche Dir nicht zu sagen, wie sehr ich Dir die schöne Arbeit gönne, die Dich jetzt beschäftigt, und wie es mich freut, daß Du noch so viel kostbares Material gefunden hast."[129]

Die Vormittagsstunden, wenn die Kinder in der Schule lernen, verbringt Lina von nun an am Schreibtisch.

Lina Richter: *„Allmählich stellt sich die frühere Gewöhnung an scharfes Denken wieder ein – ich glaubte, sie ganz eingebüßt zu haben."[130]*

Richard Dehmel wird ihr Mentor. *„Seine Lyrik hält Europa in Atem, sein lebensgieriges, mondänes Bohème-Leben mit seiner schönheitstrunkenen Frau Ida im Jugendstilhaus in Hamburg-Blankenese, Westerstraße 5, ist eine der vielbeschworenen Projektionsflächen der bürgerlichen Sehnsüchte um 1913."[131]* Mondän und lebensgierig, schönheitstrunken – keines dieser Adjektive trifft auf meine Urgroßmutter zu. Ein Bohème-Leben führt sie bestimmt nicht, auch wenn sie sich durchaus davon angezogen fühlt. Amüsiert schreibt sie nach Hamburg: *„Haben Sie recht schönen Dank für Ihre herzerfreuende Schilderung Ihres schönen Festes, das so frei-heiter gewiß nur durch den Mangel an offizieller und konventioneller Verhunzung werden konnte."[132]* Lina Richter verbindet eine intensive, lebenslange Freundschaft mit dem Richard Dehmel und seiner Frau. Beginnt sie ihre Briefe zunächst mit *„Sehr geehrter Herr Dehmel"* so wird schnell ein *„Lieber und herzlich verehrter Freund"* daraus. Eine lange Anrede, doch *„kann ich um keinen Preis das zweite Beiwort auslassen, es entspricht zu sehr der Wahrheit – und das erste benutzen zu dürfen – auf dieses Vorrecht möchte ich auch nicht Verzicht leisten!"[133]* Und auch Richard Dehmel wechselt von *„Liebe, verehrte, gnädige Frau!"* zum vertrauten *„Liebe Freundin (...) Es ist das erste Mal in meinem Leben, daß ich zu einer Frau liebe Freundin sage"[134]*. Der Freund und die Witwe hegen den gemeinsamen Wunsch, das Andenken an Raoul Richter zu bewahren, seinem Werk ein Denkmal zu setzen.

Lina Richter: *„Ich bin es Raoul fast schuldig, zu sagen, was er mir gegeben hat."[135]*

Im Frühling jährt sich Raouls Todestag zum ersten Mal. Der Himmel über Wannsee an diesem Tag ist sonnig, nur ab und zu ziehen Wolken vorbei. Ein herrlicher Frühlingstag, genau wie vor einem Jahr. Lina besucht den Friedhof, es werden viele Tränen geflossen sein, als sie einen selbstgeflochtenen Kranz auf dem Grab ablegt. Allein geht sie nach Hause, igelt sich ein. Die Kinder sind bei Freunden und Verwandten untergebracht, Besucher empfängt Lina nicht.

Benoit Oppenheim: *„Liebe Lina, Wie ich aus Deinen Briefen ersehe, wirst Du am 14. allein in Deinem Haus sein. Vielleicht ist es so am besten. Dir sagen ja diese Gedenktage etwas Besonderes, u. an dem diesmaligen möchtest Du die Anwesenheit jeden Besuches als eine Störung empfinden. Ein geschriebenes Wort ist leichter zu ertragen, u. das Ausbleiben jeder Aeußerung meinerseits könnte unwillkürlich die Vermutung der Kälte erwecken, wenn sie auch vor der Überlegung nicht standhielte. Dein Schicksal, mein Kind, ist auch das meine. Möchten die Blumen, die ich auf Raouls Grab niederlegen lasse, dir ein Zeichen der Liebe & Achtung sein, welche mir der Verstorbene stets eingeflößt hat. Dein Vater"*[136]

Gustav und Curt verleben den Gedenktag in Wismar. Sie schreiben ihrer Mutter, der eine sehr emotional, der andere für seine zwölf Jahre erstaunlich reflektiert. Ein Spiegelbild ihrer Charaktere.

Gustav Richter: *„Liebe Mama! Es tut mir sehr leid, daß ich Dir nicht an diesem schweren Tag keine Stütze sein kann. Dieser Tag ist der schwerste im ganzen Jahr und er erinnert uns an den Ernst des Lebens. Möge Dir dieser Tag nicht zu großen Kummer bereiten. Möge er, der Dich an so viel Kummer und Schmerz erinnert, Dich nicht zu sehr erschüttern. Von mir lege den Kranz am Grabe nieder und laß ihn ein Zeichen sein, daß ich im Geiste auch dort weile. Dein Gustav"*[137]

Curt Richter: *„Liebe Mama. Ich kann Dir leider diesen schweren Tag nicht erleichtern, aber ich fühle ihn deshalb nicht wenig. Es wird Dir ja schwer fallen an diesem Tag die Aufregung zu bekämpfen, aber Du musst es deshalb nicht weniger tun. Ich verstehe, daß Dir dieser Tag schwer wird,* *aber wird es besser, wenn Du Dich ruinierst? Beherrsche Dich und nimm es nicht zu schwer. Er geht auch vorüber. In Trauer Dein Büdich"*[138]

Der Kummer geht noch lange nicht vorüber, aber zum Wohle ihrer Kinder legt Lina *„ihren Schmerz auf einen Stern"* und stürzt sich in die Arbeit.

Lina Richter: *„Gustav und Büd lernen reiten, was ihnen täglich et-was überschüssige Kraft abzapft, so daß ich leidlich Zeit zum Schreiben habe. Aber von der Hand füllen sich nur Blätter auf Blätter, und die Erinnerungen laufen mir davon, nicht dahin, wo sie enden sollen. Jetzt also schreibe ich darauf los; aber wenn es nachher selbstgefällig und albern klingt, wird mir der Papierkorb helfen müssen, da die Centralheizung und der Gasherd den Modernen das pontische Verbrennen unmöglich machen."*[139]

Privatzeit gönnt sich Lina in den nächsten Monaten kaum, Pausen wird nur ihr Körper über das Herz erzwingen. *„Fanatisch in ihren Gefühlen"* widmet sie sich Raouls Lebenswerk und steht doch immer wieder kurz vor der Aufgabe. Zu überwältigend tauchen die Erinnerungen auf, mal wunderbar schön, dann wieder unsagbar traurig. Bilder aus dem letzten Jahr, in dem Raoul hilflos leiden musste, erscheinen wieder vor den Augen seiner Frau, drohen über-handzunehmen. Lina plagen zunehmend Zweifel an ihren Fähig-keiten, dem außergewöhnlichen Leben ihres Mannes als Autorin einer Biografie gerecht werden zu können, auch wenn Dehmel jede Seite *„so sorgsam, so zart und so weise"*[140] korrigiert. Und was ist mit der Novelle aus der vorehelichen Zeit, der *Beichte an eine Heilige*? Will sie, darf sie diese intimen Bekenntnisse veröffentlichen? Lina schreckt auf vor der eigenen Leidenschaft, zu viel Persönliches preis-zugeben, den eigenen Erinnerungen mehr Raum zu geben, als Raouls Bild hervortreten zu lassen. Dehmel versucht noch einmal in einem langen Briefwechsel, der sich aus Büchern und Archivunterlagen rekonstruieren lässt, die Freundin zu überzeugen, will sie von ihren Skrupeln befreien.

Richard Dehmel: *„Und diese Biographie müssen Sie schreiben! Niemand sonst könnte den Ring so fügen, daß die Novelle dann als Edelstein in ebenso edler Fassung wirkt: ein Ehebekenntnis vorbildlichster Art. Ich meine das nicht blos im Hinblick auf andre Menschen; vor allem sich selbst werden Sie mit dieser Arbeit eine geistige Aufrichtung schaffen, aus der Vergangenheit in die Zukunft hinein, als Gattin und als Mutter zugleich. (...) Sie werden Ihren Kindern ein Standbild elterlichen Hochsinns errichten, an dem sie sich einst emporbilden können, wenn irgend Hohes in ihnen selbst aufbegehrt; (...) Und je geistiger wir von Natur begabt sind, umso unabweislicher fühlen wir uns verpflichtet, die Begabung zu kultivieren. Weh dem, der dies Gefühl in sich abtötet! Er büßt die göttlichste aller Gottesgaben ein: die Freude an sich selbst! Das ist es, das allein, liebe Freundin, was ich Ihnen zurückgeben möchte, und warum Sie auf Ihre Vergangenheit ein geistiges Denkmal setzen sollen. Bei der Arbeit wird Ihnen klar werden, wieviel Freude Sie immer noch an sich haben können, haben dürfen und müssen, um Ihrer selbst und der Ihren willen. Ich küsse Ihnen Hand und Stirn – von Herzen Ihr Dehmel"*[141]

Lina Richter: *„Lieber und herzlich verehrter Freund! Mein Herz ganz voll Dank und meine Stirn geweiht zu einer neuen Krone – ob ich sie mir freilich auch erringe? – trete ich vor Sie. (...) Ich (...) drücke Ihnen die Hand, auch für die neue Güte, die mich heute in der Gestalt von ‚Zwei Menschen‘ mit der energischen Mahnung überraschte, und verspreche: ich will versuchen, zu folgen (...) Aber <u>kann</u> ich thun, was Sie verlangen? Weil Sie es sagen, dem ich unbedingt gehorchen möchte, werde ich einen Versuch machen. Ich kann ja gewiß sein, daß Sie mich durch ein energisches Wort bewahren werden, Schlechtes auch nur Ungenügendes (...) an Raouls edles Werk zu heften (...) aber ob die einmal gelöste Zunge nicht zu viel sagen würde, das eine von der Frau selbst in solchen Fällen geforderte – wenigstens vermißte! – Zurückhaltung überschritte? (...) ich bin ehrlich und sage: wenn, wie wahrscheinlich, der Versuch mißräte – denn ich traue mir wenig Gestaltungskraft zu – so bleibt immer noch Zeit zu der Erwägung, was dann? (...) Jetzt unterbreche ich, der Ferien wegen, die Arbeit auf einige Wochen und gehe mit den Kindern nach Heringsdorf. (...) An der See finde ich vielleicht Stunden, wo ich an der*

Biographie arbeiten könnte. (...) Darf ich Ihnen zum Schluß doch noch zu sagen versuchen, wie tief und warm ich Ihnen danke? Für dieses große Opfer an Zeit und Sorgfalt – und für Alles, was Sie mir Gutes sagen und wollen? Daß ich auch hier zügeln muß, was ich fühle, macht die Worte kläglich. Ich drücke in Gedanken Ihre Hand – aber ich beuge mich darauf. Herzlich ergeben Ihre Lina Richter"[142]

Richard Dehmel: *„Ich muß Ihnen noch erzählen, daß Ihr lieber Brief erst gestern bei mir gelandet ist, ganz verregnet und ohne Marke, aber von der Sonne wieder getrocknet – so hat ihn unser Schlachterbursche auf der Straße gefunden; wahrscheinlich ist er dem Briefträger in der Nachbarschaft beim Herauslangen andrer Postsachen aus der Tasche gerutscht. Ich schreibe Ihnen das blos, weil mich das kleine Wunder der glücklichen Landung kindisch gefreut hat; man könnte ein Andersen'sches Märchen draus machen. Und weil ich's als Omen für Ihre Arbeit nehme: Umweg durch Regen, Sonne am Ziel. Bald reise ich in die Berge und werde Ihnen auf höchsten Gipfeln Glück wünschen. Ihr D."[143]*

Lina Richter: *„Ich habe während der Sommerwochen in den Tiefen geschürft – viel für mich wunderbar Schönes darin lebendig gefunden; und ich bin Ihrer Teilnahme wohl einen Bericht schuldig. Geschrieben habe ich, wie Sie rieten, zunächst ‚drauflos'; und unzählige Seiten bedeckten sich mit recht wenig ‚gestalteten' Erinnerungen. Mir fiel da ein, daß Sie einmal sagten: die Kraft der Gestaltung fehle scheinbar überhaupt der Frau – selbst der großen Droste habe sie gemangelt. Und da, sagte ich mir, sollte ich sie besitzen? Sah ich mir nun diese in der That wie im Traume niedergeschriebenen Schreibereien an, so erkannte ich eine zweite schlimme Sache: es ist, da es <u>meine</u> Erinnerungen sind, <u>mehr Raouls Eindruck auf mich als eigentlich sein Bild,</u> was hervortritt. Nun wäre es prinzipiell möglich, sowohl zu beschneiden, zu bestimmten Zielen zu leiten, was jetzt fessellos und in die Irre laufend da liegt; auch, mit Bewußtsein dem bisher unbewußt hingeschleuderten einzufügen, was eine Art des Wesens Raouls ergäbe. Prinzipiell: Kann <u>ich</u> es? (...) Wirklich frei schreiben kann man doch nur, wenn man nicht denkt, daß es einer lesen wird. So schrieb ich vor einem Jahre, als ich es nötig hatte, mich auszusprechen – und hörte* *auf, erschreckt von der eigenen Leidenschaft. (...) Sie sehen, lieber guter Freund, mit dem bisher Geleisteten ist wenig Staat zu machen. Ueber die Ehezeit selbst ist auch noch ganz wenig geschrieben – und das Beste, das Wachsen und mein Mitwachsen in der Philosophie, steht noch vor mir mit dem Anspruch, Hauptsache zu werden, und der Drohung, sich nicht packen zu lassen. Einen Versuch mache ich damit noch."[144]*

Es bleibt bei einem Versuch, und der Umweg durch den Regen führt nicht zur Sonne am Ziel.

Die Biografie wird nie erscheinen. Die Erinnerungen an ihre wunderbare Ehe, an die Geistesgemeinschaft zwischen Mann und Frau, behält Lina für sich. *„Jene Blätter eignen sich wieder nicht, je an die Welt gebracht zu werden."*[145] Wie schade, ich hätte sie so gerne gelesen. Am Ende soll das Werk für den Menschen stehen. Im Herbst 1913 gibt Lina im Leipziger Meiner-Verlag das Buch *Raoul Richter: Essays* heraus. Prinz Max von Baden schreibt an Linas Schwiegermutter: *„Mit großem Interesse las ich wieder in den Aufsätzen Ihres Sohnes, die mir viel Schönes und Neues boten."*[146] In ihrem Vorwort schreibt Lina Richter von *„unseren"*[147] Vorträgen, die ihr Mann gehalten hat. Es mag als direkte Ansprache an den Leser gedacht sein, aber es ist sicher davon auszugehen, dass Lina die Vorlesungen ihres Mannes gekannt und aktiven Anteil an seinem Werk genommen hat. Nach der Veröffentlichung empfängt Lina einen langen Brief ihrer Tante, der ihr den Weg in die Zukunft weist.

Marie von Leyden: *„Meine liebe Lina, (...) die innigen Wünsche, die ich für Dich hege, möge das, was Dir erhalten ist, Dir zur Freude erblühen, und Du in Deinen Kindern die unvertilgbaren Spuren von Raouls Geist und Herz finden. Mein Glaube ist, daß nichts auf der Welt vergänglich ist, daß jedes Leben, jede Tat, jede Regung des menschlichen Geistes, Frucht trägt zum Guten, Besseren, Schönen oder zum Rückschritt durch niedrige rohe Taten und Gedanken. ‚Es wird die Spur von seinen Lebenstagen nicht in Äonen untergehen.' Und ein solch Ausnahmeleben wie das Deines Raouls wird weiter wirken zur Vervollkommnung des Menschengeschlechts. Was er nur Edles dachte, nur Schönheit von sich ausstrahlte, bleibt ein unverlierbarer Schatz für die Menschheit. Wenn*

Du dazu gibst, was Dir an Reichtum gegeben ist, so wirst Du an Kindern und Enkeln alles wiederfinden, was Euch vereinigte. Mögest Du auch wieder lernen, dem Leben Freude abzugewinnen und an dem, was es Dir bietet, und Ruhe und Gleichgewicht wiederfinden."[148]

Die Erinnerungen an Raoul Richter füllen ein weiteres Buch. Freunde und Weggefährten blicken zurück und veröffentlichen am 14. Mai 1914, seinem zweiten Todestag, den Band *Raoul Richter zum Gedächtnis*, ein letzter Gruß der Kunst an den Philosophen, Künstler und Lehrer.

Max Brahn: „*Welch Menschenbild von kraftvoller Hoheit, lebendiger Weisheit und reifer Lebenskunst hätten wir vor uns gesehen, wären noch der Jahre viele ihm vergönnt gewesen.*"[149]

Das Buch bleibt für Lina und die Kinder ein Leben lang eine kostbare Erinnerung an den Mann und Vater. Seine letzte Vorlesung „Ziele des Wissens und Wollens in der akademischen Jugend" beschließt Raoul Richter mit dem Goethe Wort:

Nichts vom Vergänglichen,
wie's auch geschah!
uns zu verewigen
sind wir ja da.[150]

Was man wolle oder wünsche, ersehe sich daraus, ob man es nachher tue

Claire Waldoff
Raus mit den Männern aus dem Reichstag

Es weht durch die ganze Historie
Ein Zug der Emanzipation
Vom Menschen bis zur Infusorie
Überall will das Weib auf den Thron
Von den Amazonen bis zur Berliner Range
Braust ein Ruf wie D onnerhall daher:
„Wat die Männer können, können wir schon lange
Und vielleicht 'ne ganze Ecke mehr"

Raus mit'n Männern aus'm Reichstag
Und raus mit'n Männern aus'm Landtag
Und raus mit den Männern aus dem Herrenhaus
Wir machen draus
Ein Frauenhaus
Raus mit'n Männern aus'm Dasein
Und raus mit'n Männern aus'm Dortsein
Sie müssten längst schon fort sein
Ja, raus mit'n Männern aus'm Bau
Und rin in die Dinger mit der Frau
.....
Die Männer hab'n alle Berufe
Sind Schutzmann und sind Philosoph
Sie klettern von Stufe zu Stufe
In der Küche sthe'n wir und sind doof
Sie bekommen Orden, wir bekommen Schwielen
Liebe Kinder, es ist eine Schmach!
Ja, sie trau'n sich jar, die Politik zu spielen
Aber – na, sie ist ja auch danach

(Musik und Text: Friedrich Holländer)

Claire Waldoff hat dieses Lied 1926 aufgenommen, Frauen durften zu diesem Zeitpunkt bereits wählen und gewählt werden. 1912 waren ihre Zeilen noch pure Utopie, aber langsam nimmt die Bewegung für das Frauenwahlrecht Fahrt auf. Frauen verdanken ihren Platz in der Gesellschaft mittlerweile nicht mehr nur verwandtschaftlichen Beziehungen, sondern machen sich mit eigenen Leistungen einen Namen. Das veranlasst die Organisatoren der Anglo-Französischen Ausstellung, 1908 erstmals einen Pavillon nur für weibliche Arbeiten aufzubauen. *„Der Pavillon feierte Frauen nicht als Wesen, sondern als schaffende Personen, nicht als funktionelle Rädchen in der Maschinerie von Familie und Gesellschaft, sondern als individuelle Tatmenschen ... Vielleicht noch bemerkenswerter war die relativ starke Vertretung von Frauen unter den Preisträgern der neugegründeten Nobel-Stiftung. Zwischen 1901 und 1914 geht der Nobelpreis viermal an Frauen: Selma Lagerlöf (Literatur), Bertha von Suttner (Frieden) und zweimal an Marie Curie (Naturwissenschaften).“*[151] Lina Richter ist dank des Titels ihres Mannes Frau Professor, verwitwet und steht mit den Kindern unter der Vormundschaft ihres Schwagers. Weder besitzt sie ein Recht an ihrem Vermögen, noch ist sie allein entscheidungsberechtigt über ihre und die Zukunft ihrer Kinder, weil von Männern gemachte Gesetze dies so bestimmen und Frauen keine Chance haben, mit ihrer Stimme auf die Politik Einfluss zu nehmen. Meine Urgroßmutter empfindet dies, wie viele gebildete Frauen ihrer Generation, als schreiende Ungerechtigkeit, gegen die sie sich auflehnt.

Nachdem Lina viele Monate kaum in der Lage war, mehr als den nächsten häuslichen Pflichten nachzukommen, möchte sie nun der *„Ebbe in meiner moralischen Kasse“*[152] durch gesellschaftspolitisches Engagement entgegentreten. *„Ich hatte das Gefühl, daß das Paar auf edle Ziele losgeht mit dem heiligen Eifer der Jugend.“*[153] Lina ist nun allein und auch nicht mehr ganz jung, der heilige Eifer aber ist ihr geblieben, und mit ihm steigt sie aus der Stille ihres Lebens in den Kampf für das Frauenwahlrecht ein. Das Verständnis ihrer eigenen Weiblichkeit drückt Lina treffend aus, als sie in einem Brief ihre Tochter beschreibt: *„Das Wellenkind ist – ich leugne es gar nicht – voll Reiz, dem wir sämtlich erliegen. Ihren Charakter begreife ich selbst noch gar nicht. All ihr Handeln und jede Reaktion scheint auf Instinkt zu beruhen. Nach dem alten, vielleicht für viele Fälle noch ganz passenden Unterscheidungsschema ist sie also ‚ganz und gar Weib‘. Ich bin es nicht in dem Maße, sie jedesmal instinktiv zu verstehen; dann aber ist es mir, als müsse ich besonders behutsam sein, um nicht etwas heilig Ursprüngliches zu zerstören.“*[154] Lina treibt der Intellekt, nicht der Instinkt. Eine Partei, der sie ihre Stimme geben würde, müsste in ihrem liberal geprägten Programm eine Verbesserung der Arbeitsbedingungen für Frauen, die Einführung einer Mutterschutzversicherung und das Recht auf Bildung für Mädchen und Jungen aller Gesellschaftsschichten verankert haben. Ehrgeizige Ziele in der damaligen Zeit.

Lina Richter: *„Ich weiß, wie oft einem ein freundlicher Einfall kommt – und wie selten man ihn ausführt. In letzterem liegt aber das Verdienstliche – es ist wie bei Schopenhauers Unterscheidung: was man wolle oder nur wünsche, ersehe sich daraus, ob man es nachher thue.“*[155]

Lina will politische Rechte für Frauen, und sie wird etwas dafür tun – in der liberal-bürgerlichen Frauenbewegung. Die politische Haltung wurde Lina in die Wiege gelegt. Vater Benoit vertritt liberale Ansichten, und ihr Großvater Kurt von Saucken war prominenter Vertreter der Fortschrittsfraktion und später der Deutsch-Freisinnigen. Auch ihr Lieblingsonkel Ernst von Saucken steht in der bürgerlich-liberalen Familientradition. Bürgerlich verbindet Lina mit den Tugenden Leistung, Fleiß, materielle Genügsamkeit und vor allem Bildung.

Lina Richter: *„In der Frauenbewegung stehen Sie aber in der Vorhut einer siegreichen Armee. Scheint doch in England das Frauenstimmrecht vor der Tür zu stehen; und Modebücher, wie die von Weils, bekennen sich zu ihm als zur Rettung der politischen Situation. Wir Frauen haben überhaupt in unsern Reihen zahllose Talente, die nicht entfaltet werden, außer durch Zufall.“*[156]

Mit Inkrafttreten des Reichsvereinsgesetzes erhält die Frauenbewegung bereits 1908 entscheidenden Aufwind. Erstmals war es Frauen erlaubt, Parteien beizutreten, sich in Vereinen zu organisieren und ihre politischen Forderungen auf Versammlungen zu äußern. Lina verfolgt die Entwicklung von Leipzig aus, unternimmt erste politische Gehversuche im Bund für Mutterschutz, unterstützt von ihrem Mann. Es sind die Sorge um die Situation lediger, alleinerziehender Mütter und die damit einhergehenden Probleme der Kinderbetreuung, die Lina bewegen. Männer, so die Überlegung, werden sich erst dann der Frauenrechte annehmen, wenn sie auf weibliche Wählerstimmen angewiesen sind.

Die Forderung nach dem Stimmrecht für Frauen klingt eindeutig, so ganz einfach stellt sich die Sache jedoch nicht dar. Die Geister scheiden sich an der Frage, welches Wahlrecht denn nun angestrebt wird: das allgemeine, freie, geheime und direkte Wahlrecht oder das bestehende Männerwahlrecht, also das Drei-Klassen-Wahlrecht. So zersplittert sich die Stimmrechtsbewegung in ein *„kompliziertes Vereinswesen mit vielen Kontroversen, Abspaltungen und überraschenden Koalitionen"*.[157] Bei Ausbruch des Ersten Weltkrieges kämpfen in Deutschland drei Dachverbände dafür, den Frauen eine Stimme zu geben: Der Deutsche Verband für Frauenstimmrecht, die Deutsche Vereinigung für Frauenstimmrecht und der Deutsche Bund für Frauenstimmrecht.

Lina sieht ihre bürgerlichen Überzeugungen am ehesten in der 1911 von Ida Dehmel mitgegründeten Deutschen Vereinigung für Frauenstimmrecht vertreten. Diese fordert – unterstützt von den gemäßigten Liberalen – das Stimmrecht für Frauen unter Beibehaltung des preußischen Drei-Klassen-Wahlrechts, von den Sozialistinnen als „Damenwahlrecht"[158] abqualifiziert. In der Satzung der Vereinigung ist zu lesen: *„Die Deutsche Vereinigung für Frauenstimmrecht bildet einen Zusammenschluss aller Frauenstimmrechtsverbände im Deutschen Reich, welche für das männliche und weibliche Geschlecht gleiche Staatsbürgerrechte erstreben. Die Vereinigung hat den Zweck, durch praktische und theoretische Arbeit das Verständnis für das Frauenstimmrecht zu fördern, ohne ihre Mitglieder auf ein bestimmtes politisches Programm* *festzulegen.*"[159] Die Vereinigung versteht sich als parteiübergreifend und politisch neutral. Unterstützung aus den Parteien erhalten die Frauen in ihrem Kampf um das Wahlrecht nur zögerlich, lediglich in der SPD gibt es Befürworter. Inwieweit Linas Familie hinter ihren emanzipatorischen Forderungen steht, lässt sich aus den erhaltenen Briefen leider nicht deuten, allerdings scheint zumindest ihre Schwiegermutter nicht gänzlich überzeugt.

Cornelie Richter: *„Frauenbewegung, die Suffragetten (...), ob das als Fortschritt zu begrüßen ist?"*[160]

Cornelie Richters Freundin Helene von Harrach hingegen spielt als Vorsitzende des 1905 gegründeten Berliner Lyceum-Clubs eine durchaus bedeutende Rolle in der Frauenbewegung. Der Club, zu dessen Gründungsmitgliedern neben vielen prominenten Namen auch Käthe Kollwitz gehört, vermittelt künstlerisch und wissenschaftlich tätigen Frauen Ausstellungsmöglichkeiten. Auch Linas Tante Marie von Leyden engagiert sich in verschiedenen Frauenvereinen. Enge Vertraute und Ratgeberin in ihren politischen Anfangsjahren ist für Lina neben Ida Dehmel Marie Baum. Die promovierte Chemikerin ist über die Familie Mendelssohn-Bartholdy mit Lina verwandt und duzt sie daher in ihren Briefen. Marie Baum arbeitet nach Abschluss ihres Studiums in der Schweiz zunächst in der Patentabteilung der Firma Agfa ihres Großcousins Paul Mendelssohn-Bartholdy in Berlin. Die Arbeitsbedingungen der Frauen erlebt sie dort als so unwürdig, dass sie sich immer lautstärker in die Sozialpolitik einmischt.

Lina Richter: *„Marie ist der Mensch mit der stärksten Liebe zur Menschenkreatur, den ich kenne; es gehen Ströme von Wärme von ihr aus."*[161]

In Marie Baum erkennt Lina eine Verbündete im Werben um eine neue Familienpolitik, die angesichts der steigenden Berufstätigkeit der Frauen und sinkender Geburtszahlen vor einer nie gekannten Herausforderung steht. Berlin beherrschen 1913 große sozialpolitische Probleme. Edel und groß, aber aufreibend traurig sei es, so Lina Richter, diesen auf den Grund zu gehen.[162] In der Reichshauptstadt kommt fast jedes vierte Kind außerhalb der Ehe zur Welt – eine kaum zu glaubende, vor wenigen Jahren im Tagesspiegel veröffentlichte Statistik.[163] Tatsächlich leben in vielen Familien die Eltern zwar zusammen, dürfen aber nicht heiraten, da die Frauen als Lehrerin, Beamtin oder Krankenschwester dem Berufszölibat unterliegen. Auf ein zweites Gehalt zu verzichten, kommt auch nicht infrage, die Kinder würden verhungern. Schlimmer noch trifft es die ungewollt schwanger werdenden alleinstehenden Frauen, unter ihnen viele Dienstmädchen. Die Väter übernehmen nur selten Verantwortung, eine Heirat kommt sowieso nicht in Frage. Die „gefallenen Mädchen" werden stattdessen entlassen, sobald ihre Schwangerschaft sich nicht mehr verbergen lässt. Ihnen bleibt die Wohlfahrt, nicht wenige junge Mütter enden im Elend der Prostitution.

Marie Baum: „*Mit der Entwicklung der Geburten von Kindern ungeeigneter Erzeuger hast Du vollkommen Recht in der Theorie. Aber, und damit komme ich zum Ausgangspunkt zurück, wohin steuern wir, wenn der Staat, das Fremde, in unseren innersten intimen Angelegenheiten verbietend und fordernd eindringen darf? (...) Für die Zukunft sehe ich immer nur eines vor mir: gebildete Menschen, besonders Frauen, mit der Arbeit (z. B. Pflege) Fürsorge aller Art betreuen anstatt der vom Staat beliebten Polizei. Dann sind es wenigstens schonende Hände, lichtbringende Seelen, die das Grobe vermeiden, die wirklich Heber zur Kultur sein könnten.*"[164]

Gleichzeitig – und das Problem erscheint Lina Richter ebenso drängend – werden insgesamt deutlich weniger Kinder geboren als noch zur Jahrhundertwende. Die werktätigen Frauen können und wollen nicht mehr alle Kinder nehmen, wie sie kommen, und das müssen sie auch nicht mehr zwangsläufig. Dank besserer Aufklärung auch durch Institutionen wie den Bund für Mutterschutz und neuer Verhütungsmittel werden ungewollte Schwangerschaften seltener. Allerdings gibt es Kondome nur auf dem Schwarzmarkt, ihr Vertrieb ist offiziell verboten, genauso wie die verschiedenartigen und nicht ungefährlichen Injektionsmittel, die sich die Frauen zur Verhütung oder Abtreibung in den Unterleib spritzen. Benutzt werden sie dennoch, nicht wenige Frauen sterben an Blutvergiftungen, Lungenembolien oder Bauchfellentzündungen.

Marie Baum: *„Die zweite große Frage, die des Geburtenrückgangs, beschäftigt mich – man muss sich freilich fast schämen es zu sagen – viel weniger. Dass unsere wahnsinnige Kinderproduktion der letzten 100 Jahre – in denen die deutsche Volkszahl sich verdoppelt hat! –, zurückdämmt, ist m. E. nur selbstverständlich, das Befürchtungsgeschrei, als würden wir nun alsbald dezimiert, kommt mir sinnlos vor. Sollte allerdings in weitem Umfang und auf die Dauer die Freude an vielköpfigen Familien, die Freude an der Mannigfaltigkeit des Lebens verlorengehen, so hielte ich selbst das für außerordentlich traurig, für ein Zeichen des Absterbens, der Selbstvernichtung. Da könnte allerdings nur, wenn überhaupt etwas, das neue Pathos helfen, von dem Du schreibst.“*[165]

Der Leidenschaft, mit der Lina sich in Briefen und Ausarbeitungen für Frauenfragen einsetzt, sollen nun auch Taten folgen. So wünscht es sich Ida Dehmel, die ihre Freundin im Januar 1914 für die Arbeit im Vorstand der Berliner Ortsgruppe im Verein für politische Frauenarbeit begeistern möchte. Es wäre für Lina der erste Schritt in die aktive Politik.

Ida Dehmel: *„Liebe Frau Richter! Jetzt komme ich mit einer wirklichen Freundschaftsbitte zu Ihnen. Sie haben schon erfahren, daß wir am 19. Jan. unsre Berliner Ortsgruppe gründen wollen. Es ist praktische Arbeit zu leisten, denn daß z. B. jetzt in Berlin für den Vorstand der Krankenkasse keine Frauen vorgeschlagen wurden, ist eine Schande. Es sind mehr Frauen als Männer versichert. Frauen-Einfluß ist da brennend notwendig, da es sich um Wöchnerinnenfürsorge am allermeisten handelt. Solche Arbeit also soll unsre Gruppe, die ich gern ‚Verein für politische Frauenarbeit‘ taufen möchte, leisten, indem er die tüchtigsten Berliner Frauenvereine zu gemeinsamer Arbeit aufruft. Ich bitte Sie ganz persönlich um diesen Liebes- oder Freundschaftsdienst. (...) Und wer weiß, ob nicht in dieser Tätigkeit für Sie auch noch eine anregende Kraft steckt.“*[166]

Lina lehnt das Ansinnen der Freundin zu meinem Erstaunen ab, traut sich einen öffentlichen Posten nicht zu. Meine Urgroßmutter sieht ihre Arbeit im Hintergrund, die große Bühne liegt ihr nicht. Eine Rede vor Publikum halten zu müssen, wäre der kleinen zierlichen Frau eine angsteinflößende Vorstellung. Lina Richter besitzt klare Ansichten und Überzeugungen, die sie mit Vehemenz vertritt, doch Politik ist die Kunst des Kompromisses, sobald eine Idee Gestalt werden soll. Aber fünf gerade sein lassen, von dem Ideal abrücken, erscheint ihr fast unmöglich, ihr *„hübscher Fanatismus"* lässt das nicht zu. Ein wenig erkenne ich mich wieder.

Lina Richter: *„Ich bin wirklich sehr betrübt, Ihnen einen Dienst leisten zu sollen, und die häßliche Rolle des Verweigerns spielen zu müssen, trifft mich sehr. Aber was soll ich thun? Weder habe ich Erfahrungen im Betrieb einer solchen Vereinigung, noch in der Behandlung der Gemüter, von den Angelegenheiten, die in Frage stehen; von den Vereinsverhältnissen in Berlin; von den Quellen, die man für ideelle oder materielle anbohren könnte, habe ich keinerlei Kenntnis. Öffentlich gesprochen habe ich noch nie; Schlagkraft am Vorstandstisch zu entfalten, kann mir wirklich niemand zutrauen. Was also würde ich Ihnen und Ihrer Sache nützen? Sie erwarten von mir, daß ich es bin, die bewirkt, daß sich die disparaten Elemente zusammenschließen – also meine Willenskraft die Anderen zügelt! Wie soll mein bißchen Energie dazu reichen!"*[167]

Hinzu kommt, dass die Arbeit an Raouls Nachlass *„jetzt mit Dampf"*[168] betrieben werden soll und Linas geistige Kraft ganz beansprucht. *„Mein Kopf ist total erfüllt von den Details der induktiven Logik, in deren Geästel ich mich in den letzten Wochen habe verfangen müssen."*[169] Wenige Monate später, im Sommer des Jahres 1914, lassen außenpolitische Ereignisse und immer lauter tönendes Kriegsgeschrei die Frage des Frauenwahlrechts in den Hintergrund rücken. Die Spannungen in Europa entladen sich am 1. August mit dem Ausbruch des Ersten Weltkriegs. Dem folgenden Burgfrieden der Parteien im Reichstag schließt sich auch die Frauenbewegung an.

Lina Richter: „*Kürzlich hörte ich Frau Dreyer aus Kopenhagen den dortigen Wahlsieg schildern – es war mir wie Musik aus einer sehr weiten Ferne – Kulturfortschritte, Jubel und Stolz und gesegnete Mühe. Uns raubt sinnlose Gewalt die Früchte solcher Arbeit und vieler bester Mühen.*"[170]

Ein entschlossenes Zugreifen in das Getriebe des Lebens

Otto Reutter
O Jugend, wie bist Du schön

Ich singe jetzt ein Lied auf die Jugend,
ich meine die Jugend von heut'.
Die Jugend hat gar keine Tugend,
ist nicht wie in früherer Zeit.
Die Kinder von heute entfalten
Sich früh, weil sie alles versteh'n.
Die Jungen unterrichten die Alten –
Jugend, wie bist Du so schön
(Text und Melodie: Otto Reutter, Teich/Danner: 338)

Nicht nur die Frauen, auch die Jugend strebt in der Kaiserzeit nach Emanzipation.

Raoul Richter: *„Die fast überheizte Maschine des Wissenschafts-betriebs, die im Schnellzugtempo neue Einsichten, Entdeckungen und Erfindungen zu Tage fördert, ließ an der Bewältigung des Stoffes ver-zweifeln. Der Sturz so mancher im Elternhaus und der Schule uns an-erzogenen Gewissheiten machte aus dem Bestand unserer Überzeugungen ein Trümmerfeld."*[171]

Was strebt die Jugend, was treibt die Jugend im neuen Jahrhundert an? Ihre Umgebung verändert sich in einem nie gekannten Tempo. Es sind nicht nur neue wissenschaftliche Erkenntnisse, die sie herausfor-dern. Auch die von den Eltern und Großeltern vorgelebte gesellschaft-liche Ordnung kommt auf den Prüfstand. In der Kaiserzeit ist es nicht unüblich, dass schon ganz junge Männer sich einen Kaiser-Wilhelm-Bart stehen ließen, um Autorität auszustrahlen. Doch immer mehr ihrer Altersgenossen sind es leid, vor dem Alter zu erstarren, Bart und goldene Taschenuhr als Statussymbole haben ausgedient. Zum ersten Mal versteht sich die Jugend zu Beginn des 20. Jahrhunderts als autonome Generation, die gegen ihre wilhelminisch erzogenen Eltern rebelliert, die Nietzsche als ihr neues Idol liest und verehrt. In den Schulen haben sie bislang vor allem Stoff gepaukt, Gehorsam und Disziplin gelernt. Nun suchen und finden sie individuelle Ausdrucksformen in kreativen Fächern wie Musik, Kunst und Theater. *„Die Verknüpfungen zwischen Jugend und Kultur oder genauer zwischen Jugend und Moderne fielen unmittelbar ins Auge und kamen schon in den Sprachschöpfungen der Jahrhundertwende – ‚Jugendstil', ‚Die Jungen' (...) – zum Vorschein."*[172] Es entsteht die Freideutsche Jugendbewegung mit ihren im wahrsten Sinne des Wortes romantischen Lebensvorstellungen. Künstler nehmen das neue Lebensgefühl auf. Hugo von Hofmannsthal, der Freund Raoul Richters, macht es in zahlreichen Bühnenstücken zum Thema. Raoul Richter selbst hat sich immer wieder mit seinen Studenten über deren Wünsche und Ziele ausgetauscht, die Anregungen der Jugend aufgenommen.

Raoul Richter: *„Von politischen, nationalen Interessen, von sozialer Betätigung des Studenten war kaum die Rede. Heute ist das, wie gesagt, gottlob nicht mehr der Fall. Die akademische Jugend strebt nach Ausbildung eines sittlich religiösen Gemeinschaftswillens."*[173]

Die Bewegung findet in Berlin rasch viele Anhänger. Die Bevölkerung in der Hauptstadt wächst weiter schnell, zugleich wird das soziale Gefälle zwischen dem wohlhabenden Süden und Westen und dem ärmeren Osten und Norden größer. Im Rahmen meiner Recherchen habe ich nebenbei auch die Antwort auf die Frage erhalten, warum in nahezu allen Städten die Arbeiterviertel im Osten zu finden sind, die vornehmen Villen eher im Westen stehen. Es ist ganz einfach: Der Wind bläst wesentlich öfter aus Westen als aus Osten, und die feinere Gesellschaft liebt saubere Luft. Die Jugend betrachtet die Entwicklung in den Städten zunehmend kritisch. Ihre Generation wünscht sich ein einfaches Leben auf dem Land, strebt weniger nach materiellen Gütern. Es sind die jungen Menschen, von denen sich Lina *„ein entschlossenes Zugreifen in das Getriebe des Lebens"*[174], verbunden mit *„dem Mut, Besserung zu* *erhoffen"175*, wünscht. Keimzelle der Freideutschen ist die Wandervogel-bewegung, die ihre Anfänge um die Jahrhundertwende am Gymnasium Berlin-Steglitz nimmt. Seit dem Tod des Vaters besuchen Linas ältere Söhne Gustav und Curt das altsprachlich-humanistische Gymnasium in der Heesestraße, auf dem schon Raoul und seine Brüder das Abitur abgelegt haben. Gut 15 Kilometer radeln die Jungen morgens durch den Grunewald zu der Schule, die ihre Mutter sehr bewusst ausgesucht und zu der ihr auch der Hauslehrer der Kinder, Arno Steglich, geraten hat. Er ist der Wandervogelbewegung von Beginn an verbunden, studiert mit seinen Zöglingen nicht nur die Bücher, sondern sucht mit ihnen immer wieder körperliche Herausforderungen in der Natur. Meinen Großvater hat diese Erziehung tief geprägt und glücklich gemacht. Ich erinnere ihn als begeisterten Wanderer und Bergsteiger. Diese Liebe hat er noch an seinen Sohn und seine Urenkeltochter weitergegeben.

Raoul Richter: *„Den Spruch von der mens sana in corpore sano wahr zu machen, dienen die Abteilungen Leibesübungen, Sport, Turnen, Fuß-wanderungen usw., die wahrlich ein guter Ersatz für das leibliche Gebaren des Bier- und Bummelstudenten des neuzehnten Jahrhunderts sind."176*

In den Jugendbewegungen der Zeit findet Lina die Ideale des Bil-dungsbürgertums vereint, die sie ihren Kindern vermitteln möchte.

Raoul Richter: *„Machen Sie sich frei auf dem Gebiet des Wissens von den vergänglichen Vorurteilen, Schlagwörtern und Modetheorien. (...) Machen Sie sich frei im Wollen und Handeln von allen bloß kon-ventionellen Werten und den vergänglichen Augenblicksregung Ihres Temperaments; bleiben Sie gebunden an die echten Werte, an den Dauer-willen Ihrer Persönlichkeit."177*

Wenige Jahre später wandert die Jugend nicht mehr in die Natur, sondern marschiert mit stolzgeschwellter Brust auf das Schlachtfeld, unter ihnen auch der Sohn von Ida Dehmel, Heinz Lux. Statt Angst vor dem Tod des Kindes überwiegt zu Beginn des Krieges noch die Überzeugung, für eine gerechte Sache kämpfen zu dürfen.

Lina Richter: „*Ihre Frau hat recht: es ist jetzt das einzige Glück, opfern zu können. Glück dem jungen Heinz. Mein Gustav ist eben erst 15 Jahre geworden – ich kann nichts geben als im Kleinen dem gleichen Gefühl folgend, wie Sie im Großen – meine Muße und Arbeitszeit, indem ich in der Armenpflege thätig werde – was mir nicht leicht wird, da ich mich mit dem Abstrakten immer verwöhnt habe.*"[178]

Jetzt ist für Frauen der Moment da, ihre Kräfte auf männlichem Boden zu beweisen.

Otto Reutter:
's ist Krieg

Neh'm wir 'ne Zeitung heut'zur Hand,
sind wir auf eines nur gespannt –
was schert uns Handel, Kunst und Sport,
der Heiratsmarkt, ein Raub, ein Mord –
wir seh'n nur nach der Politik.
's Krieg, 's Krieg

Die kleinen Kinder geh'n zum Spaß
Mit Helm und Schwert schon auf die Straß'
Spiel'n Deutscher, Brite und Franzos,
wen's juckt, der geht als Russe los –
Sie machen Stoß, Sie machen: Piek!
's Krieg, 's Krieg
(Text und Melodie: Otto Reutter, Teich/Danner: 272)

Die Zustimmung für den Krieg ist bei der älteren Generation in Deutschland zunächst gleichermaßen groß, Frauen und Männer jubeln den Truppen zu und glauben, auf der richtigen Seite zu stehen. Linas Schwager Giacomo Gustav erlebt den Tag des Kriegsausbruchs in Berlin.

Harry Graf Kessler: *„Abends mit Musch* (Giacomo Gustav Richter*)* *im Kaiserhof gegessen. Ruhig heitere Stimmung. Über Literarisches gesprochen. Nachher U. d. Linden gewaltige Menschenmassen, deren Zuversicht ohne Aufregung einen großen Eindruck machte."*[179]

Meine Urgroßmutter verabscheut den Krieg, eine Pazifistin ist sie dennoch nicht. Das Recht, das sie auf deutscher Seite sieht, wertet sie höher als den Frieden um jeden Preis. Lina sieht in dem Waffengang eine unausweichliche, furchtbare Prüfung für das deutsche Volk auf dem Weg zu einem höheren gesellschaftlichen Ideal, fühlt sich in den ersten Monaten *„erfasst von einer heftigen Zärtlichkeit gegen Deutschland, wie man sich fühlt, wenn einem Geliebten Krankheit droht".*[180] Sie steht damit nicht allein da.

Lina Richter: *„Wir werden alle eingeschmolzen in diesem großen Feuer, und können nur hoffen, daß alles Gold, was der Erzmasse zugefügt wird, dem neu erstehenden fester geschlossenen Gebilde einen wundervollen Schimmer von Geistigkeit geben möge, der dem früheren fehlte, das sein Edelmetall in einzelnen Adern sitzen ließ. Daß ich Raoul jetzt entbehrt habe, das können Sie wissen. Ich weiß, daß er, als er den Abschied nahm, mir sagte: bricht Krieg aus, so trete ich natürlich gleich wieder ein. Teile seiner alten Ausrüstung – die im Ganzen ja noch nicht das dem heutigen Ernst so wohltuende Feldgrau aufwies – habe ich mit ganz seltsam gerührten und gemischten Gefühlen mit meinem Schwager, meinem Bruder dorthin ziehen sehen, wo Raoul mit Wonne dabei gewesen wäre. Denn er liebte, schon in Manövern, das Soldatenleben, und bewunderte die vollendete Organisation."*[181]

Aus Linas Umfeld melden sich Freunde und Männer der Familie freiwillig für den Fronteinsatz. Raouls Brüder Hans und Reinhold kämpfen ebenso wie Linas Bruder Rudolph als Rittmeister für einen Sieg Deutschlands. Richard Dehmel zieht, wie seine Künstlerkollegen Max Ernst, Otto Dix, Ernst Ludwig Kirchner oder Alfred Döblin, freiwillig in den Krieg. Otto Dix verarbeitet seine Erlebnisse auf den Schlachtfeldern in den Zwanzigerjahren in erschütternden Bildern und Zeichnungen.

Lina Richter: *„Lieber, herzlich verehrter Freund, wie ein Stoß traf mich gestern die Nachricht, daß auch Sie sich in den Krieg begeben wollen – auch Sie! Ist das denn schon nötig? Fragte ich mich mit gekrampften Herzen. Muß das, wofür wir den größten Kampf wagen, unsre einzigartige geistige Blüte, muß das bereits gefährdet sein? Sind wir nicht noch* stark genug, unsre Kleinode zu verteidigen? Dann aber stelle ich mir Sie vor als Krieger – und als Dichter des Krieges. Und das Bild war so schön, daß ich eine innere Notwendigkeit mitfühlte, die Sie antreibt. Sie sind ein moderner Dichter, der Dichter der That und Mannheit; Sie können nicht unthätig schauen. Und das Beispiel, das Sie geben, ruft allen Menschen laut zu: Niemand, aber auch Niemand fühlt sich heute zu schade zum Kampf. In diesen Tagen, da eine nie vorgestellte Empörung über die uns wie Hunde umbellenden Völker, denen gar England, der natürliche Bundegenosse gegen die Schlammflut von Osten, in blindem Neid und Aufgabe aller Ansprüche an Kulturkameradschaft zugestellt ist, mich heiß erfüllte, und zugleich eine schmerzliche Liebe und mit Jammer geschärfte Bewunderung für unser Volk, das, wie es auch komme, grausam zur Ader gelassen wird – da wollte ich zwanzigmal an Sie schreiben und rufen: Geben Sie uns das Lied dieses Kampfes! Wie oft schon, erlösen Sie die übermächtigen, aus Mangel an Ausdruck die Brust sprengenden Gefühle ihres Volkes. Jetzt haben Sie es gethan – durch eine That."[182]*

Das Lied des Kampfes, den philosophischen Geist, den Lina Richter sich an den deutschen Lagerfeuern wünscht, es trifft hinter der Front auf die harte Realität des Alltags. Die Soldaten fehlen als Arbeitskräfte. Die Frauenbewegung ist schlagartig auf neue Weise gefordert.

Lina Richter: *„Jetzt ist für Frauen der Moment da, ihre Kräfte auf männlichem Boden zu beweisen. Wir hier draußen, sehr abgesperrt von Berlin, können nur bescheiden, jeder sein Teilchen, Güthliches versuchen. Besonders bereiten sich Alle darauf vor, die Vorzüge der Lage für die Pflege Verwundeter und Rekonvaleszenten zu verwerten. Ich fürchte, wir werden bald genug zu thun bekommen."*[183]

Die Frauen beweisen ihre Kräfte auf männlichem Boden und treten – größtenteils ungelernt – in Fabriken, Handwerk, Büros, Geschäften, im Transportwesen und Verkehr zum Dienst an, nach der ausgegebenen patriotischen Parole *„Der Held kämpft fern in West und Osten, die Frau steht treu im Land auf Posten".*[184] Überall in Deutschland gründen sich Ortsgruppen des Nationalen Frauendienstes, die gemeinsam mit Ämtern und Wohltätigkeitsorganisationen versuchen, so gut es geht, das Leben in den Städten und Dörfern zu organisieren und die Männer an der Front zu versorgen. Das bringt manch lehrreiche Erfahrung mit der Bürokratie, die für das Militär schon damals kein Segen war.

Lina Richter: *„Wäre es nicht möglich, daß die Erfahrungen im Gebrauch der Wollsachen gesammelt würden? Es ist geradezu zum Verzweifeln, wie jeder andere Vorschriften macht. Am schlimmsten bei den Socken. Lange Zeit hieß es, daß die Schläuche ohne Ferse von Behörden gewünscht würden. Private Versuche hier im Ort erwiesen sich als sehr unpraktisch. Ein Soldat (...) schrieb: Wozu schicke man ihnen gestrickte Brotbeutel? Sie benutzen sie, um sie während der Ruhezeit über ihre Hände zu ziehen. (...) Aber tausend solcher Dinger sind, besonders in Schulen, leider gestrickt worden. (...) Jetzt droht obendrein eine Wollnot. Unser Verein (...) gab neulich aus: Leibbinden, Brustwärmer dürfen nur noch aus Baumwollparchent gemacht werden, die Wolle für Socken und Müffchen bewahrt. Und dabei wird fraglos an vielen Stellen durch Anfertigung falscher Dinge verquast.“* [185]

Lina Richter belässt es nicht dabei, über die Behörden zu klagen, und tritt in Wannsee in den Gemeindeausschuss ein. Den Sitzungen folgt sie keinesfalls still, sondern fordert recht energisch Unterstützung für ihre Anliegen. Beliebt macht sie sich damit nicht, vor allem, als sie dringend finanzielle Hilfe für die ärmeren Nachbargemeinden anmahnt.

Lina Richter: *„Schon bin ich eine Ruferin im Streit gegen unsre Gemeindeverwaltung, und möchte mir die Ermächtigung erkämpfen, gegen diese unsoziale, engherzig-geizige Art, mit der nur für unsere – kaum bedürftige – Gemeinde gesorgt, das Elend der Nachbargemeinde im Stich gelassen wird, beim Regierungspräsidenten zu klagen. (...) In Wannsee allein von allen mir bekannten Orten will der Gemeindevorsteher uns Frauen nicht anders als zum Schein, ohne Mitbestimmung über die Unterstützungsgelder, in der Gemeinde mitarbeiten lassen.“* [186]

Der Gemeindevorsteher muss jedoch einsehen, es brechen neue Zeiten an. Frauen beteiligen sich mit überzeugenden Argumenten an den Diskussionen im Ausschuss. Kleine Erfolge belohnen ihre Hartnäckigkeit. Lina und ihre Mitstreiterinnen schaffen es, dass die Gemeinde schließlich zustimmt, bedürftige Kinder in einem Wannseer Erholungsheim aufzunehmen.

Lina Richter: *„Durch Anfragen bei Großhändlern erfuhr ich vor einem Monat, daß noch viel Reis im Lande sei, und meine Kollegin im Gemeindeausschuß und ich haben mit zäher Unausstehlichkeit in drei Sitzungen glücklich erreicht, daß davon durch die Reichseinkaufstelle ein Vorrat für die Notzeit eingekauft worden ist – freilich nicht lange genug. Kartoffeln kosten die Gemeinde dank der Verzögerung des Gemeindevorstands, der erst auf unsre ernstliche Bitten überhaupt Sitzungen für diese Fragen anberaumte, jetzt die Höchstpreise von 5,10 ohne Transport – als wir begannen zu mahnen, die Erhöhung durch sichere Nachrichten voraussagten, da waren sie noch billig. Aber wenn etwas, so ist mir das klar geworden: den frischen Impuls der Frau kann unsre in ihren kleineren Adern sehr verkalkte Beamtenschaft nicht entbehren. (...) Wannsee ist eigentlich ein schlechter Boden für Hilfsarbeit. Es ist zu wenig normal. Doch man muß eben da arbeiten, wo man sich befindet, und froh sein, daß die Gemeinde nur scheel blickt und Geld weigert, aber nicht verbietet, daß von den ganz elenden Berliner Kindern auch eine kleine Anzahl sich in unsrem Heim erholen darf."*[187]

Die Lebensbedingungen in den Arbeitervierteln, in denen die ganz elenden Berliner Kinder ihr Zuhause haben, sind schon vor dem Krieg nicht rosig. Im Jahr 1912 leben 600.000 Groß-Berliner in Wohnungen, in denen sich mehr als fünf Personen ein Zimmer teilen müssen.[188] Bei der „Hungerwahl"[189] im genannten Jahr wird die SPD zum ersten Mal stärkste Partei. Der Maler Hans Baluschek gibt in seiner Kunst den müden, verhärmten Menschen des Proletariats die eindrucksvollsten Gesichter. Der Krieg führt zu noch größerem Elend, da nun in den meisten Familien der Ernährer fehlt. Gleichzeitig steigen die Preise für Lebensmittel bis 1915 um fast das Doppelte. Eine weitere Frage drängt sich auf: Wer kümmert sich um die Kinder, wenn die Frauen arbeiten müssen? Es gibt bei Weitem nicht genug Plätze in Krippen oder Säuglingsheimen.

Marie Baum: *„Die spezielle Säuglingsfürsorge hat bis vor kurzem nicht besondere Sorge gemacht. Jetzt aber häuft sich die außerhäusliche Erwerbsarbeit der Frauen in einem Maße, daß die mir verhassten Krippen etc. durchaus erweitert werden müssen. Und da die Männer im Felde stehen, müssen die Frauen heran und Stinkbomben, Schrapnells und ähnlich schöne Dinge herstellen. Und die Kinder? – da fragt zunächst die Industrie überhaupt nicht; man stützt sich auf die vaterländische Notwendigkeit, und denkt nicht, daß das Vaterland seine Granaten nicht mit Kinderleben bezahlen will, noch darf. Ich fürchte Schlimmes für die nächste Zeit, für die kleinen wie auch die großen unbeaufsichtigten Kinder, denn man kann da natürlich mit Wohlfahrtseinrichtungen nicht im gleichen Tempo folgen. Dies und anderes drängt jetzt."*[190]

Der Brief bestärkt Lina in ihrem Entschluss, zwei Jahre nach dem Tod ihres Mannes in das Berufsleben zurückkehren zu wollen. Im Herbst 1914 nimmt sie zunächst in Berlin eine Stelle als Erzieherin in einem Kinderheim an. Benoit Oppenheim ist wenig begeistert von der Tätigkeit seiner Tochter, doch die fühlt sich endlich gebraucht und ist glücklich über die erfüllende Arbeit. Lina leistet wie alle arbeitenden Frauen hinter den Kampflinien einen unverzichtbaren Beitrag für den Krieg. Dennoch bleibt ihnen politische Teilhabe weiter vorenthalten. In den Kriegsjahren herrscht zudem ein Versammlungsverbot in Deutschland, demonstrieren dürfen die Frauen für ihre Rechte nicht.

Ida Dehmel: *„Vielleicht haben Sie gehört, liebe Frau Richter, daß ich in Berlin war. Ich hatte dort eine Vorstandssitzung unsrer Stimmrechtsorganisation. Diese Frauensonderinteressen scheinen ja kurz nach Kriegsbeginn ganz eingeschlafen, doch jetzt drängen sie um so mehr der Lösung zu. Die Vorenthaltung der Staatsbürgerrechte scheint so lächerlich, nachdem Millionen von Frauen mit dem Leben ihrer Lieben ein nicht wieder zu trennendes Bündnis mit dem Staat geschlossen haben."*[191]

Schon wenige Wochen nach Kriegsbeginn kehren die ersten Verwundeten zurück und müssen versorgt werden. Die Gemeinde Wannsee ist ein Idyll, was die Familien hier tun können, ist, ihre Villen als Lazarett oder Erholungsheim für Soldaten zur Verfügung zu stellen. Auch Lina und Cornelie Richter nehmen in ihren Häusern Verwundete auf. Die Familie Oppenheim stiftet zudem 20.000 Mark zur Errichtung eines Lazaretts. 100 Patienten finden dort ein Bett.

Lina Richter: *„Gut wirkt Wannsee als Genesungsheim. In zwei Privatlazaretten werden 70 und 50 Verwundete gepflegt, die Gebesserten wohnen in den Villen bis zur vollen Genesung. Natürlich hat auch das, wie alles Menschliche, Schattenseiten. Hier wie in Berlin wollen die sehr gepflegten wie verwöhnten Leute, die sich schon bei voller Kraft befinden, nur noch massiert oder elektrisiert werden, nicht solide der Erholung leben. Urlaubsüberschreitungen, Ausbleiben spät ohne Urlaub, sind viel vorgekommen. Damit habe ich speziell keine Not gehabt – aber vor kurzem den einen der drei Gäste, der den andern thätlich angegriffen hatte, beim Feldwebel verklagen und ablösen lassen müssen – keine angenehme Pflicht. – Wie gern hätte ich jetzt einmal einen Schwatz mit Ihnen über alle Erfahrungen dieses Krieges! Auch die Wandlungen in der Jugend, noch mehr die erhoffte Erhaltung der zarten aber sehr edlen Keime der letzten Zeit vor dem Kriege, suche ich zu verfolgen.“*[192]

Wenn Linas Kinder aus der Schule kommen, treffen sie jetzt auf verwunderte Soldaten und hören ihre Geschichten aus den Schützengräben. Der Krieg ist auf einmal ganz nah und zeigt seine abscheuerregende Seite. Über ihre Arbeit im Hort kommt Lina Richter in Kontakt mit dem Siedlungsheim Charlottenburg, einer sozialen Einrichtung im Arbeiterviertel des Stadtteils. Hier erhalten Mütter Unterstützung in Erziehungsfragen, Elternabende sollen den sozialen Zusammenhalt fördern und das Gefühl für die Gemeinschaft erzeugen. Die Kinder und Jugendlichen können in ihrer Freizeit Sport treiben, Theater spielen, wandern oder im Chor singen. Aktivitäten, die ihre Eltern ihnen von dem kargen Einkommen sonst nicht ermöglichen könnten. Auch eine Bücherei gibt es. Das Siedlungsheim erweist sich für Lina als wunderbarer Ort für ihr familienpolitisches Engagement. In ihrem Enthusiasmus erlaubt sie Sohn Gustav, an einer Versammlung teilzunehmen – während der Schulzeit. Ein rügender Brief des Klassenlehrers und ein Gespräch mit Gustavs Vormund Reinhold bleiben nicht aus. Mitbegründer des Vereins Siedlungsheim Charlottenburg ist der 22 Jahre alte Medizinstudent Ernst Joel. Der Student und die Pädagogin Lina Richter freunden sich an, beginnen einen intensiven Briefaustausch. Sie teilen neben den Sorgen um die Zukunft der Jugend das Interesse für Philosophie. Joel plant eine Zeitschrift für die junge Generation, überzeugt davon, *„daß die Jugend ihre Kultur und die Kultur ihre Jugend haben muß (...) damit wir für den Frieden gerüstet sind".*[193] Die Zeitschrift soll monatlich erscheinen und den Titel Der Aufbruch tragen. Noch bevor die erste Ausgabe von Der Aufbruch erscheinen kann, wird Joel eingezogen.

Ernst Joel: *„Liebe gnädige Frau, ich bin glücklich zur Feld-Artillerie eingezogen worden u. konnte mich leider nicht mehr von Ihnen verabschieden, da ich meinen Vortrag zur feministischen Versammlung schriftlich noch niederlegen musste u. und überhaupt meinen ‚Nachlass' ordnen. Ob die Sache hier von Dauer steht, steht natürlich noch sehr dahin, da ich ja bereits viermal entlassen wurde. Sämtliche Arbeiten werden weitergeführt. Meine Freunde haben dafür gesorgt. Vor allem die Zeitschrift. Ich glaube, sie haben damals die Gesamtsumme überschritten, die wir für den Anfang der Sache brauchen. Es handelt sich um 800 M, von denen etwa 200 M da sind. Wenn Sie es möglich machen können – ich bin Ihnen für einen kleinen Betrag sehr dankbar. Entschuldigen Sie bitte meine Heftigkeit im Fordern, aber der Gedanke ist mir ganz unerträglich, daß ich hier im Stumpfsinn und Dreck sitze und inzwischen unsere Sache zusammenkracht. Der Dienst wird ziemlich anstrengend sein u. ich wünsche, ihn auszuhalten. Mit herzlichen Grüßen Ihr Ernst Joel"*[194]

Die Sache kracht zunächst nicht zusammen, auch dank Lina Richters finanzieller Unterstützung können die Druckkosten bezahlt werden, und im Juni liegt Der Aufbruch an der Berliner Universität aus. Lina unterstützt Joels Engagement aus vollem Herzen, sie erkennt in ihm die Charakterzüge des modernen, engagierten Studenten, wie auch ihr Mann ihn sich gewünscht hätte.

Raoul Richter: *„Die Teilnahme am politischen Leben zeigt sich an der trefflichen Einrichtung, die ersten Vertreter der verschiedenen Parteien zu Wort kommen zu lassen, wodurch sich der Student ein sachliches Urteil von seiner eigenen politischen Betätigung zu bilden vermag, um den Stimmungs- und Hurra-Patriotismus durch den Überzeugungs- und Willenspatriotismus zu ersetzen.“* [195]

Der Dekan der Berliner Universität allerdings vertritt eine gegenteilige Ansicht und verweist Joel nach dem Erscheinen der Zeitschrift von der Universität, mit der Begründung, als Herausgeber sei Joel nun Gewerbetreibender und könne damit als Student nicht mehr zugelassen werden. Mit dieser an den Haaren herbeigezogenen Begründung erspart sich die Universität geschickt jegliche inhaltliche Diskussion um Der Aufbruch. Die Zeitschrift erscheint insgesamt viermal, dann verhindert die Militärzensur weitere Ausgaben. Joel leistet mit einigen Unterbrechungen Kriegsdienst als Soldat und Sanitäter, kann sein Studium dann doch noch in Heidelberg, Rostock und Königsberg fortsetzen. Aus dem Feld schreibt er Lina Richter eine Vielzahl an Briefen. Joel ist, neben ihren Söhnen, der jüngste Vertraute, mit dem Lina Richter sich austauscht und der sie den Krieg aus der Sicht der Jugend erleben lässt. Joel promoviert 1920 als Arzt. Er widmet sich vor allem der Erforschung von Rauschgiften. Neun Jahre später stirbt er vermutlich an einer Überdosis Drogen in London. Lina Richter erfährt in seinem Telegramm von dem Tod ihres jugendlichen Freundes.

Der Krieg hat in die Herzen Löcher gefressen wie eine Säure

Otto Reutter
Nach der Heimat möchte ich wieder

Der Michel vom Dorfe ging zur Musterung hin,
Man nahm ihn zur Infanterie.
Da sprach er voll Freuden: „Ich bleib gleich dabei –
Zurück in das Dorf komm ich nie!"
Jetzt muss er sich plagen noch mehr als wie früh'r –
Und dann die Liebkosung vom Unt'roffizier!
Er hat sich die Sache ganz anders gedacht.
Nun singt er des Nachts auf der Wacht:
Nach der Heimat möchte ich wieder –
Dein denk ich voll Sehnsuchtspein!
Ach, mich schmerzen alle Glieder –
Welche Lust, Soldat zu sein
(Couplet von Otto Reutter, Teich/Danner 147)

Der Erste Weltkrieg ist der erste totale, weil industrielle Krieg. In den 40 Jahren des Friedens seit 1871 wurden neue Waffen entwickelt, die jetzt zum Einsatz kommen. Panzer rollen durch die Straßen, Granaten und Kanonenkugeln schlagen in Dörfer ein, Flugzeuge werfen Bomben ab, schreckliche Erfahrungen sammelt das Militär mit Giftgas. Am Ende fallen nicht nur zehn Millionen Soldaten in den Schlachten, es sterben auch sieben Millionen Zivilisten, vor allem an Krankheiten und Hunger. Lina Richter erreichen in den folgenden Monaten und Jahren zahlreiche Briefe von Familie und Freunden, die ihr ein facettenreiches Bild von den Zuständen an der Front und über die Stimmung im Land vermitteln. Dabei überwiegt nach dem überschwänglichen Optimismus der ersten Monate schon früh die Erkenntnis der unausweichlichen Niederlage und der Wunsch nach einem Verständigungsfrieden mit England. Die Briefe der Weggefährten, die ihre furchtbaren Erlebnisse in Worte fassen konnten, hinterlassen bei Lina einen nachhaltigen Eindruck und begründen ihren unermüdlichen Einsatz für einen ehrenvollen Frieden.

Richard Dehmel am 24.9.1914 aus Altona: „*Liebe Freundin! Eben habe ich den feldgrauen Rock ausgezogen; morgen oder übermorgen marschieren wir ab. Wahrscheinlich gen Westen, und hoffentlich bald gegen England. Ich kann nicht weggehen, ohne Ihnen ‚auf Wiedersehen‘ zuzurufen. Oft habe ich in der Kaserne an Sie gedacht, und nicht bloß wegen des liebreichen Briefes, den Sie mir nach meiner Meldung zur Waffe schrieben. (...) Ich glaube, liebe Schwesterseele: hätte Raoul diese Zeit erlebt, er würde wie ich gehandelt haben. Mit Gedichten und andern schönen Worten ist dem deutschen Geist jetzt wenig gedient; die gewaltige Not schreit nach der Tat. Grade wir geistigen Vorkämpfer dürfen uns nicht für zu schade halten, Leib und Leben an unsre gute Sache zu setzen, schon um dem Ausland die Einmütigkeit des ganzen Volkes zu bekunden. Und wenn mein geistiges Werk noch nicht vollbracht ist, wenn ich wirklich noch Unersetzliches in der Welt zu tun habe, dann werde ich auch zurückkommen; – in dieser metaphysischen Hypothese eines sinnvollen Zusammenhanges zwischen Weltgeschichte und Einzelschicksal bin ich gläubig bis auf die Knochen. (...) Also auf ein triumphierendes Wiedersehn (‚Tod, wo ist nun dein Stachel‘) Ihr Musketier Richard Dehmel*"[196]

Max Brahn am 23.12.1914 aus Leipzig: „*Liebste Frau Richter (...) Welch böse Probleme gibt Weihnachten dieses Mal auf, wieviel Elend werden sich die Menschen an diesen zwei Tagen des Friedens zufügen. Nichts, auch gar nichts wird daran erinnern, daß Völker miteinander fürchterliche Zwiesprache halten, die sich christliche Staaten nennen. Nicht einmal in der Gesinnung – lassen wir die stets böse Tat beiseite – werden sich die Völker an diesem Tage ein Stück Weges freundlicher geleiten. Liegen wirklich die sittigenden Wirkungen in der Religion? Sind nicht alle Völker, wie sie älter wurden, auch ruhiger, milder, civilisierter geworden – ganz gleich welche Religion sie haben? Ach so Manches, was mich nicht mehr aufregte, worüber ich ruhiger geworden, taucht wieder auf in dieser Zeit. Säße doch Raoul dabei; unsere Zweifel von oben her zu beleuchten! Doch wir sind wie so viele jetzt nur fürs Vaterland. (...) also seien wir heiter und freuen uns mit den Problemlosen! Feiern Sie mit so vielen lieben großen und kleinen Kindern ein Fest und wissen Sie, daß Ihrer Aller, die sie zusammen sind, mit unausrottbarer tiefer Anhänglichkeit und allen nur möglichen Wünschen gedenkt Ihr Max Brahn"[197]*

An der Westfront stellen Heiligabend 1914 deutsche und britische Soldaten für einige Stunden das Feuer ein und treffen sich zwischen den Schützengräben, um Geschenke auszutauschen und Fußball zu spielen.

Ernst von Saucken am 14.5.1915 aus Wiesbaden: *„Ach ja, liebe Lo, es ist nicht schön. Und die allgemeine Lage wird immer entmutigender. An dem baldigen Losschlagen Italiens ist ernst nicht mehr zu zweifeln. Viele glauben, daß dann auch der ganze Balkan über uns herfällt. In welche Ferne rückt dann der Friede und was für ein Friede kann es dann noch für uns werden? Verzeih, wenn ich meine Stimmung so gegen Dich auslasse; ich habe aber Niemanden, von dem ich weiß, dass er mich so versteht wie Du. (...) Lebe wohl, liebste Lina, die allerherzlichsten Grüße von deinem O. Ernst"[198]*

Ernst Joel am 14.5.1915 aus Frankfurt/Oder: *„Liebe gnädige Frau (...) Ich habe wieder eine hohe Achtung vor den Herrn und vor preußischer Ordnung. Ich liebe dieses Volk, das seine großen Gaben hat, aber in unerhörter Zusammenstraffung aller Teilkräfte in fanatischer Ordnungsliebe seine Maximalmöglichkeit erreicht, ich liebe dieses System, das mich unter das Kommando eines borniertenUnteroffiziers stellt, dem ich gehorche, weil er die Kanone, das Pferd und den Karabiner versteht. (...) Da draußen wird für den Bestand des (inhaltlich sehr verschwommenen wie formal-geographischen) Begriffs Deutschland gekämpft, – hier wird in Anspannung, aber Ruhe mitten im Land gearbeitet an dem gleichen Zweck – eine Niederlage des Materials Mensch. Mir ist der Gedanke herrlich, dieser unheimlich kalte, nüchterne, ungemütliche, sachliche, unmenschliche Gedanke, daß Menschen sich abrackern müssen, verflucht arbeiten und an allen Ecken und Enden angefahren werden, um hinterher richtig und zweckvoll sterben zu können. Todeskandidaten anschnauzen – das ist Preußentum, das mir 100.000 mal näher steht als alle sentimentale* *buntgeschmückte Deutschheit. ‚Beim preußischen Komiß ist nichts un-möglich'* – *sagte heute ein Unteroffizier. Der Mann stand mir ja viel, viel näher als alle deutschtümelnden Freisinnler. (...) Herzlichen Dank Ihnen u. grüßt Sie Ihr Ernst Joel"*[199]

Sofie Prior am 14.08.1915 aus Rastatt: *„Ein Saal, alle hoffnungslos schwer verwundet, blutjunge Menschen, das Herz möchte einem stehen bleiben beim Anblick."*[200]
Sofie Prior ist eine Bekannte von Lina Richter.

Ottilie von Bistram am 19.8.1915 aus Lauenstein/Erzgebirge: *„Ver-ehrte Frau Professor, Sie, die Sie so viel Güte für uns armen verfolgten Menschen gehabt haben, sollen es doch gleich erfahren, dass ich endlich Nachricht von den Meinigen habe aus dem Baltikum. Leider recht schwe-re – aber sie leben doch Alle noch u. sind zum Teil doch augenblicklich von starker deutscher Arme beschützt. (...) Wie ist das alles furchtbar hart, wenn einem das Herz zittert vor Sorge an seine Liebsten nichts schreiben zu können. Den notleidenden Ostpreußen kann man helfen – aber den armen Balten nicht; von keiner Seite. Meine Schwester schreibt: ‚Möchte doch Gott helfen, dass die D. nun bei uns bleiben.' Ja, wenn sie abziehen u. wir kommen nicht an Dtschl., dann ist es wohl der Untergang dieses deutschen Stammes! Es grüßt Sie, liebe gnädige Frau mit Dank u. deut-schem Händedruck Ihre Ottilie v. Bistram"*[201]
Ottilie von Bistram ist Frauenrechtlerin und Schriftstellerin, die sich besonders für eine bessere Weiterbildung von Mädchen einsetzt und schon Ende des 19. Jahrhunderts das Recht von Frauen auf ein Universitätsstudium fordert.

Reinhold Richter, am 24.8.1915 aus Frankreich: *„Liebe Lina, vielen Dank für Deine warmherzigen Geburtstagwünsche und Worte. Du hast Recht, uns muß schaudern bei der Erinnerung an frühere solche Tage, wie hat sich alles verändert! Nur in der Gegenwart u. Zukunft darf man leben. Zur Zeit bleibt für die Erinnerung auch wenig Raum. Und das ist wohl auch gut so. Aber desto furchtbarer wird später das Erwachen sein, Wie sich mein späteres Leben gestalten wird, wenn ich den Frieden erleben* *sollte, kann ich jetzt schwer sagen. (...) Ich wünsche Dir von Herzen, wie ich Dir ja schon zu Deinem Geburtstag schrieb, daß Du aus diesem Kriege, der gewiss nichts für junge zarte Gemüter ist, alle Deine Kinder auch den Ältesten unversehrt behältst. Du hast ganz Recht, ich kann mir keine Vorstellung davon machen, wie es in dieser Zeit in Euch Daheimgebliebenen aussieht und Ihr nicht wie es bei uns sein mag. Wir haben hier gerade in diesen Tagen, an denen der erste Gedenktag der Schlachten von Lothringen 20/21. August und Longry 24/25. August gefeiert wurde, viel über dies Thema gesprochen. Wie schnell hat man sich an das barbarische Grausame oder unbedingt notwendige Harte des Krieges gewöhnt und ist doch nicht grausam geworden."*[202]

Reinhold Richter am 25.8.1915 aus Frankreich: *„21. August: Die Meldung läuft ein: aus drei Orten ist von der Bevölkerung auf unsere Truppen geschossen worden. Granaten mit Brennzündern in die umstellten Orte. Die Orte, die Bewohner sind nicht mehr. Als ich Tags darauf wieder durch den einen in Schutt liegenden Marktflecken ritt, sah ich ein frisches ganz mit Blumen überdecktes Grab eines Bayerischen Offiziers, den eine aus dem Hinterhalt abgefeuerte Kugel hingestreckt hatte. Daneben lag auf einer Leiter gebunden in blauer Bluse erschossen unbeerdigt – der Mörder. Wir ziehen aus den noch rauchenden Trümmern eine warme Flasche Sekt heraus und leeren sie auf das Wohl unseres Generals, der gerade Geburtstag hat.*

24. August: Der Divisionsstab hält zu Pferde auf dem Schlachtfeld neben dem lichterloh brennenden Dorf Ronores. Auch aus diesem Ort ist auf uns geschossen worden. Jetzt ist das Dorf gerade von Husaren umstellt, die auf die flüchtenden bewaffneten Männer des Ortes knallen. Neben meinem Pferd kniet unser katholischer Divisionspfarrer in lilaseidener Tiara. Er hält im Arm einen sterbenden Elsassen und spricht ihm Mut zu. Alles ist in dicken, schwarzen, beizenden Rauch gehüllt, der aus dem brennenden Dorf zu uns treibt. Es geht weiter, der Feind weicht. 12 Uhr nachts: Der Divisionsstab nächtigt auf dem Schlachtfeld. Um 1/2 11 hatte unsere Landwehr die letzten Stellungen gestürmt. Ringsum brennende Dörfer. Es ist so hell, daß man die Uhr erkennen kann. Wir haben seit vorigem Mittag nichts mehr gegessen und getrunken. Überall dicht um uns herum liegen die Toten und Verwundeten. Sie wimmern zum Herzerbarmen. Wir Offiziere des Stabs werden entsendet, die beim eiligen Vormarsch gelockerten Verbände wieder zusammenzusuchen und zu gliedern. ,Auto ankurbeln! Fahren Sie den armen Hauptmann dort zum Verbandsplatz zurück, Herr Rittmeister', bittet mich ein Assistenzarzt, ,es ist ganz nah von hier, er stirbt mir sonst.' Es kommt ja auf Minuten an. Leichtverwundete springen aufs Trittbrett in den Wagen hoffend an einen Verbandsplatz zu gelangen. Die Wagenkissen sind voller Blut. Kolonnen versperren den Weg. Ich lasse das Auto seitlich warten, gehe zu Fuß weiter. Am Chauseegraben, wo Haufen von Toten und Verwundeten liegen, bemerke ich mit einem brennenden Stück Wachslicht in der Hand zwei Infanteristen. Leichenfledderer, Hyänen des Schlachtfelds, denke ich und brülle sie an. ,Es sind meine Burschen', ertönt eine leise Stimme vom Boden. Ein verwundeter Hauptmann lag da. Todmüde hatten sich die braven Kerle mit ihren Wachslichtern auf den Weg gemacht, ihren Hauptmann zu suchen. Nun hatten sie ihn auch gefunden. Tränen hatten sie in den Augen. Nein, liebe Lina, der Krieg verroht nicht, im Gegenteil, er verstärkt wie alles auch die besten und zartesten Seiten im Menschen."203

Ernst Joel am 28.9.1915 aus Berlin: „Liebe gnädige Frau (...) die durch die internationale Erscheinung des Uniform-Wahnes, die moralische Pose, all das trifft durchaus das Wesentliche. Jeder sagt: Fürs Vaterland, und die helleren Köpfe sagen: für neue Häfen, neue Erzlager, neues Bauernland, neue Kohlegruben, last but not least: für die Ehre. Das ist in vielen Ländern so. Aber viele glauben ja gar nicht an den Verteidigungskrieg – dann passt es noch besser. Ob es der Kaiser ist oder General Bernhardi, das ist unwesentlich, im übrigen sehe ich es eben: Man nimmt einen Menschen ... Nun ja: also z. B. der Kaiser nimmt einen Menschen, General Bernhardi nimmt einen Menschen u. s. w."204

Alfred Becker, ein Bekannter der Familie Richter, am 5.10.1915 aus Bischofsburg/Ostpreußen: „Sehr geehrte gnädige Frau, (...) Um auf unsere Neidenburger Reise zurückzukommen, muss ich wohl sagen, dass ich erst jetzt eine wirkliche Vorstellung von den fürchterlichen Verheerungen, die dieser Krieg gebracht hat, bekommen habe. Ich habe ja schon viele ähnliche Bilder in den illustrierten Zeitungen gesehen, aber wenn man vor der Tatsache steht, macht es doch einen erschütternden Eindruck. (...) Leider musste ich gerade in den kleinen Ortschaften feststellen, dass die Bevölkerung stark abgestumpft und gefühlsroh geworden ist. Auf den Schlachtfeldern, die dicht an die Dörfer grenzen, fanden wir jetzt noch Überreste von menschlichen Knochen und die Dorfhunde scharren oft noch Gräber auf, ohne daß die Bevölkerung etwas dagegen tun würde. Es sollen ja nun (...) die vielen Einzelgräber, die man auf den Feldern sieht, auf Veranlassung der Militärbehörde aufgehoben werden und auf einem gemeinsamen Ehrenfriedhof ihre letzte Ruhe finden. Bei Lahna, zwischen Neidenburg und Hohenstein ist bereits ein solcher Ehrenfriedhof errichtet, dort liegen von meinem Bataillon ungefähr 800 Jäger, die gleich in den ersten Augusttagen in dieser Gegend ihren Tod fanden. (...) Mit herzlichen Grüßen für Sie, gnädige Frau, und die Kinder verbleibe ich Ihr stets ergebener Alfred Becker."[205]

Alfred Becker am 12.10.1915 aus Bischofsburg/Ostpreußen:
„Sehr geehrte gnädige Frau, (...) Gestern haben wir hier wieder neue Rekruten bekommen, darunter fast Kindergesichter. Es ist doch ein Jammer, daß man selbst schon dieses ganz junge Menschenmaterial angreifen muß. Auf unsrem letzten Übungsmarsch kamen wir durch Dörfer, in denen man nur Greise, Kinder und Frauen sah, die jetzt die Feldarbeit verrichten. Beim Vorbeimarsch der Kompagnie bemerkten wir, wie viele Frauen plötzlich in ein stilles Weinen ausbrachen und so etwas tut dann in der Seele weh. Überhaupt wird einem das Elend des Krieges viel mehr vor Augen geführt als in der Großstadt. Gern hätte ich auch einmal von Ihnen, gnädige Frau, gehört, wie man in Ihren Bekanntenkreisen über das nahe oder ferne Ende des Krieges denkt. Die Kämpfe im Westen sind wohl jetzt wirklich das Schrecklichste während des ganzen Krieges und doch glaubt hier niemand, daß es den Verbündeten gelingen wird, unsere Front zu durchbrechen. Wird die Entscheidung wirklich auf dem Balkan fallen? (...) Eine Bitte hätte ich noch, sehr geehrte gnädige Frau, falls Sie in Ihrer Bibliothek eine Nietzsche-Biographie haben, bitte ich um leihweise Überlassung. (...) Sie werden sich vielleicht wundern, daß ich mich als Laie mit Nietzsche befasse, aber mich fesselte immer besonders seine göttlich schöne Sprache. (...) Mit herzlichen

Grüßen für Sie, sehr geehrte gnädige Frau, und die übrigen Kinder verbleibe ich Ihr sehr ergebener Alfred Becker"[206]

Angeblich hatten viele deutsche Soldaten neben der Bibel Nietzsches Hauptwerk *Also sprach Zarathrusta* im Tornister. Die Soldaten lesen: *„Euch rate ich nicht zur Arbeit, sondern zu Kampfe. Euch rate ich nicht zum Frieden, sondern zum Siege. Eure Arbeit sei ein Kampf, euer Friede sei ein Sieg! (...) Ich sage Euch: der gute Krieg ist es, der die Sache heiligt. Der Krieg und der Mut haben mehr große Dinge getan als die Nächstenliebe. Nicht Euer Mitleiden, sondern eure Tapferkeit rettet bisher die Verunglückten."*[207] Mitleid und Nächstenliebe stellt Nietzsche Mut und Tapferkeit als Herrentugenden gegenüber. Raoul Richter interpretiert: *„Die Verherrlichung des Kampfes, die Verbannung des Mitleids, die Vernichtung der unheilbar Schwachen; alles aber im Interesse eines höheren Ideals, als Opfer an das Leben."*[208] Auch Lina hat das Werk gelesen, auf vielen Seiten ihre Anmerkungen hinterlassen. Unterstrichen hat sie diesen Satz: *„Ich schone Euch nicht, ich liebe Euch von Grund aus, meine Brüder im Kriege. Also sprach Zarathustra."*[209]

Reinhold Richter, am 19.10.1915 aus Varesnes (Nordfrankreich): *„Immer wieder wundre ich mich, daß man zu Haus noch immer nicht einzusehen scheint, in welcher Gefahr wir schweben und daß wir eigentlich nur durch ein Wunder den endgültigen Sieg erringen können. Nicht nur die Russen, auch Engländer u. Franzosen haben in ihren Farbigen ein einstweilen unerschöpfliches Reservoir an Kanonenfutter; und da in diesem Krieg Geld keine Rolle spielt, jeder Staat das Risiko des Bankrotts auf sich nimmt, so spricht, wenn Amerika weiter liefert, eigentlich Alles dafür, daß uns der Atem zuerst ausgehen wird. Von den Zeitungen will ich nicht reden. Aber Gustav ist in letzter Zeit von einem unbegreiflichen Optimismus und ich verstehe auch nicht, daß Du Dich der Balten wegen über die Befreiung Kurlands freuen kannst. Alle solche Ideen halte ich für höchst gefährlich; wir dürfen nur an uns denken und können uns den Luxus einer Befreiung nur unter dem Gesichtspunkt gestatten, Russland zu schwächen und uns bei den Neutralen in ein gutes Licht zu setzen. Herzlichst Dein Reinhold"*[210]

Ida Dehmel am 22.10.1915 aus Hamburg: *„Aber im Allgemeinen finde ich es eine schreckliche Widernatürlichkeit, solche halben Kinder in den Krieg zu lassen. Ich habe schon bei meinem Heinz-Lux oft die Sorge, ob er nicht um seine ganze Jünglingszeit betrogen wird. Und er ist jetzt schon 19½. Wie ich die Beherrschtheit solcher jungen Seelen bewundre, das kann ich kaum ausdrücken. Seit dem 8. August 1914 hat mein Junge keine Stunde Urlaub gehabt, er hat kaum je Kleider vom Leib gehabt, hat kein liebes Wort gehört, keine Zärtlichkeit empfangen – und klagt nie. Ich glaube, die Jugend, die diesen Krieg durchmacht, und gesund heimkommt, die wird uns die Erfüllung vieler Wünsche schenken."* [211]

Marie Hinz am 8.11.1915 aus Karlsruhe: *„Sehr geehrte Frau Professor, Da mein Sohn Erich doch lange Zeit bei Ihnen in Privatpflege war, so erlaube ich mir, Ihnen heute die traurige Mitteilung zu machen, daß mein lieber, braver Junge am 26ten Oktober vor Dünaburg den Heldentod gestorben ist. Er fiel infolge eines Kopfschusses als Unteroffizier beim Vorstürmen seiner Kompanie. In vollster Hochachtung. Frau M. Hinz* [212]

Marie Hinz' Sohn Erich verbrachte nach seiner ersten Verwundung zur Erholung einige Zeit in Linas Haus in der Alsenstraße.

Rudolf v. Scholtz am 19.11.1915 aus dem Gefangenenlager Hammerstein/Polen, wo er nach einer Verwundung als Dolmetscher abkommandiert ist: *„Hochverehrte gnädige Frau (...) Mir ist als wäre alles was uns einmal wertvoll war verschüttet; der Krieg hat in die Herzen Löcher gefressen wie eine Säure, alles Stille und Einfältige scheint tot und weiß Gott, ob es erwacht. Der Kopf will zerspringen über dem lauten Schreien, der Not, dem Kampf und der Verblendung. Täglich Brot und täglich Sterben – das ist der enge Bann und nur die Harten und Hartgewordenen haben Raum und Recht. Darf ich – wenn es mir gelingt, mich hier zu befreien, Sie auf der Durchfahrt in Wannsee besuchen? Ich weiß noch nicht ob und wann es sein wird, aber ich habe das innige Bedürfnis Sie zu sehen (...) Ich bleibe in alter Verehrung und Liebe Ihr R. v. Scholtz"* [213]

Der Diplomat und Schriftsteller Rudolf von Scholtz stand in häufigem Briefkontakt mit Lina Richter, er wird nach dem Krieg auch in der Heidelberger Vereinigung eine Rolle spielen.

Benoit Oppenheim am 24.12.1915 aus Berlin: *„Liebe Lina Wohl dem, dem (...) der Krieg (...) mehr Werte zu erzeugen scheint, als er zerstört. Ich fürchte, Sie werden sich wenig stichhaltig erweisen, wenn das, auch nach dem Krieg – weiter wachsende Elend und Jammer immer größere Kreise ergreift. Den heutigen Tag, an dem Ihr früher stets alle um mich versammelt wart, verbringe ich am liebsten allein. Diese Gedenktage sind bitter u. wenn sich an solchen die zu Hause Gebliebenen versammeln, fühlt man das Fehlen der draußen Stehenden, denen man nicht helfen kann.*
Den Kindern allen danke recht für ihre vielfachen Gaben, ich hoffe das bald selbst noch thun zu können, denn ich möchte, daß du mit den Kindern einmal zu Tische – Mittags – zu mir kämst. Wir können das ja am 28ten verabreden. Büdich gratuliere ich zu seiner erfolgreichen Schultätigkeit. Sei gegrüßt. DV"[214]

Die Deutschen begehen das zweite Weihnachten im Krieg, und auch auf den Schlachtfeldern herrscht für einen kleinen Moment wieder Frieden in der Heiligen Nacht. Engländer und Deutsche lassen die Waffen ruhen, wünschen sich Merry Christmas, bieten ihren Feinden Zigaretten an. Dann geht das Gemetzel ungerührt weiter.

Ida Dehmel am 26.12.1915 aus Mannheim: *„Liebe Frau Richter! Wie sehr hat mich alles gefreut, was Sie von Ihrer Tätigkeit schreiben. Auch mich hat eine Reihe glücklicher Zufälle an einen Platz geführt, wo ich mir das Vertrauen Vieler erwerben kann. Ich bin Vorsitzende der Centralstelle für Kriegswitwen und -waisen geworden. Sitze als einzige Frau in dem Bewilligungsausschuss mit 6 Herren, wo ich meine Anträge für unsre Schutzbefohlenen vortragen kann. Noch ist mir keiner abgelehnt worden. (...) Von wenigen Ausnahmen abgesehen sind die Frauen getröstet, sobald sie ihre u. ihrer Kinder Zukunft gesichert wissen. Viel schwerer tragen an ihrem Leid die Mütter, die Söhne verloren haben. Da ist wirklich* *manchmal Alles zerbrochen. Die Witwen haben ihre Kinder, viele sind blutjung, für die alten Mütter ist jede Zukunftshoffnung hin. Selbst das Schicksal Deutschlands ist ihnen gleichgültig geworden, da es nicht mehr ihrer Kinder Land ist. (...) Nun wollen Sie von Dehmel hören. Er fühlt sich sehr wohl an seinem Posten. (...) Er führt ein feuchtfröhliches Leben, denn der Marktkircher Rotwein scheint sehr gut zu sein. Er hat nette Kameraden, läßt sich verwöhnen, und seine Gottergebenheit wächst von Tag zu Tag. Ich lese auch manchmal ein paar Tage keine Zeitung, wie er. Vielleicht spricht Dehmel am 20. Jan. in Berlin für den Vaterlandsdank. Meinen Jungen habe ich seit dem 8. Aug. 1914 nicht mehr gesehen. Ich glaube, meine Einsamkeit hat mich bald ausgetrocknet. Dann habe ich ein Holzherz. Man malt es ein bißchen bunt, dann merkt's Niemand. Seien sie schönstens gegrüßt Frau Isi"[215]*

Ernst von Saucken am 29.12.1915 aus Wiesbaden:
„Liebe Lina, (...) Unser Weihnachtsabend war durch Lotte und durch das Wissen von Richards und Ennis Geborgenheit vor allem anderen doch ein liebes Fest. Und Neujahr? Man empfindet ein wahres Grauen vor dem Tage. Und alle Wünsche sind die gleichen und alle gleich wirkungslos. Man muss schon mit den Händen im Schoß warten, was kommt. In inniger Liebe. Dein Onkel Ernst"[216]

Rudolph Oppenheim, am 30.1.1916 aus Potsdam: *„Meine liebe Lina, (...) Das, was* (Name nicht lesbar) *über die Wirkung der Kriegsdauer sagt, habe ich aus dem Ansehen und Ausdruck der Menschen als durch Kameraden + damit aus den Schützengräben auch schon oft entnommen. Manche Landsturmleute leben sich mehr in ein ‚erbärmliches Behagen' ein, eine Loslösung von aller Verantwortlichkeit gegen die Herzen, ein unselbständig In-den-Tag-hinein-Leben, das so bequem ist, daß sein Ende wohl vielfach gar nicht mehr ernstlich herbeigewünscht wird. Die Abstumpfung durch die Gewohnheit zeigt sich eben in dieser furchtbaren Zeit als größte menschliche Gefahr. Ich lese einige englische Schmöker, die ich in dem Hause unseres Kasinos gefunden habe, auch einige amerikanische. Da ist mir wieder die enge Verwandtschaft in moralischen Hauptpunkten, in Sachen des Ehrgefühls, Vorurteilen, aufgefallen, deren politische Wirkung*

wir jetzt spüren + die in Zukunft sich noch verstärken wird – Lebe wohl,
liebste Lo, grüße die Deinigen + schreibe einmal wieder. Dein R.“[217]
Linas Bruder dolmetscht für englische Kriegsgefangene.

Reinhold Richter am 2.3.1916: *„Liebe Lina (...) Die heutige Nach-*
richt aus Verdun klang etwas lahm. Ich denke aber, man wird einige Zeit
warten müssen, bis die schweren Geschütze in ihren neuen Stellungen
einbetoniert sind und dann kann es wohl wieder flott vorwärts gehen.
Hoffentlich ist das der Anfang vom Ende. Heute soll der U-Bootkrieg
beginnen. Auch damit ist es wohl höchste Zeit. Herzliche Grüße Dein
Reinhold.“[218]

Ernst von Saucken am 26.3.16 aus Wiesbaden: *„Liebe Lina, (...)*
Ich will Dir also nur von der Familie erzählen und hauptsächlich von
Enni. Du weißt, daß er Mitte Januar mit 12 Tagen Urlaub bei uns
war. Er kam ganz überraschend (...) unmittelbar aus Feuerstellung und
Schützengraben ,bespritzt mit jeden Bodens Unterschied' der schlammi-
gen kreidigen Champagne. (...) Das Vierteljahr Champagne war nicht
spurlos an ihm vorbeigegangen, er war auch magerer geworden und
hustete viel. Aber sonst war er ganz der Alte geblieben und genoss den
ersten Urlaub. (...) Natürlich sprach er auch vom Krieg und seinen
Erlebnissen, lieber aber von seiner Zukunft nach dem Kriege und von
seinen dichterischen Versuchen und Hoffnungen. Er gab mir auch alles
zu lesen, was er in der letzten Zeit geschrieben hatte, es waren schöne
Sachen darunter, wenn auch noch nicht alles geklärt. Tagsüber waren
wir ja wenig allein. Aber abends kam er regelmäßig zu mir herein, wenn
ich zu Bett ging, und blieb dann noch oft lange bei mir sitzen. Er fühlte
das Bedürfnis, alles mit mir durchzusprechen, und ich konnte mehr als
je mich an seinem liebenden Vertrauen zu mir erfreuen und tiefe Ein-
blicke in die starke und reine Natur dieses prachtvollen Menschen tun.
Reizend auch die Kindlichkeit, mit der er die alten Spiele wieder vor
holte, er wollte an alles alte Liebgewohnte wieder anknüpfen, das bis in
die Kinderzeit zurück zwischen ihm und mir bestanden hatte. (...) Nun
musst Du mir aber auch bald antworten. Wir wollen nicht wieder so
lange Pausen eintreten lassen. Die Verbindung mit meinen Lieben ist

mir doch jetzt sehr notwendig. Lebe wohl, grüße Deine lieben Kinder.
In alter treuer Liebe Dein O. Ernst"[219]

Ernst (Enni) Friedländer (1895–1973) ist Linas Cousin, Sohn von
Richard Friedländer und Elsbeth Friedländer, geb. von Saucken. Enni
studiert Philosophie und promoviert nach dem Krieg in Berlin. Von
1929–31 arbeitet Dr. Ernst Friedländer als Co-Direktor der IG-Farben-
Tochter Agfa in den USA. Nach dem Zweiten Weltkrieg kehrt er nach
Deutschland zurück, von 1946–1950 als stellvertretender Chefredak-
teur bei Die Zeit. Friedländer setzt sich vor allem für die europäische
Integration ein.

N. Rickberger-Jaecke am 1.6.1916 aus Leipzig: *„Hochverehrte gnädi-*
ge Frau! Die Stimmung über die Lage u Friedensmöglichkeiten jetzt, ist in
der Bevölkerung sehr verschieden. Im Beamtentum höre ich: Durchhalten
bis aufs aller äußerste u Annexionen im Osten und Westen gelten als
selbstverständliche Schlußmöglichkeit. Dabei habe ich in diesen Kreisen
großartige Opferfreudigkeit u äußerste Einschränkung erfahren. Mittel-
stand, Geschäftsleute zum größten Teil auch der Bauernstand, jammern
allgemein über die wirtschaftlichen Einschränkungen, heimsen aber da-
bei, jeder nach größter Möglichkeit, ihre höchstgeschraubten Schärfchen ins
Trockene! Großes Interesse über die Kriegsfrage oder den Ausgang habe ich
in dieser Schicht nicht kennengelernt. Aber die größte Menschenschicht der
Arbeiter, Kriegswitwen, Kriegerfrauen mit ihren zum Teil sehr zahlreihen
Kindern, wünschen das Ende um jeden Preis. (...) Ihre nahe Pein, der
nie satt werdenden Kinder verlöscht vollends noch jede Meinung. (...) Ich
weis nicht ob Sie gnädige Frau von den Krawallen in Leipzig Lindenau
u Volkmarsdorf gehört haben? Es waren meist nur Mütter, die verhaftet
wurden u mit der Kartoffelzufuhr stockte es damals. War also doch die
Ursache der Hunger! Den Landschlächtereien hier ist seit Sonnabend jede
Abgabe an die städtische Bevölkerung verboten worden. Die Landbevölke-
rung bekommt wöchentlich 300g pro Kopf, die Städter 100g. Aber ich habe
gelesen, daß Berlin nur 35g geben kann u das hatte mich für Wannsee
ganz besorgt gemacht. (...) Eine Entartung wächst auch auf geschlechtl.
Gebiet. Das hiesige Lehrerinnenkollegium sah sich veranlaßt bei dem

Schulvorstand nachzusuchen, daß die schulentlassenen Mädchen in der Fortbildungsschule straffer herangezogen würden, um durch Mehrunterricht Zeitentziehung zu erwirken für die nächtlichen Ausschweifungen mit Soldaten. (...) Ich wünsche Ihnen gnädige Frau sowie ihren Lieben, daß sie gesundheitlich wohlauf bleiben in der harten knappen Zeit. Mit den ergebensten Grüßen Ihre dankbare N. Rickberger-Jaecke"[220]

N. Rickberger-Jaecke kennt Lina Richter aus Leipzig. Ich vermute, sie war eine Hausangestellte.

Rudolph Oppenheim am 30.7.1916 aus Flandern: „*Meine geliebte Lina – dieser Brief soll Dir – hoffentlich rechtzeitig – meine Grüße + Liebe zu Deinem Geburtstag bringen. Wünsche für den Einzelnen hat man jetzt kaum in dieser unerhört kritischen Zeit. Und fragen, warum es so gekommen ist, erkennt man als sehr überflüssig. (...) Wir sind jetzt dicht hinter der Front in Flandern, weiter nördlich als bisher, mit vielfältigen Arbeiten beschäftigt an Reservestellungen (...) auch landwirtschaftlichen Arbeiten in diesem von der Civilbevölkerung seit 2 Jahren verlassenen Landstrich, der seitdem aus Menschenhand in den Naturzustand zurückgleitet. (...) Unsere Front hier verläuft auf Holzstegen über sumpfige Wiesen + Wasserlöcher, durch mannshohes Gras + Weidengebüsch – Gräben anzulegen verbietet der wasserreiche Boden – nur oberirdische Brustwehren aus Holz, Erde + Beton, vielfach nur Schirme aus Zweigen gegen Sicht – der Feind ist 800–1600m entfernt jenseits der Yser – bei der dunstigen Luft war, als ich neulich unsere Front besuchte, nichts zu erkennen. Unsere Quartiere sind in einzelnen Bauernhöfen, die der Leute in Baracken, die willkürlich auf den Stellen früherer, meistens zerstörter Dörfer verstreut stehen. (...) Die Times lese ich noch – eine wahre Kasteiung in dieser Zeit – Schreibe mir einmal wieder (...) ich glaube, Du brauchst kein Consensbedenken zu haben. Auf Wiedersehen, geliebte Lo – innige Grüße Dir + Deinen Kindern – Dein Bruder R*"[221]

Otto Reutter
Warum, warum, warum?

Der Krieg ist manchmal kurios,
ein Heer geht auf das andre los –
Soldaten, die sich nie gekannt,
sind aufeinand' in Wut entbrannt –
der eine bringt den andern um –
warum, warum, warum, warum?
(Text und Melodie: Otto Reutter, Teich/Danner 261)

Ihre frauenpolitischen Aktivitäten stellt Lina Richter im Krieg zunächst in den Hintergrund. Die Tage sind dennoch gut gefüllt mit der Arbeit im Hort und im Siedlungsheim Charlottenburg. In der Alsenstraße kümmert sie sich weiterhin um verwundete Soldaten – und um fünf heranwachsende Kinder, die ältesten schon in der Pubertät. Lina möchte in diesen Ausnahmejahren aber mehr tun als klassische Frauenarbeit. *„Niemand, aber auch niemand fühlt sich heute zu schade für den Kampf"*[222], schreibt sie an Richard Dehmel. Das Gewehr kann sie nicht schultern, Lina Richters Kampf findet ab Herbst 1915 an der politischen Front statt. Dorthin lotst sie Kurt Hahn, in dessen Elternhaus Lina früher oft mit Raoul zu Gast gewesen war. Er will die Freundin der Mutter als Mitarbeiterin für das Außenministerium gewinnen. Dies geschieht nicht ohne Hintergedanken. Hahn gilt als begnadeter Netzwerker. Ihn wird neben der persönlichen Verbundenheit die Englandnähe von Linas Familie überzeugt haben, seine Vertraute einzustellen. Das Bankhaus Oppenheim unterhält geschäftliche Kontakte nach England, Linas Bruder Rudolph hat in Oxford studiert und ist mit einer amerikanischen Bankierstochter verheiratet. Verbindungen, die Linas Schwiegermutter zur Hofgesellschaft und hohen Politik pflegt, könnten ebenfalls von Nutzen sein. Cornelie Richter korrespondiert u. a. mit Reichskanzler Bethmann-Hollweg und gehört zum Komitee der kirchlichen Ernst

Dryander-Stiftung, deren Ehrenvorsitzender Bethmann-Hollweg ist. Der Kontakt zum Hof ist so eng, dass Kronprinzessin Victoria, die spätere Kaiserin Friedrich, Cornelie Richter in ihrem Testament ein indisches Armband überlässt. Die Trauerfeier für den ehemaligen Oberhofmeister der Kaiserin, Götz Graf Seckendorff, findet 1910 in den Räumen von Linas Schwiegermutter statt.

Lina Richter steht ebenfalls in regem Briefwechsel mit Bekannten aus hohen Kreisen der Regierung und Wirtschaft. Die privaten Beziehungen zu Prinz Max von Baden, dem SPD-Politiker Eduard David, dem Labour-Abgeordneten Edmund Dene Morel oder Ernst Joel verschaffen ihr Ansehen und Einfluss hinter den Kulissen. Lina Richter nimmt Kurt Hahns Angebot an und wechselt im September vom Kinderhort in das Auswärtige Amt des Kaiserreiches. Dort fertigt sie für die politischen Entscheider Übersetzungen, Referate und Presseschauen an. Mit dem Bankierszug, wie die Wannseebahn wegen ihrer wohlhabenden Fahrgäste damals genannt wird, fährt sie nun fast täglich nach Berlin, in das Zentrum der Macht. Die politisch-schriftstellerische Tätigkeit an der Seite von Kurt Hahn tut ihr gut, in den ersten Monaten ist geradezu berauscht von der neuen Aufgabe.

Max Brahn: *„Liebe Frau Richter: Ihr Brief hat mich herzlich gefreut und mir einen besonderen Wert gehabt, weil er mir zeigte, daß Sie eine Erfüllung mit den politischen Fragen gefunden haben."*[223]

Über Linas Chef Kurt Hahn gibt es zahlreiche Veröffentlichungen, sie selbst hat einen Aufsatz über den Mann geschrieben, den sie in ihrem Testament ihren besten Freund nennen wird. Kurt Hahn wird am 5. Juni 1886 in Berlin als Sohn des jüdischen Industriellen Oskar Hahn und seiner Frau Charlotte geboren. Nach dem Abitur studiert Hahn in Oxford und später in Göttingen Altphilologie und Philosophie. Im Jahrhundertsommer 1904 erleidet er in Wannsee einen schweren Sonnenstich, gegen die Folgen kämpft er sein Leben lang an. In den ersten Jahren verschlimmert sich sein Zustand trotz wiederholter Kuren so sehr, dass er sein Studium nicht beenden kann. Paul Ehrlich, der im Haus von Hahns Mutter verkehrt, rät ihm, in England einen Gehirnspezialisten aufzusuchen, der aus den Kolonien über Erfahrungen mit Sonnensticherkrankungen verfügt. Drei riskante Operationen, bei denen ihm ein Teil des Schädelknochens entfernt wird, übersteht Hahn, und sofern es seine Gesundheit zulässt, forscht er über *Platon's Erziehungslehre.* 1914 kehrt Kurt Hahn nach Deutschland zurück. Er möchte seinem Land als Soldat dienen, ist aber aufgrund seiner Krankheit untauglich für den Wehrdienst. Als exzellenter Kenner englischer Politik und Geschichte stellt ihn das Auswärtige Amt schließlich als Berater der Englandabteilung in der von dem Theologen und Publizisten Paul Rohrbach geleiteten Zentralstelle für Auslandsdienste ein. Hier bezieht auch Lina ihr Büro. Lina Richter nennt ihren Chef Kurt Hahn einen *„überzeugten Liberalen"*[224], geleitet von christlichen Grundsätzen, die ihm als die einzig wahren gegolten haben.

Lina Richter: *„Als ihn einmal Prinz Max fragte, was er für die Aufgabe der Juden hielte, sagte er: ‚Die Christen wieder zum Christentum bekehren.' Aber der von ihm leidenschaftlich geliebten Mutter willen trat er nicht zum Christentum über."*[225]

Öffentlich hält Lina Richter sich in den Jahren an Hahns Seite bewusst im Hintergrund, was ihrem von Natur aus bescheidenen Wesen entgegenkommt. Sie schreibt lieber Reden, als dass sie diese hält. Zudem ist aktive Politik reine Männersache, Frauen dürfen noch immer nicht wählen, geschweige denn gewählt werden oder ein politisches Amt bekleiden. Das bedeutet aber nicht, dass sie keinen politischen Einfluss ausgeübt hätten. Lina Richter ist der ordnende Kopf hinter Hahns Ideen, tippt nicht nur nach seinen Vorgaben, sondern die Briefe und Schreiben, die Hahn verfasst, tragen auch inhaltlich Linas Handschrift. Ihre Position kommt der einer politischen Beraterin nahe. In dieser Stellung nennt sie selbst Kurt Hahn einmal *„meinen Mitarbeiter"*[226], nicht „meinen Chef".

Lina Richter: *„Ich bin überaus absorbiert und, mit dem ewig weiten Weg in die Stadt eigentlich mehr von zu Hause abwesend als recht ist,* weil ich Arbeit von der Zentrale für Auslandsdienst übernommen habe, Uebersetzungen, Referate, Auszüge anzufertigen. Die Arbeit interessiert mich sehr, einen Teil kann ich auch zu Hause in Abend- und Morgenstunden ausführen. Häufig aber ist dazu nicht Zeit; dann werde ich telefonisch gerufen, und es ist dann immer größte Eile, und ein Brief oder anderes Schriftstück muß zur Zeitersparnis direkt der Stenographin in die Feder übersetzt werden. Uebung von früher kommt mir dabei zustatten. Die Sache interessiert mich lebhaft. Meine politischen Wünsche, die – wie kann man es sich versagen – diesen Krieg mit stärkster Intensität begleiten, und sich auf ganz bestimmt Ziele richten, fand ich bei den Herren dieses Amtes, für die ich meist arbeite, völlig geteilt. Deshalb ist mir auch alles, was ich mache, wie ein, zwar winziger, Beitrag zu meinen erhofften Idealen. (...) Mehrere feine politische Männer habe ich kennengelernt; sie sind alle überarbeitet, immer im Sturm rasend und immer vom Telefon gehetzt. Man ist wirklich froh, ihnen einmal etwas abnehmen zu können. Außerdem werden meine Jungen durch das, was sie aufschnappen dürfen (sie sind zweimal zu Versammlungen mitgeladen gewesen), allmählich auch ergriffen, und das freut mich."[227]

Lina Richter verfasst wöchentlich eine Presseschau, versehen mit Anregungen für die Oberste Heeresleitung. Die Zusammenarbeit mit ihrem Chef ist so eng, dass das Landesarchiv Baden-Württemberg, das die Korrespondenz des Büros Hahn/Richter verwaltet, eine Trennung des Schriftguts für nicht sinnvoll erachtet. *„Kongenial und mit demselben hohen intellektuellen Anspruch wie Hahn entwarf Lina Richter Denkschriften, redigierte Texte und führte Korrespondenz."*[228] Vor allem ist Lina diejenige, die den unsteten Hahn immer wieder zur Tagesarbeit an den Schreibtisch zurückholt. Öffentlich unbeobachtet, nimmt sie so weiblichen Einfluss auf die von Männern gestaltete Politik. Den seiner Meinung nach entscheidenden Verdienst der Frauen am Weltgeschehen fasst der Schriftsteller P. G. Wodehouse in dem Satz zusammen: *„Prodding the inert male into action."*[229] Lina wird in den nächsten Jahren einige träge Männer zum Handeln anspornen. In den Geschichtsbüchern erscheint ihr Name dennoch häufig nur als Randnotiz – zu Unrecht.

„Niemand fühlt sich heute zu schade für den Kampf": Lina
Richter als politische Beraterin, um 1916

Die Aufgabe des Büros Hahn/Richter ist hochangesehen, weil, anders als in Deutschland, die Berichterstattung in den wichtigen englischen Zeitungen wie Times, Westminster Gazette, Manchester Guardian oder Observer einen wesentlichen Einfluss auf Entscheidungen der englischen Politik nimmt. Kabinett und War-Office tragen ihre Meinungsverschiedenheiten öffentlich aus, versuchen, über Zeitungsberichte die Bevölkerung auf ihre Seite zu ziehen. Mit der Pressebeobachtung übt Lina Richter daher einen nicht zu unterschätzenden Einfluss auf die Entscheidungsträger im Außenministerium und letztendlich die Oberste Heeresleitung aus. Welche Zeitungen wählt sie aus? Wie übersetzt sie die Artikel? Welche Berichte werden in welchem Umfang zitiert und kommentiert? Alle diese Fragen sind sehr sensibel zu handhaben. Lina Richter hat das Ohr bzw. die lesenden Augen dicht am Feind und kann entscheidende Beschlüsse vorhersagen, wie z. B. die Einführung der allgemeinen Wehrpflicht in England.

Lina Richter: *„Ich habe keine stille Stunde in diesem Winter gefunden, und als Strafe scheint es fast, als ob ich sie jetzt aus purer Müdigkeit nachträglich einlegen muß. Aber ich hoffe, dieser Zustand geht vorüber, ohne daß ich eine Pause in meiner Arbeit eintreten lassen muß; denn sie interessiert mich sehr, manchmal brennend."*[230]

In den ersten beiden Jahren erzielt Deutschland zunächst militärische Erfolge, erobert große Landstriche des russischen Teils Polens und das Baltikum. Lina Richter, geprägt durch die ostpreußische Herkunft ihrer Familie, verfolgt mit leidenschaftlichem Interesse den Kriegsverlauf im Osten. Die pathetische Ausdrucksweise in ihren Briefen war damals nicht unüblich, heute mutet sie doch befremdlich an.

Lina Richter: *„Mir ist die sich herausschälende Idee des Krieges, wie ich sie jetzt sehe in der Wiedererrichtung des alten größeren Deutschlands, gekrönt durch die Sühne der Sünde des alten Reichs, das die Hansakolonien preisgab, durch die Befreiung des wundervollen baltischen Zweiges, eine gewaltig erhebende Offenbarung. Wir begannen gezwungen – das* *entschuldigt uns, war aber unsrer nicht wert. Jetzt kämpfen wir mit frei gewähltem Ziel, und es ist ein moralisches.*"[231]

Zeitgleich setzt sich Lina, ebenso wie ihre Vorgesetzen Hahn und Rohrbach, für einen ehrenvollen Verständigungsfrieden mit England ein. Die deutsche Militärführung jedoch ist gespalten: Das Oberkommando Ost unter den Generälen Ludendorff und Hindenburg drängt darauf, Russland entscheidend zu schlagen, während das Oberkommando West unter General Falkenhayn den Sieg im Westen sucht und die Aussöhnung mit Russland anstrebt. Allerdings untersagt das Londoner Abkommen von 1914 den Entente-Mächten, separat einen Frieden mit Deutschland zu schließen. Die Verständigung im Westen scheitert zudem an der Weigerung der deutschen Regierung, sich aus Belgien zurückzuziehen. Jahre später gibt der damalige Reichskanzler Bethmann-Hollweg zu, die Aufgabe Belgiens wäre 1916 die glücklichste Lösung gewesen, aber gegen die Oberste Heeresleitung hätte er sich nicht durchsetzen können. Das Büro Hahn/Richter nimmt in Prinz Max von Badens Autobiografie *Erinnerungen und Dokumente* ein Jahrzehnt später diese Reflexion der Ereignisse mit auf: *„Ich fragte nach dem Schicksal der Fühler, die bisher von und nach England ausgestreckt worden waren. Hatte wirklich begründete Hoffnung auf Frieden bestanden, und scheiterte sie durch unsere Schuld? Die Antwort lautet: Das könne unmöglich gesagt werden. Eines aber stehe fest: die Erkundungen im April 1915 und im Mai 1916 hätten die deutsche Regierung davon überzeugen müssen, dass unsere Erklärung über Belgien eine politische Waffe wäre, auf deren Anwendung man nicht verzichten dürfe: zum mindesten hätte der Versuch gelohnt.*"[232] Kurt Hahn ist überzeugt, dass die öffentliche Meinung über den Krieg in England gespalten sei und sich durch geschicktes Agieren der deutschen Diplomatie weiter spalten lasse, um letztendlich gleichberechtigte Verhandlungen möglich zu machen. Lina Richter und Hahn unterhalten enge Kontakte unter anderem zu den Labour-Abgeordneten Edmund Dene Morel und Ramsay MacDonald, 1924 der erste Premierminister seiner Partei. Morel gerät bereits im ersten Jahrzehnt des 20. Jahrhunderts in die englischen Schlagzeilen, als er die unmenschlichen Bedingungen anprangert, mit denen die belgische

Kolonialmacht die einheimische Bevölkerung des Kongo unterdrückt. Aus Protest gegen Englands Eintritt in den Krieg gründet Morel 1914 die Union of Democratic Control (UDC), die sich ebenfalls für einen raschen Verständigungsfrieden und eine Versöhnung mit Deutschland einsetzt. Der Journalist Dene Morel argumentiert in zahlreichen Artikeln gegen die Legende der deutschen Schuld, was ihn – wie er selbst formuliert – *„zum geschmähtesten Mann der Insel"*[233] werden ließ. Nach dem Krieg verfasst Morel 1924 unter dem Titel „Das Gift, das zerstört. Die Mär vom deutschen Kriegsanschlag 1914" einen Appell zur Revision des Versailler Vertrages unter Anerkennung der geteilten Schuld am Krieg. Mit prophetischem Gespür schreibt er: *„Ein Verharren auf der Politik, die im Versailler Vertrag verkörpert ist, muss früher oder später zu dem vollständigen wirtschaftlichen Zusammenbruch Europas führen und letzten Endes zu einem erneuten Ausbruch des Kriegsvulkans."*[234] Lina Richter empfindet für Morel neben politischem Respekt auch privat große Sympathie, was die Zusammenarbeit intensiviert und ihr neben den Zeitungsartikeln und offiziellen Verlautbarungen wichtige Informationsquellen erschließt.

Lina Richter: *„Lieber Rudolf, ich weiß nicht, ob Du in Berlin bist, habe aber auf alle Fälle Herrn E. d. Morel (...) gebeten, Dich aufzusuchen. Er ist einer der bezauberndsten Menschen, die mir je vorgekommen sind, und nicht nur, was er für Deutschland getan und gelitten hat, berechtigt ihn zu der freundlichen Aufnahme, sondern man macht sich selbst den größten Genuss, wenn man mit ihm zusammen ist. Du würdest mir eine große Freude machen, wenn Du ihm einige Zeit widmen könntest. Er gehört, was Du ja wohl weisst, zur Independend Labour Party, eben zu jenen Liberalen, die die liberale Parteimaschine und Asquith für völlig erledigt halten und die liberalen Ideen nur noch in der Arbeiterpartei glauben verwirklichen zu können. Er hat nicht die liberalen Ideen aufgegeben, sondern eine neue Heimat für sie gesucht. Sein Begleiter Ponsonby ist ein typischer Engländer von Surrey-Art mit feinen Manieren und gedanklich fein pointierten Sätzen. Aber gar nicht so bedeutend wie Morel. Und das wundervollste an Morel ist, dass das Bedeutendste an ihm offenbar sein Charakter ist."*[235]

Unbestritten wirkt die Öffentlichkeit in England im Frühjahr 1916 kriegsmüde. Die militärische Lage wird als deprimierend empfunden, der Glaube an einen wirtschaftlichen Zusammenbruch Deutschlands schwindet, die Angst vor einem U-Boot-Krieg wächst. Der Krieg ist so unpopulär wie nie, auf vielen hundert Friedensversammlungen demonstrieren Tausende Menschen für Verhandlungen mit Deutschland. Am 24. Mai debattiert das Unterhaus kontrovers über den Frieden. Die englische Presse misst der Aussprache kaum Bedeutung bei, druckt nur kurze Auszüge aus den langen Reden der Friedensbefürworter, aber die stenografischen Berichte kommen in die Hände der Zentralstelle und in das Büro Hahn/Richter. Dort reift die Erkenntnis: Ein Frieden scheint nunmehr greifbar, wenn Deutschland sich endlich bereit erklärt, Belgien zu räumen. Der einflussreiche SPD-Abgeordnete Eduard David notiert in sein Tagebuch: *„25.6.16. Wannsee. Villa Hahn. (...) Die Friedensfreunde in England gewinnen stark an Einfluß. Warten auf eine Erklärung des Kanzlers betreffend Wiederherstellung Belgiens als unerläßliche Vorbedingung für den Frieden.“*[236] Die Souveränität des besetzten Landes ist für England nicht verhandelbar, nachdem das Königreich Belgien 1839 ewige Neutralität garantiert hatte.

Harry Graf Kessler: *„Nach Wannsee zu Richters. Dort auch Besuch bei Lina Richter, die eine Art von politischer Rolle spielt, Versöhnung mit England und möglichst große Annexionen in Russland vertritt. Sie u. ihre Freunde erstreben eine offizielle deutsche Erklärung, daß wir Belgien ganz wieder herausgeben wollen, weil sie behaupten, Grund zu haben, zu glauben, daß dann die englische Arbeiterpartei sich der Fortsetzung des Krieges widersetzen würde. Sie haben in diesem Sinne eine Denkschrift ausgearbeitet, die sie an den Reichskanzler zu bringen versuchen.“*[237]

Doch die Annäherung an England erleidet einen schweren Rückschlag, als ein deutsches Feldgericht den Kapitän des zivilen Dampfers *Brussles* zum Tode verurteilt und hinrichtet, weil er angeblich ein deutsches U-Boot gerammt haben soll.

Eduard David: *„Curt Hahn, Frau Richter und Noeggerath setzen mir stark zu wegen des Falls Fryatt, der rechtlich unhaltbar sei und die Friedensbewegung in England schwer geschädigt, fast ausgelöscht habe."*[238]

Die Notiz zeigt auch: Lina Richter emanzipiert sich zunehmend zur eigenständig handelnden und anerkannten politischen Person. Ihr ungebrochenes soziales Engagement in der Familienfürsorge lenkt den Blick auf die gesellschaftlichen Folgen des Krieges. In Feldpostbriefen liest sie über das Grauen an der Front. Als Mutter muss sie fürchten, dass – je länger die Kämpfe dauern – auch die beiden älteren Söhne eingezogen werden. Während ich diese Zeilen schreibe, kommt mir ein Lied von Reinhard Mey in den Sinn: *„Kein Ziel und keine Ehre, keine Pflicht/sind's wert, dafür zu töten und zu sterben/ Nein, meine Söhne geb' ich nicht."*[239] Meine Urgroßmutter treiben damals gemischte Gefühle um. *„Aber schon knapp siebzehnjährige Knaben sind in Scharen abgegangen. Ach, man darf nicht an die Abrechnung nach der ganzen Affaire denken – dann möchte man doch geizen mit solcher Münze."*[240]

Noch drücken Curt und sein Bruder Gustav die Schulbank. Wenn sie nach Hause kommen, begegnen ihnen verwundete Soldaten, die sich in dem Familienheim auskurieren, immer bohrender werden die Fragen nach dem Sinn der Kämpfe. Die soziale Not der Familien, vor allem der Mütter und Kinder, bedrückt die Pädagogin Lina Richter. Unter diesen Eindrücken formuliert sie die Denkschrift an die Regierung, wie sie so wohl nur von einer Frau geschrieben werden kann. Denn sie beleuchtet nicht nur die große politische Situation, sondern versucht, das Augenmerk der Regierung auch auf den Alltag der Familien zu lenken, denen langsam der Lebensmut sinkt und die mit ihren Kräften am Ende sind.

Lina Richter: *„Es kann niemand verborgen bleiben, wie groß die Kriegsmüdigkeit geworden ist. Die Soldaten in den Lazaretten sollen ganz anders reden als im vorigen Winter – selbst die an der Front sind niedergeschlagen; und die Familien zu Hause fühlen, daß ihnen der Halt verloren geht, die Ehen sind gefährdet, jeder große und kleine Betrieb verloddert, die Kriegsmaßregeln sowie die ungewollten Kriegsfolgen machen* *sich stündlich in störender, quälender Weise fühlbar. Der Wohlhabende merkt sie auch; aber natürlich kann er das leicht verwinden. Was auch ihm fast den Mut raubt, ist der allmähliche bis zum Halse steigende Widerwillen gegen die Menschenschlächterei. Aber fühle ich nicht trotzdem (gewiß mit Vielen!) den Wunsch, wir möchten fest bleiben und nicht vorzeitig Frieden schließen? Was mir diesen Wunsch eingibt, sollte auch den schwer Leidenden zur Aufrichtung gezeigt werden: Ein hohes, edles, sonniges Kriegsziel. Es ist vorhanden – in der Schaffung einer großen Ostmark. Es ist herzbefreiend, weil es Befreiung bringen soll; es ist hell und sonnig, weil es Deutschland Weite und Entfaltung verspricht. (...) Aber dies Ziel muß als Stern leuchten, nicht zweifelnd und misstrauisch von Einem zum Andern geflüstert werden. Es muß diejenigen, die am Humanitätsideal hängen – wir wollen nicht wünschen, daß solche nur in den gegnerischen Ländern noch eine Macht sind, denn wir brauchen sie nach dem Kriege! –, das ersetzen, was in Frankr. und England die wirklich geglaubte Mär vom verteidigten Recht der Freiheit und der kleinen Nationen ihnen leistet: sie mit dem Kriegsleid zu versöhnen. Unser Ziel kann alles dieses viel besser erfüllen – aber laßt uns frei, es dem Volk so zu zeigen, wie es gesehen werden soll: Laßt uns das Ideal der befreiten Völker im Osten von Finnland bis zur Ukraine malen, denen Erlösung von Deutschland kommt – für die, denen das Deutschtum besonders am Herzen liegt, richtet es die Herstellung des alten Baltenlandes, des deutschen Ordenslandes, der stolzen Hansa-Städte auf – anstelle eines Haßgesanges gegen England trete ein Befreiungsgesang für die nicht verlassenen, ausharrenden Brüder. Wie 1870 Niemand dem Volk verbot (...) die Annektion Elsass-Lothringens zu fordern, so lasse man den Sturm der heutigen Nationalforderung brausen; das belebt die Erschöpften, es gibt ihnen die ‚Idee‘, die einen Krieg beglückt, nach Fichte, (und eine Beglückung braucht unser Krieg, er ist zu furchtbar grausam ohne sie!) und wird am Ende der Regierung den Nacken steifen in jeder Friedensverhandlung. Die feindlichen <u>Demokratien</u> müssen ja begreifen, daß der Wille des Volkes mitsprechen muß!*

Das ist der eine Weg, den unsre Regierung gehen müßte. Der andere ist nicht minder ganz in ihre Hand gegeben. Sie muß Einheitlichkeit ihrer Organe erzwingen. Heute kann es geschehen, daß wir in Washington ver-

söhnlich auftreten, und zu gleicher Zeit Oesterreich die Ancona versenkt, zur Freude der Engländer. Oder – wie darf der Gouverneur von Belgien in einem Falle, wie dem der Miss Cavell, mit absichtlicher Ausschaltung des Ausw. Amtes und des Leiters unsrer Politik vorgehen? (Die britische Krankenschwester Edith Cavell wird am 12.10.1915 wegen Kriegsverrats hingerichtet. Sie soll verwundeten britischen, französischen und belgischen Soldaten geholfen haben, in die neutralen Niederlande zu fliehen.) Ist er so unerfahren, daß er die politische Tragweite nicht erkannte, oder so selbstherrlich, daß er den vielleicht abweichenden Willen der Regierung nicht zu Worte kommen lassen wollte? Letzteres ist wahrscheinlich. Denn es lag auf der Hand, daß der Friedenspartei in England mit diesem Urteil und seiner eiligen (nicht durch die notwendige Schnelligkeit des Kriegsrechtverfahrens im Felde selbst begründeten) Vollstreckung jede Bethätigung maßlos erschwert, der Kriegspartei strömendes Wasser auf ihre Mühlen gegossen wurde. Es wäre Pflicht gewesen, im Ausw. Amt anzufragen, ob diese Wirkung erwünscht sei. Es war ebenso gewiß, daß die rücksichtslose Ausschaltung des amerikan. Gesandten, der sich in ergreifender Weise auf die von seiner Regierung Deutschen in Feindesland erwiesenen Dienste berief, für die er zum erstenmale als Gegengunst einen kurzen Aufschub der Hinrichtung erbat, sowohl die Würde Amerikas als jedes Menschlichkeitsgefühl beleidigen mußte. Wollte unsre Regierung einmal Härte bis zum Aeusersten beweisen – es hätte ja gefragt werden können. War Ihr aber diese Wirkung im gegenwärtigen Moment durchaus nicht erwünscht – wie durfte ein hoher Beamter seine Selbständigkeit so mißbrauchen? Wenn er auch formal das Recht hatte, ohne Rückfrage zu entscheiden – mit solchem Recht stattet man nur den aus, auf dessen Einsicht man sich verlassen kann, daß er in weittragenden Fällen diese Folgen in Betracht zieht. – Also: straffere Zügel, daß wir nicht in Duzende kleine Diktaturen zerfallen. Ein kleines Beispiel: auf Drängen von Synoden verfolgen einige Oberkommandos Schönherr's Weibsteufel. Was geht das das Militär an! Das Stück ist durchaus ernst; die erotische Seite ist nicht lüstern behandelt; vielmehr leiden und kämpfen die den Naturtrieben Verfallenen mit Anstrengung dagegen, der Zuschauer wie sie selbst fühlen Grauen davor, und die Wirkung kann nur sein: Man hüte sich! Dies Stück wird auch in Hamburg verboten, und der freien

Stadt die Unwürdigkeit, die als solche gefühlt wird, auferlegt, daß sie in Kulturfragen von einem Fremden (fast hätte ich gesagt: Eroberer!) sich blamabler Engherzigkeit unterworfen sieht. Die Regierung hat die Mithilfe des patriotischen Flügels der Sozialdemokratie dankbar anerkannt. Sie thut recht daran; denn diese Männer halten den ganzen Ansturm aus, der sonst gegen die Regierung branden würde. Ist es da überlegt, den Wächtern mehr zuzumuten, als sie leisten können? Durch unbedachte Maßnahmen den Verteidigern ihre besten Abwehrwaffen (die Aussicht auf freieres Wahlrecht, auf Erfüllung des Versprechens ‚ich kenne keine Parteien mehr‘) aus der Hand zu winden, ihren Ratschlägen taube Ohren entgegenzuhalten, und so zugleich durch allerlei Anordnungen der überflüssigen Willkür die angreifenden Massen zu verstärken, bis sie den Wall der patriotischen Führer überrennte? Also wieder: Die Regierung fasse die Zügel fester und beschneide die Selbstherrlichkeit ihrer Generale. Es ist nicht nötig, daß die neuerwachte Liebe des Volkes zu seiner Armee gleich einen Gegenaffekt geliefert erhält.

Endlich – als letzter Weg zum Durchhalten: Man zeige Friedensbereitschaft nach England, von wo Friedenstöne klangen. Man darf sich nicht ‚lumpen‘ lassen. Hilft es weiter nichts, so stärkt es dort die Opposition gegen den Krieg und beweist unsrem Volk die Unvermeidlichkeit des Durchhaltens. Deutschland gewinnt dadurch den second wind, der nach Ueberwindung eines ersten Ermattens durch einen Willensentschluß hervorgerufen wird. Zum Schluß – dies mit einer gewissen Unsicherheit, ein Einfall auf psychologischer Grundlage: Was man den Soldaten im Schützengraben als wichtiges Mittel zum Ausharren zuwendet, das gönne man auch dem duldenden Volk zu Hause: ein bischen Freude. Man verlästere nicht das menschliche Bedürfnis danach, schelte nicht auf den Kuchen der armen einsamen Kriegsfrauen, die sich aus der kleinen Süßigkeit, die sie nicht selbst erst herstellen muß, einen Trost in unzähligen Bitternissen saugt. Der Kuchen ist besser als das Kino, und etwas muß selbst das Lasttier des Volkes, die Hausmutter, von Zeit zu Zeit zu ihrer Erheiterung haben. Ist es nicht angängig, von Staatswegen zu Weihnachten große Ladungen Weizenmehl herbeizuschaffen, die ohne die (Verzeihung!) recht unpraktischen Backvorschriften verbacken werden dürfen? Es wäre in Symbol für das deutsche Volk, aber auch für unsre Feinde, daß es mit der Knappheit nicht so schlimm ist, wie man meint.

Mit dieser scheinbar unwichtigen, aber nicht ohne ein instinktives Gefühl der darin liegenden Heilkraft geäußerten Idee schließe ich diesen Exkurs.

Es unterliegt keinem Zweifel, daß, wenn England uns garantiert hätte, daß Frankreich die belgische Neutralität nicht verletzen würde, und gleichzeitig seine Neutralität in Aussicht gestellt hätte, wir in Belgien nicht einmarschiert wären."[241]

Wenn ich nicht Gefahr liefe, bei jedem einzelnen Stück an Sie denken zu müssen

Otto Reutter
Und dann?

'ne junge Frau wird Witwe plötzlich. Und dann?
Dann stöhnt und weint sie ganz entsetzlich. Und dann?
Bestellt sie schöne Trauerkleider. Und dann?
Dann sieht man sie zum Friedhof wandern. Und dann?
Dann nimmt sie meerschtenteels 'nen andern
(Couplet von Otto Reutter, Teich/Danner 138)

Lina Richter ist mit Anfang 40 noch eine attraktive Frau, intelligent, selbstständig, beruflich in der Männerwelt akzeptiert und auch verehrt. Davon zeugen die vielen Briefe, die Lina von Freunden und Weggefährten erhält. Stets wird ihr höchster Respekt entgegengebracht, doch nie sind die Schreiben nur sachlich. Stets bemühen sich die Männer mit der gleichen Warmherzigkeit und Liebenswürdigkeit zu antworten, die Lina ihnen entgegenbringt. Der ein oder andere soll auch auf etwas mehr als Freundschaft gehofft haben, so heißt es in der Familie. Lina wird aber keinen anderen nehmen. Raoul besetzt auch vier Jahre nach seinem Tod noch immer allen Platz in Linas Herzen. Er war ihre große Liebe, es wird die einzige bleiben. Und eine Affäre entspricht nicht ihrem Stil, Lina ist eine leidenschaftliche, aber keine körperlich-sinnliche Frau. Zumindest lässt das die despektierliche Aussage ihres Schwager Giacomo Gustav vermuten: *„Beischlaf kommt für Lina nur infrage, wenn dabei ein Kind gezeugt werden kann.“*[242] Dabei verfolgt Lina keine prüde Sexualmoral. Jeder solle nach seiner Fasson glücklich werden. Kurt Hahns und Max von Badens Homosexualität dürften ihr kaum verborgen geblieben sein. Auch Richard Dehmels amouröse Abenteuer schockieren Lina nicht. Gegenüber seiner Frau verteidigt sie den Freund: *„Und lassen Sie mich ganz offen sein: Wenn ein Mann wie er auch einmal fremder Gärten Früchte zur Nahrung seiner Phantasie* *bedürfte – möchten Sie ihm nicht Alles gerne gönnen? Zur Nahrung des Herzens braucht er doch Sie und das Lebensband, in dem wir uns selbst festgefügt vorkommen, (...).*"[243] Die gleiche Freiheit räumt Lina später auch ihrem Sohn Gustav ein, der neben seiner Gattin noch eine andere Frau liebt. Mit beiden Frauen wird Lina ein herzliches Verhältnis verbinden. Neben Richard Dehmel gibt es in Linas Leben zwei Männer, mit denen sie eine besonders enge, wenn auch wohl platonische Beziehung pflegt. Einer von ihnen ist Eduard David, optisch die etwas jüngere Ausgabe ihres Onkels Ernst von Saucken. David, geboren 1868, promovierter Philosoph, arbeitet als Lehrer und Journalist, bevor er zunächst in Hessen in die Politik eintritt. 1903 wird David für die SPD in den Reichstag gewählt und zieht mit seiner Frau nach Berlin. Die Ehe scheitert 1911. David engagiert sich im Rahmen seiner politischen Arbeit auch im Bund für Mutterschutz und für Sexualreformen. Es gibt also viele gemeinsame Interessen und wohl auch eine tiefe Sympathie zwischen Lina Richter und Eduard David, dem Prinz Max von Baden *„eine feine Gelehrtennatur"*[244] bescheinigt. David erinnert sich in seinen Tagebüchern an viele private Treffen in der Alsenstraße. An einem Nachmittag begleitet Tochter Sonja ihren Vater nach Wannsee. Ein Zeichen, dass die Beziehung ernste Formen annimmt? Angeblich soll David meiner Urgroßmutter einen Heiratsantrag gemacht haben, aber das mag Familientratsch sein.

Eduard David: *„Sehr verehrte Frau! Die angekündigte Sendung traf gestern ein. Vielen Dank für Ihre liebenswürdige Fürsorge. Ich würde die Zwiebacke gerne backen lassen, wenn ich dann nicht Gefahr liefe, bei jedem einzelnen Stück an Sie denken zu müssen. Das hat mir der Arzt aber streng verboten. – hinsichtlich der großen Situation wechselt bei mir Unruhe mit Zuversicht. Aber die letztere trägt immer wieder den Sieg davon: Unsere Fronten werden standhalten, und wir werden im Herbst den Waffenstillstand haben. (...) Herzlichst grüßend Ihr Ed. David."*[245]

Eduard David und Lina Richter, die beruflich jeden Tag, und oft auch jede Nacht, den Kriegsverlauf verfolgen, mögen es vielleicht auch als falsch empfunden haben, sich privates Glück zu gönnen, wenn immer entsetzlichere Meldungen von dem massenhaften Sterben an der Front und dem elenden Leben in den Arbeiterfamilien den Alltag beherrschen. Nachdem David das Päckchen meiner Urgroßmutter empfangen hat, notiert er aufgewühlt in sein Tagebuch: *„Bin bei alledem mit den Nerven herunter und werde einen Nasen-Hals-Katarrh nicht los. Komme auch keinen Schritt in der Frage meiner Lebens-Neugestaltung weiter. Es ist zum Verzweifeln. Und als psychologischer Untergrund immer der Gedanke an den entsetzlichen Krieg; die Sorge und das Sich-Verpflichtet-Halten, fieberhaft mitzuarbeiten an einer glücklichen Lösung nach außen und innen. – Ob es noch einmal eine Zeit für mich gibt, wo ich frei und fröhlich sein kann? – Arbeiten, kämpfen und nicht verzweifeln! Dank an die da draußen, die aushalten müssen in all dem Entsetzlichen, fern von ihren Lieben, jeden Tag dem Tod ins Auge schauend und immer wieder zum blutigen, schmutzigen Werk bereit.“*[246] Lina muss ähnlich gefühlt haben. Auch sie rückt ihre persönlichen Bedürfnisse immer mehr in den Hintergrund. Angesichts der katastrophalen Zustände, denen sie täglich in Berlin begegnet, fühlt Lina sich geradezu ethisch verpflichtet, so sparsam wie möglich zu leben. Die Selbstopferung nimmt ein Ausmaß an, dass ihrem Vater nach einem der seltenen Besuche seiner Tochter in der Oppenheim-Villa zu größter Besorgnis Anlass gibt. Benoit versucht, ein Machtwort zu sprechen und seine Tochter zu überzeugen, wenigstens ausreichend zu essen.

Benoit Oppenheim: *„Mein liebes Kind, welche Aeußerung mir infolge der Enttäuschung entschlüpft ist, die der unerwartete u überraschende Anblick Deines verhungerten Gesichts u Halses hervorrief, weiß ich selbst nicht mehr ganz genau. – Jedenfalls liegt es mir ganz fern, Deine Tätigkeiten herabsetzen oder gar deran Aufgabe anraten zu wollen. Sie füllt Dich aus, befriedigt Dich u hat damit die von Dir geschilderten guten Einflüsse auf Dein seelisches Leben – das muss doch auch mir Genugtuung bringen. (...) Aber daß damit nun auch eine vollständige Hintansetzung und Vernachlässigung Deines körperlichen Befindens verbunden ist, das tadele ich u. zwar um so mehr, weil ich glaube daß beides sich sehr wohl vereinigen läßt. – Es handelt sich in erster Linie um die Ernährung, ferner auch darum, daß Du nicht dafür sorgst, die äußeren Unbequemlichkeiten u.*

Anstrengungen zu vermeiden – daß Du also z. B. zweifellos die Wege zu u. von der Bahn draußen wie hier stets zu Fuß zurücklegst statt zu fahren u. Dgl. etc. Auch besorgst Du wahrscheinlich nebenher noch viel zu viel andere Dinge, wie Briefeschreiben u. s. w. Wieviel persönliche Mühe Dir Deine Soldaten machen, kann ich nicht beurteilen, aber ev. wäre doch zu bedenken, ob diese Lazarettsache nicht aufzugeben wäre. Deine Sparbemühungen richten sich ebenso zweifellos hauptsächlich gegen Dich selbst. – Ich weiß nicht, ob meine Ermahnungen Erfolg haben werden. Das ist ja wol nicht mehr Mode. – Jedenfalls will ich daher das tun, was in meiner Macht steht. Ich lasse also zunächst 600 Mark an Deine Bank zahlen, dazu bestimmt, <u>ausschließlich</u> für Deine Ernährung und Bequemlichkeit verwendet zu werden. Sind sie verbraucht, so wird sich mehr finden. (...) Sei gegrüßt D. V.“[247]

Eine tiefe, sehr vertraute Bindung hält Lina in den Kriegsjahren zu ihrem Leipziger Freund Max Brahn aufrecht. *„Liebste Frau Richter, wie gern würde ich jetzt einmal bei Ihnen sein, nicht Wannsees wegen, sondern nur Ihretwegen.“*[248] In den glücklichen Zeiten mit Raoul war Brahn häufiger und gern gesehener Gast im Hause Richter. Lina erinnert sich an lange und inspirierende Gespräche mit dem Freund und Kollegen ihres Mannes. Den Philosophen erfasst ein großes Interesse für Pädagogik, 1900 gibt er die *Pädagogisch-psychologischen Studien* heraus. 1906 wird Brahn in Leipzig Leiter des Instituts für experimentelle Pädagogik und Psychologie. Ein Themenfeld, in dem sich auch Lina bewegt. Auch für die Frauenbewegung kann sie ihn begeistern. 1911 erhält Max Brahn eine Dozentenstelle an der privaten Hochschule für Frauen, dem späteren Sozialpädagogischen Frauenseminar. Brahn ist verheiratet und hat zwei Kinder, einen Sohn und eine Tochter. Der Sohn fällt im September 1916. Lina ist für den Psychologen in den kommenden Monaten der Fels in der Brandung, gute Freundin und Seelsorgerin zugleich. Der Freund drückt seinen Dank in Briefen aus, Liebesbriefe hätten schöner nicht formuliert sein können.

Max Brahn: *„Liebe Frau Richter (...) Wie sollten wir uns eigentlich zusammenschließen, wie weiß ich auch, daß ich schuld bin, wenn* *das nicht geschieht. Wie viel ich Raoul und Ihrer denke, auch in diesen Wochen gedacht habe, ich darf es kaum sagen, ohne aus Ihrem Inneren mindestens die Antwort zu hören, warum ich mich aeußerlich so ganz anders verhalte. Aber die letzten Jahre haben mir arg zugesetzt, mich zerfetzt und ruhelos gemacht. Alles Aeußerliche erledige ich wohl besser und pünktlicher als früher, aber Gefühle zu aeußern, mit mir lieben, mich innerlich berührenden Menschen beisammen zu sein, wird mir schwer. Es ist alles so erregt in mir und ich darf den Ausdruck auf mich anwenden, daß mir das Wasser leicht nahe an den Augen steht (...) Lassen Sie mich bitten, bald zu Ihnen kommen zu dürfen, als ob ich nicht so lange gegen Sie Unrecht gehandelt hätte; ich habe eine ‚Ataraxie der Gefühle' Ihnen gegenüber, daß Sie zu meinem Lebensbesitz gehören, dem gegenüber ich innerlich mich nicht aendere, und wenn Jahrzehnte vergingen. Grüßen Sie mir die Kinder ganz herzlich, seien Sie aus tiefstem Herzen gegrüßt von Ihrem Max Brahn"*[249]

Max Brahn: *„Liebe Frau Richter, Haben Sie innigsten Dank für Ihren Brief, der ganz so war, wie ich von Ihnen erwartete. Wäre ich dem ersten Instinkt gefolgt, so hätte ich mich aufgemacht und wäre sofort zu Ihnen gekommen – aber einige Ueberlegung sagte mir, daß ich mich dazu noch nicht eigne. Ich bin noch zu unruhig, zu wenig soziabel dazu, ich sitze bald, wie heute von früh bis spät in meinem Zimmer, ohne herauszugehen, und lese und arbeite – oder ich reise, wie die letzten 4 Tage herum, eigentlich ganz gleich wo, aber jeden Augenblick mein eigener Herr, nie in Gefahr jemand durch unmotivierte Stille oder Tränen lästig zu werden. Es hätte vielleicht anders sich entwickeln können, aber meine Frau, mit der ich von Krummhübel hierherfuhr, kam hier in so furchtbare Zustände, daß an ein Bleiben im Hause nicht zu denken war. (...) – aber ich komme trotzdem nächstens wenigstens für einige Stunden zu Ihnen. (...) Über manches Andre in Ihrem Brief schreibe ich noch, heut ist es spät in der Nacht, gern träume ich schöner mit Ihnen verbrachter Tage und Abende und bis dann dreifach Ihr Brahn."*[250]

Es ist der letzte erhaltene Brief ihres Freundes. Im Mai 1918 gibt Max Brahn die vierte Auflage von Raoul Richters Vortragsreihe *Ein-*

führung in die Philosophie heraus. Nach dem Ersten Weltkrieg wechselt Max Brahn in die Politik und zieht nach Berlin in dem Jahr, in dem Lina die Hauptstadt verlassen wird. Brahn ist Jude, die Nazis ermorden ihn und seine Frau 1944 in Ausschwitz. Das Grauen wird noch viel greifbarer, wenn man von Menschen erfährt, die der Familie nahestanden und auf schrecklichste Weise in den Gaskammern sterben mussten. Max Brahn hat so wunderbar über meine Urgroßeltern geschrieben, aus seinen Briefen habe ich viel über Raoul und Lina Richter erfahren. Ich danke ihm dafür. Meine Urgroßmutter wird wohl erst nach dem Krieg Nachricht von dem Tod des Freundes erhalten haben. Ihre Trauer und Wut müssen überwältigend gewesen sein. Im Nachlass meiner Urgroßmutter habe ich ein 1922 erschienenes Buch mit dem Titel *Oskar Wilde über Frauen Liebe Ehe* entdeckt. Darin hat Lina hat dieses Zitat angekreuzt: *„Es gibt auf Erden so viel mehr zu tun, als sich zu verlieben.“*[251] Das Buch war ein Vielliebchen-Geschenk. Ein schöner Brauch, leider aus der Mode gekommen. Es ist eine Wette zwischen zwei Freunden, die sich eine Haselnuss oder Mandel mit zwei Kernen teilen. Wer den anderen am nächsten Tag zuerst mit „Guten Morgen Vielliebchen“ begrüßt, bekommt ein kleines Geschenk. Offensichtlich war Lina aufmerksamer als ihr Vielliebchen-Partner, dessen Handschrift in seiner schönen Widmung *„Meinem Freunde zur Freude“* ich leider nicht zuordnen kann.

Otto Reutter
Großmutters Friedensmärchen

In früherer Zeit hat uns Großmütterlein
die ältesten Märchen erzählt.
Doch ich kenn 'ne Großmutter unsere Zeit,
die and're Geschichten erwählt.
Die heutigen Kinder von fünf, sechs Jah'r
Die kennen die Zeit nicht, wo Frieden war,
die kenn'n nur die heutige Zeit
mit Krieg und mit Sorgen und Leid
Drum sagen die Kinder „Ach, mach uns die Freud'
Erzähl' uns Geschichten aus früherer Zeit!"

Großmütterlein hat ne Geschichte erzählt:
Einst war alles da auf der Welt,
da ward nicht gehamstert, man ging in's Geschäft,
man brauchte keine Karten, nur Geld
Da standen die Leut' nicht vor'm Laden
Der Kaufmann stand draußen und sprach: „Komm'n Se rein!"
Dann sprach er: „Ach kaufen Sie bloß,
sonst werd' ich die Sachen nicht los!"
Da sagten die Kinder: „Die Geschichte war fein,
erzähl uns noch eine, lieb's Großmütterlein!"
(Text: Otto Reutter, Komponist unbekannt, aufgenommen 1917)

Lina Richter erfüllt ihre Arbeit mit zunehmend missionarischem Eifer. Als Mutter und Frau fühlt sie eine immer stärker werdende Wut auf die borniertem Männer an der Macht, die Europa in eine Sackgasse geführt haben und keinen Ausweg finden. Deutschland, so sieht es meine Urgroßmutter und so schreibt sie es auch immer unverblümter in ihren Denkschriften, werde geführt von unfähigen Beamten, unbeirrbar in ihrem Fleiß, aber nicht in der Lage, die entscheidenden Merkmale der gesamten Situation zu überschauen. So klug und hingebungsvoll Lina ihre Arbeit versieht, ihr Einfluss bleibt gering. Ein weibliches Gegengewicht gegen die von ihr immer wieder kritisierte verkalkte Beamtenschaft vermag sie in Berlin noch nicht zu setzen. Die gefühlte Ohnmacht lässt sie verzweifeln, und es ist ihr anzusehen.

Benoit Oppenheim: *„Liebe Lina, ich muß meiner Entrüstung über Dein Aussehen etwas Luft machen, weil ich glaube, daß es die Folge nicht der Arbeit, sondern der ungenügenden Ernährung ist, was mich fast zu der Meinung bewegen könnte, daß Du eine uneingestandene Genugtuung darüber empfindest, Opfer für die Allgemeinheit zu bringen. Ich möchte Dich aber ernsthaft bitten, ein anderes Regime einzuführen, ehe es zu spät ist, d. h. Dich arbeitsunfähig macht. Das Geld, welches Du zu ausreichender u. wirksamer Ernährung brauchst, steht Dir zur Verfügung (geschenkt, nicht geliehen). (...) Eine Gans folgt in einigen Tagen unter der Bedingung, daß sie nicht auch wieder von den Anderen allein aufgefressen wird.“*[252]

Für Linas Kinder – die des Großvaters Gans gewiss mit großem Appetit gegessen haben – läuft das Leben dank des liebevollen Hausmädchens Anna zunächst in normalen Bahnen weiter. Gustav und Curt, beide ohnehin keine begeisterten Schüler, kommen allerdings noch missmutiger aus dem Gymnasium nach Hause. Ihre jungen Lehrer kämpfen im Feld, vorn am Pult stehen nun wieder die alten Pädagogen. Entsprechend konservativ verläuft der Unterricht, und immer lebhafter werden die Klagen der Jungen. Ihre drei Geschwister unterrichtet der Hauslehrer. Nesthäkchen Roland gibt sich bereits in Kinderjahren ganz der Erforschung der Tierwelt hin, sammelt Käfer, versorgt verletzte Mäuse und seziert Würmer. Kurt Hahn nennt ihn schon früh ein naturwissenschaftliches Genie. Stolz ist Lina auf Curt, der in einem Winter unter Lebensgefahr geistesgegenwärtig zwei im Eis eingebrochene Kinder aus der Havel zieht. Ihm wird dafür die Rettungsmedaille verliehen. Sie bedeutet nicht nur eine momentane Anerkennung. Die Erinnerungsmedaille für Rettung aus Gefahr wird in Curts Militärpass eingetragen und kann 1933 den Nazibehörden vorgelegt werden, die über das Frontkämpferprivileg und damit die berufliche Zukunft von Curt zu entscheiden haben. Kinderkrankheiten bleiben nicht aus: Keuchhusten, Masern und Scharlach verlangen von der pflegenden Mutter viel Liebe und Geduld. Lina ist in der glücklichen Lage, Hausmädchen, Köchin und Gärtner beschäftigen zu können. Ganz kann sie sich den Muttersorgen und Haushaltsaufgaben aber nicht entziehen – anders als ihre männlichen Kollegen. Wie die Kinder über die politische Karriere ihrer Mutter gedacht haben, lässt sich nur vermuten. Sie werden ihre Nähe vermisst haben. *„Sind die Jungs noch immer eifersüchtig auf Hahn?"*[253] Die Frage einer Freundin der Familie ist nicht ganz unberechtigt, da Lina immer mehr Zeit im Büro verbringt. Dabei setzen Curt und Gustav große Hoffnungen in die Friedensbemühungen von Linas Chef. Die Jungen sind 18 und bald 16 Jahre alt. Ihr Einsatz an der Front wird immer wahrscheinlicher.

Im Laufe des dritten Kriegsjahres erreicht die schlechte Versorgungslage auch das reiche Wannsee. Gespart wird an vielen Enden. Die Richter-Kinder laufen bis zum Herbst barfuß, um die Schuhe für den Winter aufzusparen. Im Garten ihrer Großmutter Cornelie wachsen nun Bohnen und Kohlrabi statt prachtvoller Zierstauden. Den Mangel erleben die Kinder zunächst noch ganz unbeschwert.

Eveline Richter: *„Liebe Mama! Ich habe mir einen Zettel mit 14 Strichen gemacht. Abends ist es dann immer so schön, wenn ich einen ausstreichen kann, denn dann ist immer einer von den 14 Tagen, bis Du wiederkommst, vergangen. (...) Mit Roland zanke ich fast nie. Anna ist immer fabelhafter Laune, das Kochen macht ihr großen Spaß. Sie kocht auch fabelhaft gut. Heute soll es z. B. Mohrrüben mit Eierkuchen geben. Und zum Nachtisch saure Milch. Himmlisch, nicht wahr."*[254]

Bei den Erwachsenen hingegen wachsen die Sorgen um die Gesundheit der Jugend. Bislang konnten Linas Schwager Reinhold und Hans regelmäßig Lebensmittelpakete von der Front schicken, die stets mit großem Jubel in Empfang genommen wurden. Doch auch bei den

Offizieren im Feld werden Nahrungsmittel knapp, wie Linas Schwager Hans Richter seiner Mutter schreibt: „*Mir geht es soweit ganz gut, nur irrst Du, wenn Du aus den Lebensmittelsendungen an die Kinder schliesst, dass wir hier draußen üppig leben. Das Gegenteil ist der Fall. Wir leben hier so bescheiden wie Ihr in Wannsee gewiss nicht lebt. So giebt es 2mal in der Woche Abends überhaupt nichts Mittags stets nur einen Gang mindestens einmal wöchentlich statt Fleisch Klippfisch od. Hering. Butter und Weißbrot sah ich seit Monaten nicht. Das ist ja alles ganz gleichgültig. Man wird, wenn auch knapp satt mehr ist nicht nötig. Wir haben im Frieden ja viel zu viel gegessen.*“[255]

Jetzt aber frieren und hungern die Deutschen im Steckrübenwinter 1916/17.

Ich suche nachzuweisen, dass die Urheber dieses Kampfmittels allen Anlass hätten zu dem Bekenntnis nostra culpa, nostra maxima culpa

---

Otto Reutter
Lasst sie hungern

England dacht' uns auszuhungern,
doch's hat sich verspekuliert.
Unsre U-Boot-Schiffe lungern,
Deutschland hat sich revanchiert
Kommt ein Schiff aus Feindeslanden,
geht die ganze Fracht zuschanden
Wenn die Schiffe untergehn,
sagt der U-Boot-Kapitän:
„Lasst sie hungern, lasst sie hungern,
wie du mir, so tu ich's dir.
Lieber Kapitän nur munter,
knall die ganze Mahlzeit runter
lass sie hungern, lass sie hungern,
sag dem Vetter voll Pläsier:
Jetzt bist du, geliebter Vetter,
auch nicht fetter als wie wir
(Text und Melodie: Otto Reutter, Teich/Danner 318)

Statt Friedensverhandlungen aufzunehmen, beschließt England 1916 die Seeblockade. Zunächst sollen nur Kriegsgüter die deutschen Häfen nicht erreichen, später dürfen auch Handelsschiffe nicht mehr passieren. Lebensmittel und Rohstoffe werden knapp, die Menschen hungern in allen Gesellschaftsschichten. Die Blockade wird auch Hungerblockade genannt. Sie stürzt zigtausende Familien in Elend, Kriminalität und Verzweiflung. Linas Familie gehört zur privilegierten Oberschicht. Auch dort herrscht Mangel, die Zustände in Wannsee aber sind längst nicht so dramatisch wie unter den Arbeitern und ihren Familien in Berlin. Hier tobt der nackte Kampf ums Dasein, um 100 Gramm Brot oder ein Ei. Die Geschäfte sind leer, und auf den Wochenmärkten bauen nur wenige Bauern ihre Stände auf. Es gibt kaum Gemüse, kein Obst, Käse, Quark, geschweige denn Fleisch oder Geflügel. Zum Heizen fehlt es an Kohle, und in den Wohnungen tropft nur kaltes Wasser aus den Hähnen. Kleidung kann nicht gestopft werden, weil keine Wolle aufzutreiben ist. Mütter wickeln ihre Neugeborenen in Zeitungspapier, Windeln gibt es nicht. Trotz der aufreibenden Arbeit im Außenministerium verliert Lina Richter die Familienfürsorge nicht aus den Augen, tauscht sich intensiv mit Jugendpflegern, Lehrern und Schulärzten aus. So erfährt sie aus erster Hand, wie hilflos vor allem Kinder und Jugendliche unter der Blockade leiden müssen. Ihre Erfahrungen fasst Lina nach dem Krieg in einem Buch mit dem Titel *Die Wirkung der Blockade auf das deutsche Familienleben* zusammen.

Lina schreibt in ihrer Einführung: *„Es ist gesagt worden, wenn es den Menschen nicht so sehr an Einbildungskraft fehlte, so hätte der Krieg niemals so lange dauern können. Ich möchte behaupten, wenn eine lebendige Einbildungskraft der Masse des Publikums in allen Einzelheiten das vor Augen stellte, was die englisch-amerikanische Blockade in Europa angerichtet hat, so wäre sie schon während des Krieges unter dem Abscheu der ganzen Welt verfemt und die Staaten, welche sie anwenden, als schlimmste Barbaren verurteilt worden. Vermutlich wird der U-Boot-Krieg gegen Handels- und Passagierschiffe, dessen sensationelle Furchtbarkeit in lebhaften Schilderungen und Bildern den Menschen vor Augen geführt worden ist, für künftige Kriege verboten werden. Die Blockade aber scheint als legitimes Kriegsmittel überleben zu sollen, ja die neu zu gründende Völkerliga will sich ihrer als des hauptsächlichen Zwangsmittels gegen renitente Staaten bedienen, als ob diese unblutige Methode ein Fortschritt gegenüber dem alten Verfahren der Waffengewalt zu nennen wäre. (...) Man wirft Deutschland die sittliche Verwilderung vor, die sich vielfach im öffentlichen Leben heute zeigt. (...) Ich appelliere deshalb vielmehr an das Gerechtigkeitsgefühl und suche nachzuweisen, daß gerade diese moralischen Krankheitserscheinungen in weitem Maße als Wirkungen der Blockade anzusehen sind und daß daher die Urheber* *dieses Kampfmittels allen Anlaß hätten zu dem Bekenntnis nostra culpa, nostra maxima culpa.*"[256]

Es ist eine Binsenweisheit, dass nackte Statistiken über Hungertote und Mangelkrankheiten in Menschen nur schwer Mitleid erregen. Lina verwendet daher wenig offizielles Material, sondern veröffentlicht die Erlebnisse deutscher Familien, um den Lesern *„die Blockade in ihrer ganzen Abscheulichkeit"*[257] vor Augen zu führen:

„Fall R (...) Die Frau hat 12 Kinder; die letzten drei kamen in den Kriegsjahren tadellos gesund zur Welt, und sogar mit einem guten Gewicht; die Frau hat aber aus Mangel an eigener Nahrung trotz allen guten Willens wenig Milch, so daß die Kinder entsetzlich verelendeten. Das jetzt acht Monate alte jüngste Kind ist wie ein zwei Monate altes. Die sonst so gesunde Frau würde bei besserer Nahrung reichlich Milch haben."[258]

„Kriegswitwe mit fünf Kindern im Alter von acht bis zwei Jahren muss zum Broterwerb in die Fabrik gehen. Kinder in Pflege, sämtlich schwer unterernährt, schlechte Hautpflege, äußerster Mangel an Kleidung und Beschuhung. Dauernde Erkältungskrankheiten in der wegen Rohstoffmangel schlecht geheizten und schlecht gelüfteten Wohnung. Tuberkulöse Knochenprozesse bei zwei Kindern geben schlechte Prognose."[259]

„Eine Kriegerfrau mit 10 Kindern im Alter von 14 bis 2 Jahren. Die Wohnung bestand für zwölf Personen aus zwei Zimmern und Küche. Die Frau ist durch die Sorgen um das tägliche Brot und die Kleidung so erschöpft, daß sie für die Monate Juni, Juli in eine Erholungsstätte geschickt wird. Die Kinder werden für diese Zeit im Bürgerhaus untergebracht. Die Mutter kommt leidlich erholt zurück, kann sich aber nicht entschließen, die Kinder aus den geordneten, sauberen Verhältnissen der Anstalt herauszunehmen. In ihrer eigenen Häuslichkeit fehlt es ja doch an allem. Es sind weder Betten, Wäsche, noch Kleidungsstücke vorhanden. Der Mann, ein netter, solider Mann, beinahe 50 Jahre, der während der ganzen Kriegsdauer im Felde gestanden hat, kehrt im November heim. Er fühlt sich aber in den schmutzigen häuslichen Verhältnissen, wie er selbst aussagt, so wenig wohl, daß er sich gleich wieder zum Grenzschutz

meldet. Der Mann ist jetzt im April noch beim Grenzschutz, die Kinder noch immer im Bürgerhaus. Keines will in die traurigen häuslichen Verhältnisse zurück."[260]

Am schlimmsten erleben die Menschen während der Blockade den Hunger. Milch wird zum rationierten Luxusartikel und enthält zu wenig Fett, weil auch für die Kühe kaum Kraftfutter aufzutreiben ist. Säuglinge sterben, nicht nur weil sie zu wenig Milch bekommen, sondern weil diese zu wenig Nährstoffe enthält. Ab dem zweiten Lebensjahr bekommen Kinder täglich eine halben Liter Milch, dazu *"das schwer unbekömmliche Brot, etwas Kartoffeln und Gemüsesaft (...) gröbere Kohlarten, Kohlrüben und Möhren genügen nicht, um ein Kind bis zum schulpflichtigen Alter einigermaßen widerstandsfähig zu machen."*[261] Die Not führt gezwungenermaßen zu steigender Kriminalität, die Lina in ihrem Buch unverhohlen verteidigt: *"Man kann ganz offen aussprechen, daß in den letzten Kriegsjahren jedermann in Deutschland gezwungen ist, mit seinem eigenen Gewissen abzumachen, wie weit er den Staatsvorschriften und wie weit er seinem individuellen Sittenbewusstsein folgen sollte."*[262]

Jugendliche brechen in Bäckereien ein, um Mehl zu erbeuten, Städter wandern aufs Land und stehlen von den Feldern, was sie finden. *"Nur die härteste Not, durch Englands Hungerblockade hervorgerufen, hat das Rechtsbewusstsein der deutschen Jugend verwischt (...), Diebstähle von Brot, Mehl und Kartoffeln wurden begangen. (...) Die Berichte von Einbrüchen in Bäckereien und Mühlen mehren sich. (...) Felddiebstähle mehrten sich in erschreckender Weise. So hörten wir aus Stuttgart, daß in einem Vierteljahr Verurteilungen von 273 Kindern zwischen 12 und 14 Jahren wegen Felddiebstahls erfolgten."*[263]

Lina berührt besonders, dass der Mangel an allen Dingen des Lebens die Familien in ihren Grundwerten erschüttert, sie nennt es „Gemütsverrohung".[264] *"Dann kann man sich vorstellen, wie es einer ordentlichen Arbeiterfrau zumute sein muß, wenn sie weder Töpfe noch Geschirr ordentlich säubern, noch den Fußboden scheuern, noch die zerrissenen Strümpfe ihrer Kinder stopfen, noch Sonntags reine Wäsche für ihre Familie ausgeben kann; wenn sie die wenigen Aussteuerstücke ihres kleinen Haushalts in Fetzen zerreißen sieht, ohne sie ausbessern noch erneuern zu können, wenn sie die Kinder zerlumpt und schmutzig zur Schule schicken muss, wenn die Möglichkeit fortfällt, Sonntags, Feiertags oder zur Konfirmation in leidlich anständiger, sauberer Kleidung anzutreten. Es bleiben nur zwei Möglichkeiten: entweder sie verzehrt sich in ständiger Qual und Sorge und gerät in Verzweiflung oder sie verfällt in Gleichgültigkeit, stumpft sich ab und sucht manchmal gar außerhalb des Hauses Zerstreuung. Eine gesunde, heimatliche Atmosphäre für die Kinder, den Mann und besonders für die heranwachsende Jugend ist in beiden Fällen ganz ausgeschlossen."*[265]

In ihrem Schlusskapitel schreibt sie: *„Das Volk als Ganzes hat an seiner physischen und moralischen Gesundheit mindestens ebenso gelitten wie seine Jugend. Nur ganz einige Menschen sind imstande gewesen, unter der unaufhörlichen Sorge um Essen und Kleidung Seelenstärke übrig zu behalten für geistige Dinge, für Hingabe an das Ganze, ja leider auch für menschliche Sympathien und Hilfsbereitschaft. (...) Von allen schlechten Eigenschaften aber, die unter der Blockade in Deutschland mächtig geworden sind, ist der Neid an erster Stelle zu nennen. Der größte Teil der aufrührerischen Stimmung in den ausgehungerten Ländern Europas ist zweifellos aus diesem Neidgefühl zu erklären. Geschäftige Agitatoren weisen bald auf diese, bald auf jene Klasse wirklich oder angeblich Bessergestellter hin, und die Vorstellung, daß es noch Menschen gibt, die nicht hungern und die noch in anständigen Kleidern gehen, genügt, um Haß und Gier bis zu einem gefährlichen Maße zu erregen. (...) Es ist möglich, daß die Aufhebung der Blockade auch jetzt schon zu spät kommt oder daß die Friedensbedingungen dem kranken Deutschland eine Genesung unmöglich machen; dann werden die Erfinder und Ausgestalter der Blockade den Namen tragen müssen, den man für sie geprägt hat: The Wreckers of Europe."*[266]

England hält die Blockade noch nach Kriegsende aufrecht. Die Zeitung Nation kommentiert am 16.11.1918: *„Die Aufrechterhaltung der Blockade stellt eine unnötige Härte angesichts der Strenge der anderen Bedingungen dar."*[267] In Versailles hält der deutsche Außenminister Graf

Brockdorff-Rantzau eine Rede, die Deutschland gegen den Vorwurf der alleinigen Kriegsschuld verteidigt. Kurt Hahn hat die Rede mitverfasst. *„Eine solche Anerkennung wäre in meinem Munde eine Lüge"*[268], heißt es da. Und nach Schilderung der massenmordenden Blockade: *„Denken Sie daran, wenn Sie von Schuld und Sühne sprechen."*[269]

Lina Richter: *„Das waren die Sätze, die nachher in den Presseberichten in fettem Druck erschienen; die in den Gemütern der besseren Engländer Gewissensunruhe hervorriefen."*[270]

Also kommst Du noch in den politischen Kampf hinein

Otto Reutter
Seh'n sie, das sind lauter Helden, von denen keine Blätter melden

So mancher trägt heut' einen Orden,
den er errang im Kriegsgefecht.
Er ist gelobt, befördert worden –
Als Held gepriesen – und mit Recht. –
Doch ich behaupt', es gibt auch Helden,
die zogen nicht zum Kampf und Sieg –
und, wenn's auch keine Blätter melden,
sie dulden heut noch durch den Krieg.
Zum Beispiel, viele Kinder heut'
Sind vaterlos und dulden Leid –
Seh'n sie, das sind lauter Helden,
von denen keine Blätter melden –
Vater fiel – Mutter schafft –
Und dem Kind geht's mangelhaft
an der Aufsicht fehlt's nicht minder –
Vaterland, schütz' deine Kinder,
die den Vater nie gekannt,
denn Vater starb fürs Vaterland.
(Vortrag: Otto Reutter, Teich/Danner 287)

Nach mehr als zwei verlustreichen Kriegsjahren gibt es auch im Osten nach entscheidenden Niederlagen Russlands – der Zar hatte Polen, Litauen und Kurland verloren – Bemühungen um einen Verständigungsfrieden. Lina Richter und Kurt Hahn zeigen sich wenig erfreut von der Möglichkeit eines Vertrages, der dem Zaren Riga, Livland (eine Region im heutigen Lettland) und Estland lassen würden. In der Englandabteilung propagiert man stattdessen die Auflösung des Vielvölkerstaates Russland. Auf Deutschland käme dann die Rolle des Beschützers der kleineren Anrainerländer zu.

„*Wir werden im Herbst den Waffenstillstand haben*", prophezeit Eduard David in seinem Brief vom Juli 1916. Er soll sich täuschen. Der Krieg geht im Herbst mit aller Grausamkeit weiter.

Im November endet mit der Schlacht von Verdun ein zehnmonatiges Gemetzel, in dem 300.000 Soldaten sterben, 400.000 werden verwundet. Die Euphorie des Sommers 1914 ist Verbitterung und Verzweiflung gewichen. Doch Militär und konservative Presse boykottieren in England wie in Deutschland die Bemühungen um einen Verständigungsfrieden.

Rudolph Oppenheim: „*Wenn Du Zeit findest, Liebste, so schreib doch bald einmal wieder. (...) Neulich las ich übrigens in einer der scharfmachenden Zeitungen (es war die Kölnische Volkszeitung) eine giftige Bemerkung über die Abteilung für feindliche Presse beim Auswärtigen Amt! Also kommst Du noch in den politischen Kampf hinein! Der gemachte Vorwurf war Hinwendung zu England.*"[271]

Die Oberste Heeresleitung lehnt eine Hinwendung zu England ebenfalls ab, setzt auf einen Siegfrieden und drängt den Kaiser, den totalen U-Boot-Krieg freizugeben. Ein Verstoß gegen das Völkerrecht, ebenso wie die Seeblockade. Die Stimmung im politischen Berlin bewegt sich zwischen Hoffnung und ängstlicher Beklemmung, doch die Entscheidung für eine Verschärfung des U-Boot-Krieges ist nicht mehr abzuwenden. England soll, um die Lebensmitteleinfuhr sicherzustellen, noch vor der neuen Ernte besiegt sein. Vergeblich hatte sich die Zentralstelle bis zuletzt bemüht, den U-Boot-Krieg zu verhindern oder wenigstens zu verschieben, um neuen Friedensinitiativen eine Chance zu geben.

Eduard David: „*Sonntag, 8. Oktober. Abends Wannsee. Frau Professor Richter und Curt Hahn. Material betreffend England.*"[272]

Das Material bereitet der SPD-Politiker zu einer Rede auf, die er drei Tage später im Reichstag hält: Gehe es um die Existenz oder die Freiheit, so sei kein Opfer zu groß. Aber Kriegshetzer oder Leute, die Vorteil aus dem Krieg zögen, sollten nicht die Wege verstellen, auf denen Einsicht in Friedensmöglichkeiten zu den Völkern dringen könnte. Wieder habe die Arbeiterschaft das Verdienst, diesen Weg aufgezeigt zu haben. Die SPD sei überzeugt, dass die Regierung im Osten die begonnene Befreiung *„gequälter, zum Teil verbrüderter Stämme, die von Deutschland ihre Rettung erhoffen"*[273], fortsetzen werde, dass sie aber in anderen Punkten maßvoller denke als in England befürchtet.

Eduard David: *„Meine Rede war halb improvisiert; nach Form und Vortrag schlecht mit einigen Ausglitschern; musste sie dem müden Haus aufzwingen. Aber Hahn und Frau Richter sind sehr zufrieden; wollen sie in England wörtlich verbreiten und versprechen sich viel davon; Gegengewicht gegen die anderen Reden. Ein kompliziertes Spiel."*[274]

Ein Spiel, das die Friedenspartei trotz immer dringlicherer Appelle am Ende verlieren wird, auch weil in England die Regierung stürzt. Innenpolitisch durch Aufstände in Irland und außenpolitisch durch militärische Niederlagen geschwächt, tritt nach Querelen um die Kriegsführung der liberale Premierminister Herbert Henry Asquith zurück. Ihm folgt, mit Unterstützung der Konservativen, sein ehemaliger Kriegsminister David Lloyd George im Amt. Ein herber Rückschlag für die Anhänger des Verständigungsfriedens. Denn – so muss Lina am bereits am 26.12.1915 im Observer lesen: *„Mr. Lloyd George ist dafür, den Krieg kräftiger anzupacken für schleunigste und umfassende Unterstützung unserer Soldaten an der Front."*[275]

Am 12. Dezember tritt Kanzler Bethmann-Hollweg vor den Reichstag und nimmt zum ersten Mal das Wort Friedensverhandlungen in den Mund. Seine Note an die neue Regierung in England ist jedoch so gefasst, dass sie der Entente wie ein Diktat erscheinen muss. Zu Belgien findet sich auf Betreiben der Zentrumspartei kein Wort. Die Vossische Zeitung druckt die Rede des Kanzlers vor den Delegierten ab: *„Getragen von dem Bewusstsein ihrer militärischen und Wirtschaftskraft und bereit, den ihnen aufgezwungenen Kampf nötigenfalls bis zum Äußersten fortzusetzen (lebhafte Zustimmung), schlagen die Vierverbündeten vor, alsbald in Friedensverhandlungen einzutreten, um dem Kampfe ein Ende zu*

machen (Stürmischer Beifall) (...) Im August 1914 rollten unsere Gegner
die Machtfrage des Weltkrieges auf. Jetzt stellen wir die Menschheitsfrage
des Friedens (Lebhaftes Bravo) Wie die Antwort lauten wird, warten wir
mit der Ruhe ab, die uns unsere innere und äußere Kraft und unser reines
Gewissen verleihen (Stürmische Bravorufe) (...) Gott wird uns richten.
Wir wollen furchtlos und aufrecht unsere Straße ziehen, zum Kampf ent-
schlossen, zum Frieden bereit. (Stürmischer Beifall und Händeklatschen
im Haus und auf den Tribünen)."276

In Deutschland schöpfen Politik und Gesellschaft Hoffnung. Auf
den Straßen rund um den Reichstag versammeln sich die Menschen,
als Bethmann-Hollweg im Plenum seine Rede hält.

Cornelie Richter drückt dem Kanzler in einem persönlichen Brief
ihre Anerkennung aus. Linas Vater äußert sich zurückhaltend.

Benoit Oppenheim: *„Liebe Lina, (...) ich wünsche, daß Dein Frie-*
densoptimismus sich bewahrheite. Mir scheint gegenwärtig die Hauptsache
Rumänien zu sein, militärisch, politisch u vor Allem wegen der Ernäh-
rungsfragen. Wenn wir Rumänien haben – wozu jetzt ja einige Aussicht
ist – glaube ich mehr an eine Verständigung mit Russland als an eine
solche mit England. Hat die Erklärung Bethmanns betreffs Rumänien
in England nicht den Eindruck der Schwäche u. Friedensbedürfnisses
unsererseits hervorgerufen? Wie urteilen die Engl. Blätter darüber? (...)
Hoffentlich meldest Du Dich bald wieder bei mir an. DV"277

Die englischen Blätter, die Lina in den nächsten Tagen lesen wird,
urteilen vernichtend über die Bethmann-Note. So schreibt die Daily
Mail: *„Bethmann-Hollweg hat nicht mehr Anspruch auf eine Antwort,*
als wenn er ein bewaffneter Einbrecher in einem Privathaus wäre. Die
Alliierten wissen, daß kein Friede möglich ist mit einer Nation von Tigern
und Mördern und mit Staatsmännern, die alle Verträge als Fetzen Papier
betrachten."278 Kurt Hahn bemüht sich noch einmal über Eduard David, den Kanzler zu drängen, eine Erklärung über Belgien abzugeben.
Vergeblich. Am 21. Dezember sendet US-Präsident Wilson seine erste
Friedensnote, fordert darin alle Länder auf, ihre Kriegsziele zu nennen.

Deutschland lehnt ab. Am 30. Dezember antwortet die Entente offiziell auf die Bethmann-Rede, sein Vorschlag sei wertlos, eher Kriegsmanöver als Friedensschritt. Deutschlands Feinde geben eine Woche später ihre Kriegsziele bekannt: Räumung aller besetzten Gebiete, Rückgabe Elsass-Lothringens, Aufteilung Österreich-Ungarns und Rückzug der Türken aus Europa.

Die Oberste Heeresleitung setzt daraufhin auf den U-Boot-Krieg als letzte scharfe Waffe, und die Politik knickt ein. In einer Ausarbeitung über den Militarismus in Deutschland spricht Lina Richter von einer *„merkwürdigen Verantwortungsscheu"*[279] der Regierung gegenüber Ludendorff und Hindenburg. Bruder Rudolph nimmt in einem Brief zum ersten Mal das Wort Militärdiktatur in den Mund.

Lina Richter: *„Das lief immer darauf hinaus: Ich halte die Anwendung dieser Waffe für verderblich, aber wenn man sie nicht anwendet, wird das deutsche Volk seine Verderblichkeit nicht einsehen. Genauso, als wenn ein Arzt sagt: Diese Operation ist notwendig, sonst stirbt der Patient, aber ich kann den Beweis nicht liefern, dass er ohne diese Operation gestorben wäre, wenn ich sie nicht mache. Ich halte sie für nutzlos und gefährlich, aber wenn ich sie nicht mache und der Patient stirbt, wird man mir vorwerfen, ich hätte das letzte Mittel nicht versucht."*[280]

Das letzte Mittel kommt zur Anwendung. Deutsche U-Boote torpedieren nun ohne Vorwarnung britische Passagier- und Handelsschiffe. Als Konsequenz erklärt US-Präsident Wilson Deutschland im Mai offiziell den Krieg. Das erste umwälzende Ereignis des Jahres 1917. Der Entente stehen nun gewaltige neue Ressourcen an Menschen und Material zur Verfügung. Entsetzt über die Entscheidung für den schrankenlosen U-Boot-Krieg verlässt Paul Rohrbach das Auswärtige Amt. Lina Richter und Kurt Hahn bleiben, wechseln aber in die Militärische Stelle des Ministeriums (M. A. A.). Die Stelle leitet der Vertreter der Obersten Heeresleitung im Auswärtigen Amt, Oberstleutnant Hans von Haeften. Das M. A. A. berichtet direkt an die Oberste Heeresleitung. Hahn und Lina stehen damit im Zentrum der Macht, auch wenn sie dort aufgrund ihrer *„der dem Amt so entgegengesetzten"*[281] politischen Einstellung nicht gern gesehen sind. Aber bildhaft ausgedrückt, wollen beide sich der harten und undankbaren Aufgabe, gegen den Strom zu schwimmen, nicht entziehen, sie versuchen, ihn zu stauen. Lina Richter verfolgt *„so hübsch fanatisch in ihren Ansichten"*[282] auch an ihrer neuen Arbeitsstelle das Ziel des Verständigungsfriedens. Es beglückt sie, als Frau in einer so herausragenden Stellung arbeiten zu dürfen. Ihre Bemühungen bleiben in England nicht unbemerkt: *„Es ist heute bekannt, wenn auch noch zu wenig, daß in der Tat energische Versuche in Deutschland gemacht wurden, eine solche Erklärung* (über Belgien) *herbeizuführen, aber der Erfolg blieb ihnen versagt."*[283] In von Haeften finden Kurt Hahn und Lina Richter einen Chef, der sich ihren Ideen nicht ganz verschließt, ihnen volle Selbstständigkeit und Freiheit zusichert, auch wenn er nach außen loyal zu Ludendorff stehen muss. Neben dem Kriegseintritt Amerikas beherrscht ein zweites Ereignis das Jahr 1917: In Russland bricht die Revolution aus, der Zar muss im März zurücktreten. Im Osten ist die Monarchie damit bereits Geschichte. Die OHL hofft, die anhaltenden innenpolitischen Unruhen in Russland für einen Sonderfrieden nutzen zu können.

Lina Richter: *„Die russisch-bolschewistische Friedenskundgebung hatte im Klatschnest Wannsee bereits vor Erscheinen der Zeitungen das Gerücht entstehen lassen, Russland biete Frieden an. Ich habe leider gar kein Zutrauen; so schroff würde die Entente, würden russische Gesandtschaften kaum sich gegen die Lenin'sche Regierung zu stellen wagen, wenn sie sie für haltbar ansähen."*[284]

Im November schließlich bietet die neue russische Führung der deutschen Regierung Friedensgespräche an, die nach vielen Verhandlungsrunden und weiteren Kämpfen am 3.3.1918 im Frieden von Bresk-Litowsk enden. Aus England erschallen im November 1917 ebenfalls Friedenssignale. Die Pressestelle legt einen Artikel aus dem Daily Telegraph vor, in dem sich der konservative Politiker Lord Lansdowne zu einem Verständnisfrieden bekennt, *„die größte politische Sensation seit Kriegsbeginn"*.[285] Lansdowne bekleidete im Kabinett Asquith einen Ministerposten, trat aber im Dezember 1916 nach Meinungsverschiedenheiten mit Lloyd George zurück. Das Büro Hahn/Richter gerät in den Focus. Wie bewertet die englische Presse den Brief Lansdownes, und welche Konsequenzen sind daraus zu ziehen? Der Riss in der englischen Heimatfront scheint unübersehbar. *„Wir haben größtes Interesse daran, dass der Riss sich nicht wieder schließt. Lord Lansdownes Brief war nur ein Anfang."*[286] Beharrlich trägt Lina Richter alle Quellen zusammen. Die Artikel, Kommentare und Reden jener Tage im November und Dezember, als der Frieden wieder einmal zum Greifen nah scheint, füllen viele Seiten in Prinz Max von Badens Buch *Erinnerungen und Dokumente* an dessen Entstehung Lina bedeutenden Anteil haben wird. Lansdowne formuliert: *„Wir werden diesen Krieg nicht verlieren, aber seine Verlängerung bedeutet den Ruin der zivilisierten Welt und eine unendliche Vermehrung der Bürde menschlichen Leidens, die jetzt schon auf ihr lastet. (...) Es ist meine Überzeugung: wenn der Krieg noch rechtzeitig, um eine weltumspannende Katastrophe zu verhüten, zum Abschluß gebracht werden sollte, so wird dies darum geschehen können, weil auf beiden Seiten die Völker der betroffenen Länder sich klarmachen, daß er bereits allzulang gedauert hat."*[287] In der Arbeiterschaft stößt der Brief auf breite Zustimmung, nicht jedoch bei der englischen Regierung. Gegen Lloyd George und die konservativen Kräfte der Gesellschaft sind die Anhänger des Verständigungsfriedens machtlos. Die Nation kommentiert am 12.1.1918: *„Die Liberalen, die Demokraten, die verständigen Konservativen in Deutschland, kurz alle Elemente in den feindlichen Ländern, mit denen eine Annährung zu finden die Hauptchance für eine erträgliche Zukunft der Welt bietet, hatten begonnen, an einem England zu verzweifeln, in dem Mr. Lloyd George Premierminister bleiben würde."*[288] Vier Tage vor dem Erscheinen des Nation-Artikels hatte Präsident Wilson dem US-Kongress in 14 Punkten seine Vorstellung für eine Friedensordnung dargelegt, fußend auf dem Selbstbestimmungsrecht der Völker, einem freien Handel und einer freien Seeschifffahrt sowie auf Abrüstung. In Deutschland fallen die Reaktionen zurückhaltend aus, vor allem auf die Forderungen nach Gebietsabtretungen. Den Frieden mit Russland in Aussicht, hofft das Militär, doch noch einen Siegfrieden im Westen erkämpfen zu können.

Otto Reutter
Mein Erster im Osten – mein Zweiter im West – mein Dritter auf wogender See

Es schickte eine Mutter drei Söhne ins Feld,
ihr Stolz, ihre Stütze, ihr Glück.
Sie hat nicht gehadert mit Gott und der Welt,
sie sprach mit ergebenem Blick
„Der Krieg kam ins Land und da mussten sie fort,
ein jeder muss kämpfen an anderem Ort
Mein Erster im Osten, mein Zweiter im West,
mein Dritter auf wogender See"
Sie hat nicht geklagt, sie blieb tapfer und fest,
Sprach froh zu den dreien ade!

Die Kämpfe begannen, es schossen hinein
Die Truppen ins feindliche Heer.
Gesiegt ward im Osten, gesiegt ward am Rhein,
gekämpft auf dem brausenden Meer.
Die Mutter hört freudig das Siegesgeschrei
Und denkt:„Meine drei, die sind auch mit dabei.
Mein Erster im Ostern, mein Zweiter im West,
mein Dritter auf wogender See!"
Die schlagen den Feind und sie schlagen ihn fest.
Bald kehrt zurück, die Armee

Sie kehrten nicht wieder, die mutigen drei,
sie fielen im blutigen Streit
Die Mutter vernahm's auf den Lippen ein Schrei –
Ein Ringen mit Kummer und Leid
Dann hat ein Gebet sie zum Himmel gesandt:
„Sie ließen ihr Leben für Kaiser und Land.

Mein Erster im Osten, mein Zweiter im West,
mein Dritter auf wogender See!"
Sie hat nicht geweint – sie blieb tapfer und fest,
trug still ihr unendliches Weh!
(Otto Reutter. k. A.)

Lina Richter: „*Meine Jungen – Gustav ist kürzlich 16 geworden,*
Büdich noch nicht 15 Jahre – lasse ich keinesfalls ausrücken – dazu sind
sie auch noch zu weit vom Abitur."[289]

Lina schreibt diesen Satz im Herbst 1915 in einem Brief an Ida Dehmel. Doch der Krieg dauert an, und das Schicksal verschont die Mutter
nicht. Knapp drei Jahre später muss sie ihre Söhne, ausgestattet mit dem
Notabitur, schweren Herzens an die Front ziehen lassen. Gustav sieht
dem Kriegsdienst mit Gräuel entgegen.

Harry Graf Kessler: „*Gegessen bei Paul Schwabachs. Schöner blu-*
mengeschmückter Tisch, silberne Teller, größter Luxus, wenn auch kein
Champagner. Neben Frau Richter gesessen. Sie klagte über ‚Mangel
an Patriotismus' bei ihren Enkeln. Der älteste Gustav, der 19 ist, hat
sich ganz gern zurückstellen lassen. Man hat den Eindruck, dass diese
Zwanzigjährigen vielfach den Krieg als eine Angelegenheit der älteren
Generation betrachten, während die eigene Sache erst mit der auf den
Krieg folgenden Revolutionierung der Welt anfängt. (...) Es wird später
drei Generationen geben: die, die den Krieg gemacht oder nicht verhin-
dert haben, die, die aus dem Schützengraben zurückkommen, und die,
die zu jung waren, um hinauszugehen und die sowohl die Alten wie die
Schützengrabenleute wie eine Art von veralteten Narren betrachten und
behandeln werden."[290]

Gustav ist ein sehr sensibler junger Mann, seine Mutter weiß das. Sie
kann ihrem Ältesten den Kriegsdienst nicht ersparen, aber sie kann den
Kaiser persönlich bitten, ihren Sohn als Fahnenjunker in das kaiserliche
Artillerie-Regiment aufzunehmen. Die längere Ausbildungszeit würde
den Einsatz im Kampf verzögern. Lina hat aufgrund ihrer Stellung die

berechtigte Hoffnung, dass der Brief gelesen und ihr Wunsch berücksichtigt wird.

Lina Richter: „*Allerdurchlauchtigster, großmächtigster Kaiser und König, allergnädigster Kaiser, König und Herr! Euer Kaiserlichen und Königlichen Majestät trage ich alleruntertänigst die Bitte vor, meinen Sohn Gustav den Eintritt in Euer Majestät Artillerie-Regiment hochgeneigtest genehmigen zu wollen. Der Kommandeur des Regiments hat sich auf einliegendem Schreiben bereit erklärt, meinen Sohn, vorbehaltlich Eurer Majestät hochgeneigtesten Genehmigung als Fahnenjunker einstellen zu wollen. Eurer Majestät alleruntertänigste Frau Lina Richter*"[291]

So wird Gustav zum Unteroffizier ausgebildet und begleitet im November 1918 den Rückzug seines Feld-Artillerie-Regiments aus dem französischen Ort Vouziers.

Lina Richter: „*Wohl zog sich mir das Herz zusammen, als ich las: auch mir soll der Krieg die Gewißheit bestärken, daß der Tod nur eine körperliche Angelegenheit ist, eine Entwöhnung vom sinnlichen Verkehr; denn seit 14 Tagen ist mein Aeltester an der Front und ich weiß, daß in verstärktem Wahrscheinlichkeitsgrad ich jede Stunde aufgefordert werden kann, die Prüfung zu bestehen. Und ich bin noch untrainiert in dieser Abart der Muttersorge, weil es erst so kurze Zeit ist, daß er wirklich draußen ist. Dazu steht für den zweiten die gleiche Sorge in drei Monaten bevor, dann kommt er auf's Schiff – (...) Schon jetzt, wo ich etwa drei Monate von Gustav getrennt bin, ist mir, als sei er in Vielem ein Anderer. Er ist nicht glücklich, weil ihm der Krieg etwas Abstoßendes ist, das Militärische gar keine Freude macht. (...) Während der Abwesenheit der Jungen erlebe ich freilich das, was Sie sagen: die lebendige Gegenwart des Abwesenden, mit einer Intensität, wie nicht einmal bei meinem Mann.*"[292]

Gustavs jüngerer Bruder Curt, der schon als kleiner Junge zur See fahren wollte, freut sich hingegen auf seine Ausbildung bei der Marine, zumal die ungeliebte Schule für ihn nun schon mit 16 Jahren endet. Die Ausbildung zum Seekadetten auf der *SMS Schlesien* erlebt er eher als spannende Abwechslung, seiner Mutter schickt er Briefe wie aus einem Ferienlager.

Curt Richter: „*Lieber Pelikan!*
Endlich finde ich Zeit, zwischen Mittag und Nachmittagsturnen zu einem kurzen Stimmungsbericht. Der Dienst ist unregelmäßig und anstrengend. Nach einer peinlichen Nacht im Schlafschlauch, um ½ 6 Aufstehen, Waschen, frühstücken, dann von 7–8 Hauptuntersuchung, von 8–10 mehrere ziemlich leichte Arbeiten, dann Ohren und Augenuntersuchung. Bei mir stimmt alles. Dann Mittag und jetzt von 2–1/2 6 Turnen. Weiteres unbekannt. Essen ist sehr gut, Hängematten unmöglich. Man ist verbogen und schlapp, dazu keine Gelegenheit, sich in der Mittagspause hinzulegen, da Hängematten gezurrt im Schrank liegen. Sehr komischer Obermaat. Während der Nachtruhe, in der man sich aufs Rad geflochten vorkommt, dauernd Dienstoffiziere und Matrosen, die andere Befestigung der Hängematten verlangen. Sonst ist alles gut. Einer wurde schon halb ohnmächtig und hat daher wenig Aussicht auf Einstellung. Bis auf Weiteres Gruß an die Kleinen etc., denn es wird eben angetreten.
Dein Büdich“[293]

Curt Richter: „*Lieber Pelikan, Endlich wieder Gelegenheit zum Schreiben. Am 19ten ist Besichtigung. Alles arbeitet fieberhaft und der Dienst wird immer strammer. Leider habe ich mir den rechten Fuß wundgelaufen. Ich habe daher weniger Freude am Schliff, aber es wird schon besser werden. Morgen geht's auf den Schießstand, zum ersten Mal. Ich habe sogar ein Ereignis hier erlebt. Einladung vom Kapitän zum Spazierengehen mit Rückfahrt auf seiner Motorjacht mit Bohnenkaffee und Kuchen.*
Ein wahnsinnig netter Mensch, ganz erstaunlich, ich habe sowas noch nicht erlebt. (...) Wir haben uns blendend unterhalten. Heute passierte beim Turnen ein wüster Sturz eines meiner Kameraden. Er liegt noch krank. (...)
In den Gasthäusern hier gibt es fabelhaft zu essen. Wir ,standen' jeden Sonnabend und Sonntag, der einzige Luxus, den wir uns leisten. Zum Photographieren lassen reicht's bei mir nicht, 11,50 M kostet das. Mein

Honig wird hoffentlich bis ‚Schlesien' reichen. Dann ist aber auch Schluß.
Omama hat mir schöne Fresspakete geschickt. Reizend, nicht wahr?
Schicke doch auch mal was zu essen. Man hat hier immer Hunger. Ich
muß mit dieser Mahnung schließen, denn meine Augen fallen mir zu, es
wird doch nur Unsinn.
    Besten Gruß
    Dein Büdich"[294]

„Und ich weiß, daß in verstärktem Wahrscheinlichkeitsgrad ich jede Stunde aufgefordert werden kann, die Prüfung zu bestehen."[295] Die Prüfung ereilt Lina am 6. November 1918. Sie ist in Berlin, Kanzler Max von Baden hat sich kaum von einem schweren Nervenzusammenbruch erholt, der Kaiser weilt bereits in Spa. Die Situation in der Hauptstadt ist völlig unübersichtlich und fordert von dem engsten Kreis um Max von Baden, zu dem auch Lina gehört, die volle Einsatzbereitschaft. An diesem hektischen Tag kurz vor Kriegsende muss sie in den Zeitungen lesen, die *SMS Schlesien* sei torpediert und angeblich mit Mann und Maus untergegangen. Lina durchlebt die Qual tausender Mütter und Ehefrauen, wenn die Nachrichten über das Sterben auf den Schlachtfeldern zu ihnen durchdringen. Stimmt die Meldung? Gibt es vielleicht doch Überlebende? Was hat meine Urgroßmutter diese Stunden voller Angst durchlebt? Sie weiß, dass der Krieg verloren ist, was für einen sinnlosen Tod wäre ihr Sohn gestorben. Wer hat sie in den Arm genommen und getröstet?

Das Schicksal ist gnädig. Am Mittag erreicht ein Telegramm die Familie. Curt ist wohlauf, die *SMS Schlesien* liegt sicher in Swinemünde, geflüchtet vor der eigenen Marine, dem Aufstand der Matrosen. Der nahm seinen Ursprung am 24. Oktober in Wilhelmshaven, als die Flotte den Befehl zum Auslaufen gegen England verweigert. Der Aufstand breitet sich auf andere Küstenstädte aus. Als am 4. November in Kiel bei einer Demonstration zur Freilassung der festgenommenen Wilhelmshavener Matrosen sieben Menschen erschossen werden, ziehen alle Marineschiffe die Kriegsflagge ein und hissen als Zeichen des Protestes rote Flaggen. 40.000 Matrosen beteiligen sich an der Meuterei.

„Wir haben jedenfalls eine tolle Kriegsfahrt gemacht": Curt Richter, um 1925

Nur die *SMS Schlesien* widersetzt sich dem Aufstand. Über die Tage in Kiel schreibt Curt seiner Mutter später einen lebhaften Bericht. Curt Richters Ausführungen sind in die Geschichtsarchive eingegangen. Seine Schilderungen habe ich mit atemloser Spannung gelesen. Es gibt, so glaube ich, kaum einen vergleichbaren Augenzeugenbericht von den Ereignissen aus Kiel. Es ist die Stadt, in der mein Großvater nach dem Zweiten Weltkrieg seine Heimat finden und in der meine Urgroßmutter ihre letzten Tage verbringen wird.

Curt Richter: *„Also es geht los: Am 4. nachmittags kamen wir von einem anstrengenden Bootsdienst an Bord. Neben uns lagen die Schiffe der ‚König'-Klasse, unser modernstes Geschwader. Plötzlich entstand an Deck des ‚Kronprinz' ein Auflauf der Mannschaft und Geschrei, das wir uns nicht erklären konnten. Ebenso auf den anderen Schiffen. Bald ging das Gerücht einer Gehorsamsverweigerung auf diesen Schiffen um und der Landurlaub – es war Sonnabend – wurde gestoppt. Diejenigen Seekadetten, die trotzdem auf Urlaub gekommen waren, erzählten am Abend, in Kiel sei Revolte und sie seien selbst bei Schiessereien dabei gewesen. Ein U.S. Abgeordneter hatte eine Rede gehalten und der anschliessende Umzug befreite die Marinegefangenen, die schon früher gemeutert hatten, oder versuchte es. Diese Tatsachen kennst Du. Nun zu uns. Es ist möglich, daß die ‚Schlesien' in der Flotte einige Berühmtheit erlangt hat. Der nächste Morgen fand mich mit Kameraden ungefähr um 8 Uhr an Oberdeck. Es wehte eine frische Brise. Plötzlich sagte mein Nebenmann, daß der uns gegenüberliegende Woermann-Dampfer ‚Digomar' statt der Kriegsflagge eine rote gesetzt habe. Ich stellte das auch fest, glaubte aber, es sei ein Tauchsignal oder irgend etwas. Plötzlich ruft's hinter mir: ‚Kaiserin Augusta', ‚Roon', ‚Braunschweig', ‚Thetis', alle Schiffe hissen die rote Flagge. Mit Indianergebrüll der Mannschaft ging auf all den mächtigen Schiffen die rote Fahne hoch, lustig im Winde knatternd. In 2 Minuten war die ganze Kieler Förde rot von erbitterten Schiffen, sogar auf Kasernen und einem Fort wehte es rot. Auf ‚Schlesien' war noch keine Fahne oben. Unser Kommandant befürchtete mit Recht, daß wir zum Anschluss an die Bewegung gezwungen werden würden. Inzwischen hatte ‚Schlesien' als einziges Schiff inmitten all der roten die Kriegsflagge gesetzt. Es bestand Gefahr* der Beschießung und wir schmissen deshalb los und fuhren in Richtung See unter dem wütenden Gebrüll aller Schiffe. Hinter uns jagte ein kleiner Dampfer mit schreiend roter Flagge. Ich war in der Dampfpinass, die wegen der dringenden Eile nicht ‚eingesetzt‘ werden konnte und wir jagten so hinter ‚Schlesien‘ her auf die Minensperre zu. Unser stolzes Schiff als einziges mit Kriegsflagge aus dem Kieler Hafen fliehen zu sehen, hatte etwas Ueberwältigendes. Wir kamen grade noch durch die Sperre und bald darauf wurde die Pinass im Fahren ‚eingesetzt‘. Unsere Mannschaft, hieß es, sei durchweg kaisertreu. Es sollte nach Flensburg gehen, hieß es, weil man es dort für ruhig hielt. Während der Fahrt tauchte das Gerücht auf, unsere Leute wollten meutern und mit der roten Flagge nach Kiel zurück. Sie stürmten tatsächlich den Heizraum mit dem Feuerlösch-Apparat, um die Feuer auszumachen oder umzukehren. Die Heizer verteidigten den Eingang. Plötzlich erschien der Kommandant und verhandelte mit den Mannschaften bis zu dem Resultat, daß wir nach Flensburg fahren wollten und dort die Funkbefehle der ‚Roten‘ erwarten. In F. war alles ruhig, jedenfalls schien es so. Wir Seekadetten brannten darauf, für die Regierung eingesetzt zu werden, aber vorläufig hieß es ‚weiter Dienst‘. Daß es bald anders werden sollte, ahnte niemand. Wir beurlaubten, obgleich in Flensburg eine Versammlung zweifelhaften Characters stattfand. Abends um 10 Uhr lag alles in den Hängematten, da ertönte der schrille Pfiff der Bootsmannpfeife. Rise, rise, aufstehen. Ueberall zurrt Hängematten. Alle Mann achtern antreten. Nanu! Was sollte das, bald stand alles bereit und schaute zum Ersten Offizier, der sprechen wollte: ‚Leute, Nachricht aus Kiel!‘ Die ‚Roten‘ sind so erbittert über unsere Flucht, dass man beschlossen hat, uns zu torpedieren und zwar in dieser Nacht. Der Kommandant will die Verantwortung nicht übernehmen. Darum, wer will, kann an Land gebracht werden, wir Offiziere bleiben da.‘ Panikartig stürzten ca. 300 Mann der Stammbesatzung zum Packen, und nachts wurden sie bei Scheinwerferlicht ausgesetzt. Es war unheimlich und dazu die Erwartung der feindlichen Torpedoboote. Vorher war ein Telegramm eingelaufen, daß alle roten Schiffe als feindlich zu behandeln seien, die ‚Schlesien‘ sei Kriegsschiff und im Flottenverband. Um 11 ½ Uhr war alles ausgeschifft und die Munition für unserer 8,8 Kanonen, die einzigen, die wir noch hatten, wurde klargemacht. Von den Seekadetten ging keiner von Bord. Jetzt sollten wir zu 200 Mann das Schiff retten, unausgebildete Mannschaften. Es bestand die Absicht, sich ins neutrale Ausland durchzuschlagen und sich dort internieren zu lassen. Wir mussten eilen und eine Pinass und ein Kutter blieben zurück. Darauf gründete sich das Torpedierungsgerücht zusammen mit der wirklichen Absicht des A.- und S.-Rates. Ein Teil von uns kam in den Heizraum, eine Hölle, kann ich Dir sagen. In jener Nacht des Durchbruchs aus Flensburg stand ich am 8,8 Geschütz, klar zum Feuern. Wir mussten bestimmt hinter jeder Ecke der dunklen Förde ein feindliches T-Boot vermuten und vor der Förde sollte die ‚Bayern' liegen (unser modernstes). Streng abgeblendet fuhren wir und fluchten auf die Funken, die aus dem Schornstein kamen. Es gelang, und als wir aus der Förde herauskamen, brachten die Offiziere 3 Hurras aus. Sie hatten so ziemlich mit Vernichtung gerechnet. Ich hörte noch wie unser Kapitänleutnant einen der Ausreißer bat, seine Frau aufzusuchen und ihr seine letzten Grüße zu bringen. Am nächsten Morgen hatten die Seekadetten das Schiff bis zu den dänischen Hoheitsgewässern gebracht, auf die Reede vor Marstal. Wir funkten dort einen Tag mit allen Regierungen der Welt, und der Erfolg war, dass wir das Schiff bis Swinemünde heizen mussten und zwo Minensperren passieren. In 24 Stunden waren wir dort. Ich war in der Maschine. Unter anderen Umständen sah ich Heringsdorf wieder. Jetzt sind wir Heizer und ruinieren uns so ziemlich. Der Dienst ist anstrengend. Jeder hofft auf Erlösung. Ob es wird?

Ich muss schließen. Schreibt um Gottes Willen, was bei Euch los ist, ob es Euch noch gutgeht. Wir haben jedenfalls eine tolle Kriegsfahrt gemacht und sind zum E. K. eingegeben.

Besten Gruß."[296]

Gustav und Curt überleben den Krieg unverletzt. Auch Linas Schwager Reinhold und Hans kehren gesund zurück. Ein großes und seltenes Glück für die Familie Richter. Heinz Lux, der einzige Sohn von Linas Freundin Ida Dehmel, überlebt seinen Einsatz nicht. Er fällt im Januar 1917, kurz nach seinem 21. Geburtstag.

Otto Reutter
Der neue Reichstag

Die Reichstagswahlen sind vorbei
Zu Ende ist die Streiterei.
Das war ein Streiten kolossal,
denn wer die Wahl hat, hat die Qual.
Geschlagen ist die große Schlacht,
der Reichstag wurde aufgemacht,
und die Parteien, groß und klein,
die zogen in den Reichstag ein.
Voran der Präsidente,
der führt das Regimente.
Der ward im Parlamente zum zweitenmal gewählt.
...
Nun treten andere in den Saal,
die sind „entschieden liberal",
es fehl'n ein paar, es ist egal,
die warten bis zum nächsten Mal.
Doch hinterher, welch Menschenhauf,
der hört, der hört gar nicht wieder auf –
statt blau und schwarz wie sonderbar –
die rote Sozialistenschar.
Die füll'n den Saal alleene,
erst war'n sie ganz kleene –
jetzt sind es hundertzehne,
das reinste rote Meer
(Vortrag von Otto Reutter, Teich/Danner, Nr. 245)

Seit der Hungerwahl 1912 stellen die Sozialdemokraten mit 110 Abgeordneten die stärkste Fraktion im Reichstag, gefolgt vom Zentrum. Ganz oben auf den Parteiprogrammen von SPD, Zentrum und Liberalen stehen eine Wahlrechtsreform und die Stärkung des Parlaments. Noch ist die Regierung nur dem Kaiser verantwortlich nicht aber dem Reichstag. Der Oberbefehl über die Streitkräfte liegt ebenfalls beim Kaiser. Das Militär unterliegt damit keiner zivilen Kontrolle. Lina Richter steht politisch auf der Seite der Linksliberalen, unterstützt die Forderungen der Mehrheitsparteien in der Hoffnung, auch in der Familienpolitik Modernisierungen erreichen zu können. Das Frauenwahlrecht, die finanzielle Unterstützung lediger Mütter, gute Kinderbetreuung und eine reformpädagogische Bildungspolitik sind ihre ehrgeizigen Wünsche. Doch innenpolitische Fragen rücken im Krieg zunächst in den Hintergrund. Die so heftig zerstrittenen Parteien schließen einen Burgfrieden. In der Arbeiterbewegung sitzt die Angst vor dem zaristischen Russland tief, und so bewilligt auch die SPD nach heftigen internen Diskussionen einstimmig weitere Kriegskredite. Die Sozialdemokraten hatten schon 1913 der größten Verstärkung des deutschen Heeres seit 1871 zugestimmt.

Eduard David: *„5 Uhr Schlußsitzung: Der ungeheure Jubel der generischen Parteien, der Regierung, der Tribünen, als wir uns zur Zustimmung erheben, wird mir unvergessen sein. Es war im Grunde eine uns dargebrachte Ovation."*[297]

Vom Balkon seines Stadtschlosses beschwört der Kaiser die neue Einheit: *„Ich kenne keine Parteien und auch keine Konfessionen mehr; wir sind heute alle deutsche Brüder und nur noch deutsche Brüder."*[298] Der Burgfrieden ist keinesfalls selbstverständlich und unumstritten – und er wackelt auch schon bald. Bereits im Dezember stimmt der Sozialdemokrat Karl Liebknecht gegen die Bewilligung weiterer Gelder für das Militär. Am 1. Mai 1916, die SPD hatte Liebknecht bereits wegen seiner radikalen Ansichten aus der Reichstagsfraktion ausgeschlossen, organisiert der Pazifist einen Friedensmarsch zum Potsdamer Platz, ruft seinen Anhängern zu: *„Nieder mit dem Krieg! Nieder mit der Regierung!"*[299] Liebknecht wird verhaftet und zu vier Jahren Zuchthaus verurteilt.

Lina Richter: *„Politisch bedrückt mich im Augenblick über die Maßen die, wie es mir scheint, unabsehbare Liebknecht-Misere. Die Art, wie die lange vermiedene Spaltung der ganzen Sozialdemokratie von den geschlossenen ‚bürgerlichen‘ Parteien bereits als erste Frucht den Reaktionären in den Schoß gefallen ist, läßt mich das Schlimmste erwarten. Mir kommt die gewaltsame Auslegung von Paragraphen, um den gewiß unbequemen, aber bisher ungefährlichen Mann zu ruinieren, die Konnivenz des Reichstags, die Abdankung der Liberalen vor der patriotischen Phrase, grauenhaft vor. Und in den Händen der Militärjustiz, die die Aeußerung von Friedenswünschen als Hochverrat, <u>möglichen</u> schlechten Eindruck im Ausland als ‚Begünstigung des Feindes‘ auslegt, kann wirklich ein ganz schlimmes Märtyrertum geschaffen werden. Der Schachzug der Rechtsparteien, den die blinden Linken mitmachen, die ‚patriotische‘ Sozialdemokratie wieder ins Extrem zu treiben oder ihr die Wählerschaft zu rauben, um dann auf die Unmöglichkeit der gefürchteten Wahlreform zu weisen, ist teuflisch klug.“*[300]

Aber auch in der gemäßigten Mehrheitsfraktion der SPD rumort es, je länger der Krieg dauert und je mehr Opfer er fordert. Im Dezember 1915 votieren bereits 44 Sozialdemokraten gegen weitere Kriegskredite. Ihre Wählerschaft, die Arbeiterklasse, leidet ab 1916 immer stärker unter der Lebensmittelknappheit und beginnt, unruhig zu werden. Die Partei zeigt sich offen für einen Verständigungsfrieden. SPD, Fortschrittliche Volkspartei, Zentrum und Nationalliberale Partei mahnen nachdrücklich die Reformen des Wahlrechts an, die der Kaiser schließlich in seiner Osterbotschaft 1917 in Aussicht stellt. Sein Reichskanzler ist seit 1909 Theobald Bethmann-Hollweg. Zeitgenossen beschreiben ihn als hochgebildet, klug, pflichttreu, als *„glänzenden Redner und edlen Mann“*.[301] Seine mächtige körperliche Erscheinung animiert die Berliner dazu, der Riesenschildkröte des Aquariums den Namen Theobald zu geben. Bethmann-Hollweg bemüht sich, die vom Kaiser angekündigte Wahlrechtsreform voranzutreiben, sehr zum Missfallen von Hindenburg und Ludendorff. Speziell das Verhältnis zu Ludendorff gilt aufgrund der unterschiedlichen Charaktere der beiden Männer als problematisch. Einen Verständigungsfrieden mit England hält Bethmann-Hollweg mittlerweile für wünschenswert und möglich, den uneingeschränkten U-Boot-Krieg für einen Fehler. Durchsetzen kann er sich nicht. Im Laufe des Jahres 1917 wächst in der Bevölkerung die Angst vor einem neuen Kriegswinter, die Menschen sehnen sich nach Frieden. Um Unruhen vorzubeugen, erwägen Sozialdemokraten, Liberale und Konservative eine Resolution im Reichstag, die auf Friedensgespräche mit den Alliierten zielt. In einem interfraktionellen Ausschuss erörtern Mitglieder der Mehrheitsparteien die Inhalte der Resolution. Bei dem angestrebten Verständigungsfrieden soll es keine Sieger und Verlierer geben, alle Kriegsparteien behalten die Gebiete, die sie erobert haben, und die Länder nehmen ihre Wirtschaftsbeziehungen wieder auf. Mit der Gründung des Interfraktionellen Ausschusses wagen die Mehrheitsparteien einen ersten Schritt in Richtung Parlamentarismus. Der Kanzler unterstützt die Resolution, die OHL ist empört und stellt den Kaiser vor die Entscheidung: Bethmann oder wir. Um seiner Demission zuvorzukommen, tritt der Kanzler am 13. Juli 1917 zurück. *„Unter seinem Kommando hätte das Reichsschiff in stillen Gewässern einen guten Kurs gesteuert, aber im Orkan hat der Steuermann versagt. Seine Hand war nicht stark genug, um das Ruder festzuhalten"*[302] Bethmann-Hollweg lässt das Ruder los, die OHL geht als Sieger aus der Julikrise hervor und steuert Deutschland in die Militärdiktatur. Bethmann-Hollwegs Rücktritt sei, so Lina Richter, der schlagende Beweis für die Ohnmacht der Regierung gegenüber dem Militär. *„Hier haben wir den eigentl. Militarismus. Er liegt nicht in den militärischen Gewalten, sondern in jener demütigen, würdelosen Haltung gegenüber den Militärs."*[303] Längst übersetzt und kommentiert Hahns Mitarbeiterin nicht mehr nur Presseartikel, sondern verfasst zunehmend eigene Referate, in denen sie ihre *„edlen Ziele"* für einen Weg aus dem Krieg formuliert. Je länger das Sterben dauert, umso leidenschaftlicher, am Ende fast verzweifelt, versucht sie, sich Gehör zu verschaffen. Die Fühler nach England hat sie ausgestreckt, mit dem Geld ihres Vaters wurde die *„in ihrer Suche nach Friedenswegen fast konspirative Arbeit"*[304] des Theologen Johannes Lepsius in Den Haag finanziert. Doch statt Annäherung erlebt Lina Richter Seeblockade, U-Boot-Krieg und die strikte Weigerung der Regierung, eine Erklärung über Belgien abzugeben. Hunger und Krankheiten quälen die Frauen und Kinder in Deutschland. Lina schreibt dagegen an, auch wenn Worte allein die Not nicht lindern können. Aber Worte können aufrütteln, Lösungen aufzeigen. Lina, hochgebildet, besitzt die Gabe und den Mut, ihre Anliegen in Denkschriften darzulegen ohne Scheu vor Männern in hohen Positionen. Hilflos und unfähig nennt sie die Politiker. Der Weltkrieg sei verloren gegangen, weil er nur mit militärischen und nicht mit politischen Mitteln geführt worden sei. Mit was für Engelszungen müsse man eigentlich reden, damit diese dicken Männerschädel etwas hineinlassen, was ihnen nicht passt, fragt Lina Richter immer zorniger.

Lina Richter: *„Bethmann hat nicht für die Erklärung über Belgien gekämpft, nicht gegen den U-Boot-Krieg unter dem Einsatz seiner vollen Persönlichkeit. Es hat niemals ein Votum von ihm vorgelegen, welches bedeutete: Dieser Schritt ist der Untergang und ich mache ihn nicht mit. Erst dann darf man dem Kaiser den Vorwurf machen, daß er sich dem Militär untergeordnet hätte. Es war die servile Unterordnung der Politiker unter das Militärische. Das war der Militarismus, an dem wir alle zugrunde gegangen sind.“*[305]

Noch am Tag von Bethmann-Hollwegs Rücktritt treffen Lina Richter und Kurt Hahn mit Eduard David zusammen, um der SPD Prinz Max von Baden als neuen Reichskanzler zu empfehlen. Richter und Hahn sehen in dem Prinzen den richtigen Mann, dem die Welt Reformen zutraut und der das Ausland wieder mit Deutschland versöhnen könne. Schon über Jahre hat die Pressestelle den Prinzen mit Denkschriften, Vorschlägen und Wochenberichten versorgt, um ihn von der Notwendigkeit eines Verständigungsfriedens mit England zu überzeugen.

Max von Baden ist Thronfolger des Großherzogtums Baden und ein, wenn auch wohl ungeliebter, Cousin des Kaisers. Der Prinz gilt als gebildet, tolerant und liebenswürdig, ein liberaler Schöngeist, keine preußische Pickelhaube. Ein Wagner-Verehrer wie Raoul. Und ein Mensch, der seine persönliche Eitelkeit für höhere Werte in den Hintergrund rücken kann. Zwei Zitate mögen den geistigen Gleichklang belegen.

Lina sieht die größte Gefahr des Krieges darin, *„daß unser Volk die Probe innerlich nicht besteht, daß es Schaden an seiner Seele nimmt."*[306] Max von Baden formuliert: *„Gebe der Himmel, dass Deutschland nicht charakterlos aus diesem Krieg hervorgeht."*[307]

Inwieweit der Antisemitismus des Prinzen, nachzulesen in Briefen an den Wagner-Schwiegersohn Houston Chamberlain, für Lina in das Bild ihres Heilsbringers passt, ist schwer nachzuvollziehen, sie hat es nie thematisiert. Sie hat diese Briefe wahrscheinlich auch gar nicht gekannt. Ich denke nach der Lektüre aller ihrer Briefe und Denkschriften, dass meine Urgroßmutter den Prinzen idealisiert, weil er das Kriegsziel verfolgt, das auch Lina treibt, nämlich Deutschland zum geistig-moralischen Führungsstaat in Europa zu machen. Die Zeit ist jedoch noch nicht reif für einen Kanzler Max von Baden. Bethmann-Hollweg folgt der kaisertreue Übergangskanzler Georg Michaelis. Fünf Tage nach seiner Ernennung stimmen im Reichstag 214 Abgeordnete für und 116 Abgeordnete (rechte Nationalliberale und ultralinke USPDler) gegen die Friedensresolution. Sie ist damit angenommen, aber nicht bindend für Kaiser und OHL.

Eduard David: *„Fraktionssitzung. Vorlesung der Resolution. Große Überraschung und Freude. Danach: Frau Prof. Richter."*[308]

Die Freude währt nicht lange. Ludendorff nennt die Resolution ein *„gleichgültiges Stück Papier"*[309], und der neue Kanzler verweigert sich der Umsetzung. Georg Michaelis hält sich drei Monate im Amt, dann ernennt der Kaiser den erfahrenen Georg Graf Hertling zum Kanzler, nicht Max von Baden. Wilhelm II. kann seinen Cousin, den *„Bademaxe"*[310], nicht nur persönlich nicht leiden, er hält ihn schlicht für unfähig, ein hohes politisches Amt auszuüben. Der Katholik Georg Graf Hertling gehört dem konservativen Flügel der Zentrumspartei an. Seine Regierung stößt die innenpolitischen Reformen daher auch nur halbherzig an, und einer angestrebten Verfassungsreform zur Stärkung des Parlaments verweigert sich Hertling gänzlich. Eine demokratische Monarchie kann er sich vorstellen, aber keinen innenpolitischen Umsturz im Krieg. Mit seiner Haltung beschwört Hertling die nächste Kanzlerkrise herauf. „*Objektiv war die Regierung Hertling-Payer nur die parlamentarische Deckung für die Diktatur Ludendorffs.*"[311] Die Stimmung in der SPD sinkt auf den Tiefpunkt. Ihr gehen der Prozess der Parlamentarisierung nicht schnell und die Bemühungen um eine Wahlrechtsreform nicht weit genug. Auch übt die Oberste Heeresleitung nach Meinung der Sozialdemokratie weiterhin einen zu großen Einfluss auf die Regierung aus.

Eduard David: „*Aussprache mit Prinz Max von Baden im Haus Oppenheim, Tiergartenstraße 8a; dabei Frau Richter und Kurt Hahn. Lege wieder einmal die ganze Situation der Entscheidung über die legale Umgestaltung oder Zusammenbruch, Niederlage oder Revolution. Aussprache über das parlamentarische System. Der Prinz ist verständig und dem Neuen zugewandt. Ich glaube die Männer des alten Systems werden noch einmal siegen und dadurch ihren Untergang besiegeln. Wir kommen über die Katastrophe zur neuen Zeit. Wen die Götter vernichten wollen, den schlagen sie mit Blindheit.*"[312]

Lina Richter wird ihrem Vertrauten nicht widersprochen haben. „*Wir haben ja eine so verständige, weitsichtige Sozialdemokratie wie in keinem anderen Land*"[313], äußert sich Lina gegenüber Eduard David. Noch immer entscheidet die Militärbehörde über Kriegsziele, Pressezensur, Überwachung von Versammlungen, ebenso wie sie alle außenpolitischen Entscheidungen trifft. Mit der Niederwerfung der Streiks im Januar und Februar 1918 demonstriert Ludendorff seine Macht über den Reichstag. Nach dem Zusammenbruch der Proteste, dem Frieden von Bresk-Litowsk und siegreichen Schlachten im Westen scheint Ludendorffs Stellung als Diktator festgemauert. Kanzler und Reichstagsmehrheit haben ihm kaum etwas entgegenzusetzen.

Lina Richter: „*So habe ich in zwei Tagen mit zwei Schreiberinnen diesen Wust durchgearbeitet, um zu sehen, daß unsere ganze Demokratisierung infolge der Person Hertlings ein Schlag ins Wasser bleibt.*"[314]

Linas Abneigung gegen Hertling mag auch in seiner Konfession begründet sei, für den katholischen Glauben hat die ohnehin nicht sehr gläubige Protestantin mit jüdischen Wurzeln wenig übrig. In den Zwanzigerjahren wird sie ihrer Tochter Welle von einem Studium in Köln abraten, *„Köln ist eine ganz neue Universität, in der natürlich weder gute Lehrkräfte noch gute Institute sind, Katholizismus muss beides ersetzen"*.[315] In die innenpolitisch schwierige Lage platzen fürchterliche Nachrichten von der Front, in denen jetzt auch von deutschen Kriegsverbrechen die Rede ist. Die ausländische Presse druckt einen Armeebefehl ab, keine Rettung von Verwundeten, es solle nun auch auf Krankenträger geschossen werden.

Lina Richter: *„Vom heutigen Geist im Heer fürchte ich auch, dass er schlimm ist. Wenn erst Stumpfheit überall siegt, wo bleibt die von den Heimkehrenden erhoffte Wiedergeburt Deutschlands? Ich kann nicht anders, als ständig auch diese gewaltige Sorge um das Leben Deutschlands mit mir herumtragen – es klingt anmaßend, aber es ist doch einmal so. (...) Wehe denen, die den Versuch, vor der letzten Kraftprobe Frieden zu bekommen, vernichtet haben."*[316]

Eine militärische Niederlage scheint unausweichlich, eine ehrenlose Verurteilung, ein moralischer Zusammenbruch Deutschlands ist Linas schlimmster Albtraum. Um ihn nicht Wahrheit werden zu lassen, verfasst sie unerschütterlich Appelle für innenpolitische Reformen und die außenpolitische Annäherung an England. Ihre Schreibmaschine steht nicht still, die Ausarbeitungen füllen viele Seiten. Durchsetzung des Wahlrechts, mehr Rechte für das Parlament, das am Ende den Weg frei macht für eine konstitutionelle Monarchie nach englischem Vorbild. Die Mehrfachbelastung als berufstätige Frau und alleinerziehende Mutter versucht Lina weiterhin auszuhalten, es gelingt nicht immer. Wie mag sie sich an den langen Abenden gefühlt haben, wenn sie erschöpft und manchmal gewiss verzweifelt ob der eigenen Machtlosigkeit allein in ihrem Wohnzimmer gesessen hat? Welche Bücher hat sie in diesen Stunden gelesen, an wen ihre Briefe gerichtet? Fühlte meine Urgroßmutter sich einsam, war das der Grund für ihren fanatischen

Arbeitswillen? Mit unbändigem Willen und Leidenschaft steht Lina die folgenden Jahre ohne schwere Erkrankung durch, zwingt immer wieder den Körper unter den Geist. Lina Richter lebt nicht in dem Elfenbeinturm der Ministerien, sie unterhält viele Kontakte in alle Schichten der Gesellschaft und fürchtet eine aufrührerische Stimmung angesichts zerstörter Wahlrechtsillusionen. Zwar protestiert sie nie in offener Rede, aber sie nutzt Denkschriften, um die Hilfslosigkeit, Impotenz und Indolenz der ihr vorgesetzten Männer anzuprangern. Mutig und selbstbewusst für die damalige Zeit. Ungebrochen bemüht sich Lina Richter, den politischen Entscheidern ihre Worte in den Mund zu legen. Die Arbeit wird dadurch nicht weniger, hinzu kommen die mütterlichen Sorgen um Gustav und Curt, denen nach ihrer Ausbildung der Fronteinsatz bevorsteht. Im Laufe des Frühherbstes schwindet in Deutschland der Rückhalt für den Zentrumsmann Hertling, er sei keine Kraftquelle, noch gehe eine Spur von Hoffnung von der Fortdauer seiner Kanzlerschaft aus, heißt es bei den anderen Parteien. Am 2. September 1918 übersetzt Lina Richter aus dem Daily Chronicle: *„Was die deutsche Regierung betrifft, so kann man mit Sicherheit sagen, daß Graf Hertling jetzt als ein Versager angesehen wird. Natürlich ist Hertling tatsächlich als Erwählter der Reichstagsmajorität in sein Amt gekommen. Sobald es sich aber um wichtige Dinge gehandelt hat, hat er diese Körperschaft vergessen und ist ins Hauptquartier gestürzt, wo er mehr und länger verweilt hat als irgend einer seiner Vorgänger. Kurz, man sieht ein, daß Hertling ein alter Mann ist – er ist heute 75 Jahre – der keinen großen Überblick hat und keine Fähigkeit, die auswärtigen Angelegenheiten zu führen.“*[317] Drei Wochen später führt Lina Richter ein langes Gespräch mit Eduard David. Sie will die Haltung der SPD zur Kanzlerschaft Hertlings ausloten. David lässt seine Vertraute nicht im Unklaren. Vertrauen zum Kanzler habe man nicht mehr. *„Wir sind seiner müde.“*[318], protokolliert Lina nach dem Treffen.

In Berlin schlägt nun die Stunde der Kanzlermacher, die erneut Max von Baden ins Spiel bringen. Hahn und Richter mobilisieren neben ihrem Chef von Haeften eine Reihe von Mitstreitern, um den Prinzen beim dritten Anlauf ins Kanzleramt zu bringen: die Politiker Eduard

David und Conrad Haussmann, den Publizisten und Historiker Hans Delbrück oder den Bankier Max von Warburg. *„Die Gruppe drängte den Prinzen, neue Wege zur Kriegsbeendigung zu finden, Friedensinitiativen zu eröffnen, die auch im feindlichen Ausland glaubhaft waren. Nur ein Wunschloser ohne eigene Interessen sei noch in der Lage, das Heil zu bringen"*[319], formulierte Kurt Hahn. *„Der Wunschlose"*[320], mit diesem Decknamen unterschreibt Max von Baden seine Briefe an Hahn. Politisch ist *„der Wunschlose"* bislang kaum in Erscheinung getreten. Doch im Ausland ist der Prinz bekannt und anerkannt. Mit Respekt wird seine engagierte humanitäre Arbeit in der Gefangenenfürsorge beobachtet. Von Baden ist seit 1916 Ehrenpräsident der deutsch-amerikanischen Gefangenenhilfe. Aus der Nation übersetzt Lina einen Artikel, dessen Autor Max von Baden einen Exponenten für ein besseres Deutschland nennt, ihm absolute Glaubwürdigkeit bescheinigt und seine edlen Bemühungen in der Gefangenenfrage würdigt. Für seine Unterstützer der Beweis, dass er geeignet sei, auch den Kampf in der Schuldfrage aufzunehmen. Seine hohen Grundsätze und sein guter Glaube stünden außer Zweifel. *„Das Haupt der deutschen Regierung wäre ja ein Mann, der human gehandelt hat, während die Entente-Regierungen nur Humanität geheuchelt haben. Hunderttausende in England wissen, dass er geholfen hat, das Schicksal der englischen und französischen Gefangenen zu bessern, während Wilson mitschuldig geworden ist an der Ermordung der zahllosen Deutschen in russischer Gefangenschaft. Er hat also die unangreifbare Basis zum Angreifen, zur moralischen Offensive."*[321] Am 29. September 1918 entlässt der Kaiser Hertling. Am gleichen Tag stoßen die Alliierten in Flandern weiter vor, drücken die deutsche Front an vielen Abschnitten zurück. Das Reich braucht jetzt rasch einen neuen Kanzler, der Deutschland aus dem Krieg führt. Eine Aufgabe, um die sich die Politiker in Berlin in der jetzigen Situation nicht gerade reißen. Keiner der erfahrenen Führungsmänner der Mehrheitsparteien meldet angesichts der offensichtlichen militärischen Niederlage seinen Anspruch auf die Kanzlerschaft an. *„Die schweren Kämpfe waren noch nicht zu Ende und die Armee fürchtet den Durchbruch wie nie zuvor. In Berlin aber wird den ganzen Tag über parlamentarisiert."*[322] Am Ende der Verhandlungen ernennt der Kaiser entgegen aller persönlicher Vorbehalte

Prinz Max von Baden am 3. Oktober zum Reichskanzler – nicht ohne ihm das Versprechen abzuringen, seinen Thron zu sichern, komme, was wolle. Der Reichstag stimmt der Ernennung mehrheitlich zu, ein weiterer Schritt auf dem Weg in die parlamentarische Demokratie. Die folgenden fünf Wochen der Kanzlerschaft des Prinzen Max von Baden muten ihm und seinem Stab einiges zu: Intrigen, Nervenzusammenbrüche, Affären, Spanische Grippe, Niederlage, Revolution, Republik. Es beginnen Tage, an denen so viel passiert, wie es sich ein Romanautor wohl nicht auszudenken wagt. Leider hat meine Urgroßmutter kein Tagebuch geführt und aufgezeichnet, wie sie diese Zeit erlebt und welche Gefühle sie durchlitten hat an der Seite mächtiger, aber entscheidungsschwacher Männer. Lina Richter verkörpert seit Jahren das Gegenstück zur politischen Elite. Ihr geht es nie um Macht, persönlichen Ruhm, Anerkennung oder Titel. Die wilhelminische Gesellschaft befindet sich bei Amtsantritt des Prinzen bereits in Auflösung, alle verbliebenen Hoffnungen klammern sich an einen Frieden auf Augenhöhe mit der Entente. Die Stimmung fasst ein Brief zusammen, den Cornelie Richter am 25. Oktober erhält: *„Nein, Deutschland wird nicht untergehen, aber es wird nicht mehr das große machtvolle Reich sein, auf das wir mit Recht so stolz sein durften. Wir werden wieder bescheidener werden, was an sich kein Unglück ist, denn wir waren es leider zu wenig u. arg verblendet."*[323] Ihre Schwiegertochter ist politisch auf dem Höhepunkt ihrer Karriere angelangt, sie gehört nun zum Stab um den Reichskanzler. Lina Richter sei, so schreibt der Historiker Lothar von Machtan, neben Hahn seine wichtigste politische Mitarbeiterin gewesen.[324] Sein Kollege Konrad Krimm bescheinigt Lina, dass sie zu der Gruppe gehöre, die sich während des Krieges aus großbürgerlichen und industriellen Kreisen in Berlin herausgebildet habe und aus denen wesentliche Gesprächspartner des Prinzen kamen.[325] Max von Baden setzt ein ambitioniertes Programm für die anstehenden Verhandlungen mit der Entente auf: Kein Friedensangebot – wohl aber deutlichste Proklamierung der Kriegsziele, die große Zugeständnisse enthalten könnte, Betonung der absoluten Entschlossenheit, den Krieg weiterzuführen, sollten entehrende Bedingungen gestellt werden. In der Innenpolitik sucht der Kanzler den Ausgleich zwischen Tradition und Moderne. Er sei ein geeigneter Vermittler zwischen den Extremen, so sehen es seine Unterstützer, die ein demokratisches Deutschland anstreben, die Krone aber nie in Frage stellen. Und was wäre aus ihrer Sicht glaubhafter, als wenn ein Prinz, ein enger Verwandter des Kaisers, den Übergang zu einer konstitutionellen Monarchie, einer Volksmonarchie, ebnen würde?

Lina Richter: „*Sehen sie denn gar nicht, dass gerade das Ungewohnte, das Abweichende ist, was so überaus nützlich wäre? Die Welt würde hoch aufhorchen: das ist die deutsche Art der Demokratisierung: nicht das Volk usurpiert Fürstenrechte, sondern Fürsten übernehmen die Ausübung und Vertretung von Volksrechten. Die ganz neue Weltlage erfordert, dass man vor Neuem nicht zurückschreckt. (...) Prinz Max ist ein starker Charakter und eine Feuerseele, und es ist der Geist, der sich den Körper baut. Was man mit behinderten Körperkräften leisten kann, haben viele große Männer bewiesen. Und der Prinz hat nur gelegentlich neuralgische Kopfschmerzen. Seine Gesundheit wie seine Dynastie – das sind Bedenken, die wenn sie ihn nicht zurückhalten, andere nicht zurückhalten dürfen. Die größte Gefahr für das deutsche Volk ist das Versiegen seines Opfergeistes. Jedermann in Deutschland würde die Übernahme des Amtes durch diesen Mann als Opfer empfinden. Es wäre ein Beispiel von suggestiver Kraft: mühevoll zu dienen, wo man in der Lage ist, mühelos zu herrschen. Zugleich wäre die Berufung dieses Mannes durch die deutsche Krone eine für In- und Ausland überraschende Tat, die die deutsche Einheit lebendig verkörpert.*"[326]

In der Mehrheitspartei, der SPD, klaffen die Meinungen über den neuen Kanzler allerdings weit auseinander. Philipp Scheidemann, Fraktionsvorsitzender und führender Kopf der Partei, urteilt über eine mögliche Zusammenarbeit mit nur einem Wort: „*Niemals!*"[327] Eduard David dagegen unterstützt die Kandidatur, hat diese hinter den Kulissen selbst mit betrieben. Als Sozialdemokrat konnte er sich öffentlich allerdings kaum für einen Adligen stark machen. In einer von David arrangierten geheimen Aussprache gelingt es, Parteichef Ebert mit dem Angebot, SPD-Minister in ein Kabinett von Baden entsenden zu können, auf die Seite der Unterstützer des Prinzen zu ziehen. In der anschließenden Fraktionssitzung geht es hoch her, am Ende stimmt eine knappe Mehrheit für eine Regierungsbeteiligung. Max von Baden ernennt Gustav Bauer zum Arbeitsminister und Philipp Scheidemann zum Minister ohne festen Geschäftsbereich. Eduard David tritt als Unterstaatssekretär ins Auswärtige Amt ein.

Eduard David: *„Der Prinz ist ein großer Mensch. Bewährt er sich auch als ein großer Mann, so wird seine Kanzlerschaft zur sozialistischen Demokratie, zum inneren und äußeren Frieden führen. Ich freue mich darauf, an seiner Seite zu wirken. Mag eines seiner Motive auch sein, die Monarchie aus diesem Weltbeben zu retten; sein innerstes Ziel geht doch offenbar darüber hinaus auf die Rettung des Volkes und die Entwicklung der Menschheit hinauf zu höher gesicherter Kultur. Darin sind wir einig."*[328]

Neben den genannten Sozialdemokraten nimmt der Prinz die Zentrumspolitiker Carl Trimborn als Staatssekretär des Inneren sowie Adolf Gröber und Matthias Erzberger als Staatssekretäre ohne festen Geschäftsbereich in die Regierung mit auf. Die Fortschrittspartei vertreten im Kabinett Vizekanzler Friedrich von Payer und der Staatssekretär ohne Geschäftsbereich Conrad Haußmann, mit dem Lina Richter ebenfalls in regelmäßigem Austausch steht. Für den geplanten schrittweisen Weg zum Frieden ist es jedoch schon zu spät. Die militärische Wirklichkeit holt Max von Baden noch vor seinem offiziellen Amtsantritt ein. In einem Brief fordert Hindenburg in Abstimmung mit Ludendorff am 3. Oktober die sofortige Abgabe eines Friedensangebots an die Entente unter Annahme des 14-Punkte-Planes von Präsident Wilson. Es sei geboten, den Kampf abzubrechen, um dem deutschen Volk und seinen Verbündeten nutzlose Opfer zu ersparen. Prinz Max hingegen hatte ursprünglich gehofft, noch einige Tag Zeit zu gewinnen, die er für innenpolitische Reformen und die Verkündung der Kriegsziele nutzen wollte. Er fürchtet, dass ein sofortiges Waffenstillstandsangebot dem Eingeständnis einer Niederlage gleichkommen könnte. Doch selbst der Kaiser drängt bei einer Audienz in seinem

Hauptquartier im belgischen Spa: *„Die Oberste Heeresleitung hält es für nötig, und Du bist nicht hierhergekommen, um der Obersten Heeresleitung Schwierigkeiten zu machen."*[329] Und so sendet Max von Baden in der Nacht vom 3. auf den 4. Oktober gegen seine Überzeugung und die seiner Berater die gewünschte Note an Präsident Wilson mit der Bitte um Waffenstillstand. Der Stab verbringt eine unruhige Nacht.

Um zu retten, was politisch noch zu retten ist, kündigt der Kanzler seine Antrittsrede vor dem Reichstag für den 5. Oktober an. Max von Baden hofft auf die Chance, mit einem beeindruckenden Auftritt Wilsons 14 Punkte aus deutscher Sicht interpretieren und so auf die Antwort des amerikanischen Präsidenten Einfluss nehmen zu können. Akribisch bereitet der Kanzler mit seinen engen Mitarbeitern im Reichskolonialamt in der Wilhelmstraße die Rede vor, jedes Wort soll sitzen. Neben Max Warburg, Kurt Hahn – Lina bewundert dessen Gabe zu schöner und starker Formulierung –, Walter Simons und Conrad Haußmann ist mutmaßlich auch Lina Richter als Ideengeberin dabei, feilt an den Sätzen mit. Ihre Vorstellungen für einen Verständigungsfrieden hatten Lina Richter und Kurt Hahn bereits im September zu Papier gebracht, von Menschheitsforderungen gesprochen, *„die die anderen an uns stellen und die wir nur dadurch besiegen können, dass wir unsererseits sie vertiefen und mit deutschen schöpferischen Gedanken neu formulieren. Sie haben alle ihre Wurzel in der deutschen Geistesgeschichte, sie wachsen alle aus unserer eigenen Natur heraus, wir müssen uns nur auf uns selbst besinnen."*[330] Konkret geht es um die Zusammenarbeit der Völker in praktischen Fragen statt einer Friedensliga, das Recht, im Osten die russischen Randvölker zu schützen, sowie die Freiheit der Meere für alle seefahrenden Völker. In seine Rede schreibt der Stab dem Prinzen noch einen 15. Punkt hinein: die Frage der Kriegsschuld. Sie soll von neutraler Seite beantwortet werden. Der militärische Kampf wandelt sich in einen Kampf ums Recht. Und diesen Kampf wird Lina Richter *„fanatisch in ihren Gefühlen"*[331] in den Zwanzigerjahren als Lebensaufgabe begreifen.

Die mit dem Herzblut aller Beteiligten bis spät in die Nacht vorbereitete Rede wird so jedoch nie gehalten. Während der Kanzler in seiner Suite im Adlon den Vortrag übt, melden die Staatssekretäre aus der Reichskanzlei heraus Bedenken an. *„Die Spezialisierung der 14 Punkte würde die ganze Waffenstillstandsaktion gefährden.“*[332] Wilson hatte zuvor seine 14 Punkte als nicht verhandelbar in allen anstehenden Friedengesprächen erklärt. Nach Mitternacht wird dem Kanzler das Veto der Staatskanzlei von Linas Chef Haeften, der totenblass durch die Drehtür des Adlon schreitet, überreicht. Die Reaktion fällt heftig aus, glaubt der Kanzler doch, mit der Rede *„einen großen Wurf landen zu können“*.[333] Kurt Hahn, der einen Großteil der Rede verfasst hat, reagiert hochgradig erregt, ist dem Nervenzusammenbruch nah, soll einen Weinkrampf erlitten haben. Lina Richters preußische Disziplin wird einen öffentlichen Gefühlsausbruch nicht zugelassen haben. In keinem Fall will sie als hysterisches Weibsbild wahrgenommen werden. Hahn muss offiziell ins zweite Glied zurücktreten und dem Juristen Walter Simons, den Max von Baden als Ministerialdirigent in die Reichskanzlei holt, die Stelle des hauptamtlichen Beraters des Prinzen überlassen. Mittlerweile ist der 5. Oktober, ein Sonnabend, angebrochen. Die Rede des neuen Kanzlers vor dem Parlament ist für den Vormittag dieses wolkenverhangenen Herbsttages geplant. Große Erwartungen knüpfen sich an den politisch unerfahrenen Mann. Allein, es fehlt ein abgestimmtes Manuskript. Statt Kurt Hahn schreibt nun Reichspressechef Eberhard Deutelmoser den neuen Entwurf. Die Reichstagssitzung wird auf 17 Uhr verschoben, eine halbe Stunde später verliest Max von Baden vor den versammelten Abgeordneten tief in seine Akten gebeugt die ihm aufgezwungene Regierungserklärung.

Max von Baden: *„Es gelang noch, die Linie festzuhalten: Bereitschaft zu einem Frieden des Rechts; wenn die Feinde ihn uns versagen, Entschlossenheit zum Kampf. (...) Die Wirkung der Rede war stark und dämmte die Panik zurück, die in den letzten Tagen reißende Fortschritte gemacht hatte.“*[334]

Lothar Machtan hingegen schreibt in seiner Biografie über den letzten Kanzler des Kaisers: *„Trotz der ernsten Zeiten und Zustände trug der Antrittsbesuch im Parlament groteske Züge. Der vom Kaiser*

auf politischen Druck der OHL zum Reichskanzler gemachte Max von
Baden empfahl sich den frei gewählten Volksvertretern als Chef einer
neuen Regierung, die – wie er behauptete – ‚von dem festen Vertrauen
der breiten Massen des Volkes getragen ist'. (...) Und das mit einer von
Vertretern des alten Systems aufgesetzten Rede, hinter deren Inhalt er
persönlich gar nicht stand (...), die aber den Mehrheitsparteien nach dem
Mund geredet war. (...) Davon, daß das Parlament am 5. Oktober 1918
in Deutschland seine politische Herrschaft angetreten hatte, kann über-
haupt gar keine Rede sein. Auch der Rede des Prinzen Max kann man
keine Anhaltspunkte für eine solche Zeitenwende entnehmen."[335] Drei
Tage nach der Rede geht die Antwort von Präsident Wilson auf die
deutsche Bitte um Waffenstillstand ein. Sie gibt Anlass zur Hoffnung
auf Verhandlungen, wenn die 14 Punkte als nicht verhandelbar von
Deutschland akzeptiert werden. Während das politische Berlin noch
um eine Stellungnahme ringt, erschüttert die Hohenlohe-Briefaffäre
die junge Regierung Max von Baden. Ein Vetter des Prinzen, Alexander von Hohenlohe-Schillingsfürst, veröffentlicht einen privaten
Brief vom Januar 1918 mit recht pikantem Inhalt. In dem Schreiben
spricht sich der Prinz gegen eine parlamentarische Demokratie aus und
lehnt auch einen Verständigungsfrieden mit deutlichen Worten ab.
Seine Rede vor dem Reichstag klang jedoch ganz anders, und die Note
des US-Präsidenten zielt auf die Umsetzung eben jener Punkte. Die
deutschen und ausländischen Zeitungen zitieren den Brief genüsslich.
Der Vertrauensvorschuss, der dem neuen Reichskanzler vor allem aus
England entgegengebracht wurde, ist aufgebraucht. Dem Prinzen haftet
plötzlich das Attribut des Heuchlers an. Die Welt am Montag titelt am
14. Oktober: *„Ein unmöglicher Kanzler."*[336] Die Mehrheitsfraktion der
SPD diskutiert über seine Absetzung, entscheidet aber schlussendlich,
„daß der Brief des Kanzlers nicht Anlaß bietet, ihn daran scheitern zu
lassen; entscheidend für die Stellung der Fraktion zu ihm würden seine
Handlungen sein".[337] Max von Baden schart seinen Stab um sich, Lina
hat mittlerweile ebenfalls ein Zimmer im Adlon bezogen, Schreiben
aus diesen Tagen tragen den Adlon-Briefkopf. Es erscheint ihr sinnvoll,
in Berlin zu bleiben. Der Weg nach Wannsee ist zu weit, die tägliche
Fahrt kostet zu viel Zeit. Meine Urgroßmutter bewegt die Affäre tief,

ein Scheitern der Regierung Max von Badens würde auch ein Scheitern ihrer eigenen, mit kompromisslosem Eifer betriebenen Arbeit der letzten Monate und Jahre bedeuten. Alle Hoffnung auf einen aus ihrer Sicht ehrenvollen Frieden, wären – so fürchtet Lina – mit einem Schlag begraben. Ergriffen nennt sie Max von Baden *„ihren letzten Lichtschacht in einer dunklen Zeit"*[338], er verkörpere die einzig verbliebene Hoffnung auf ein neues, demokratisches Deutschland, aufgebaut auf bürgerlichen Tugenden.

Lina Richter: *„Eurer Großherzoglichen Hoheit heute in tiefer Ergriffenheit zu danken, drängt mich ein von unerträglicher Sorge erleichtertes Herz. Die Angst der letzten zwei Tage war grenzenlos – nicht nur vor dem, was Bosheit und Kapitulieren vor Bosheit von Seiten der Anderen anrichten könnten, sondern auch, ob Eure Hoheit selbst nicht vor der Schwere des Kreuzes zurückweichen würden, das Sie auf sich genommen hatten, ehe Sie ahnen konnten, welchen schweren Belastungen gleich die ersten Tage hinzufügen würden. Eure Hoheit hat den Glaubensmut nicht verloren, und geben ihn dadurch den Unzähligen wieder, die fassungslos vor der neuen Erschütterung des eben stabilisierten deutschen Reichs standen. Verzweifelte Stimmen von allerlei Verwandten und Bekannten riefen bei mir an, was soll werden, wenn die Stütze des Ganzen versagen sollte oder von unnennbarem Leichtsinn abgetrennt würde. Die Unentbehrlichkeit und Unersetzbarkeit trat so deutlich hervor wie noch nie vorher. Aber wenn ich auch das alles mit rastlosen Angstgedanken mit mir herumtrug und mir wieder und wieder sagte: heute muß eben Jeder sich rückhaltlos hingeben – so mußte sich mir doch aufs Schmerzlichste das Bewußtsein einstellen, wie grausam, ja teuflisch Menschen und Zufall ein gütiges Herz verletzten, und diesem Herzen konnte doch nur zugerufen werden: Empfange diese und noch immer neue Lanzen in deine Brust, ja drücke sie dir tief ein, damit sie absplittern und die Gasse gemacht wird, durch die Deutschland sich ans Licht retten kann.*

Darf ich noch eines sagen: Ob es Eurer Hoheit deutlich geworden ist – uns draußen Stehenden trat es klar entgegen: es hat sich eine ganz gewaltige Menge von Liebe und Dank und Wärme zu Ihrer großen Menschlichkeit schon in den acht Tagen ihrer Amtsführung entwickelt; der Schmerz über das Ihnen angethane Unrecht war weit verbreitet. Männer wie David, mir gegenüber auch, andern, von denen Eure Hoheit weiß, hatten ein Gesicht, als ob ihnen das Teuerste geraubt werden sollte. Darf ich hoffen, daß die Ströme der Hingabe, die sie entfesselt haben und weiter entfesseln werden, von Dank und Ehrfurcht vor Ihrer Märtyrerkrone die Wunden heilen werden, die Sie auf sich nehmen, und Eurer Hoheit davor bewahren, ihnen zu erliegen? In alter und neuer Ergebenheit Eurer Hoheit tief dankbare Lina Richter"[339]

Die Aufregung um die Briefaffäre ist gerade abgeflaut, da trifft am 16. Oktober eine zweite, deutlich schärfer formulierte Note von Präsident Wilson im Kanzleramt ein. Der Präsident fordert neben der sofortigen Einstellung des U-Boot-Krieges – zwei Tag zuvor wurde der Passagierdampfer *Leinster* torpediert, Hunderte von Menschen ertranken – innenpolitische Veränderungen in Deutschland als unabdingbar für weitere Verhandlungen. Das Volk solle sein Schicksal selbst in die Hand nehmen und so die Voraussetzungen für einen Frieden schaffen, schreibt Wilson. Die USA stellen damit die gefürchtete Kaiserfrage. Sie geistert schon seit Tagen durch Berlin und wird jetzt mehr oder minder laut ausgesprochen. Denn die Note trifft auf Menschen, deren Leben in diesem Herbst kaum noch erträglich ist. Es gibt keine Kohlen für den herannahenden Winter, keine Kleidung, kaum ausreichend Nahrung. Zusätzlich wütet die Spanische Grippe. Die Revolution beginnt, sich zu formieren. Auf der anderen Seite gibt es auch eine Bewegung, die alle Waffenstillstandsverhandlungen für gescheitert erklärt und den Entscheidungskampf beschwört. *„Haußmann berichtet über die öffentliche Stimmung. Die Note Wilsons habe wie eine Bombe gewirkt; erst jetzt begriffe die Bevölkerung den ganzen Ernst der Lage, denn Wilson spreche wie einer, der die militärische Kapitulation Deutschlands erwarte. Man sei bestürzt über den scharfen Hinweis auf die Kaiserfrage. In Berlin werde über die Abdankung diskutiert."[340]* Aber ist die Abdankung des Kaisers wirklich das, was Wilson verlangt, oder zielt seine Note eher auf die Schaffung einer konstitutionellen Monarchie? *„Wieviel Spielraum hatten wir für die Verhandlungen mit Wilson?"[341]* Der Kanzler beruft das Kriegskabinett für den 17. Oktober zu einer großen Sitzung ein, an deren Ende Ludendorff die Frage, ob er einem Abbruch der Beziehungen mit Wilson ruhig entgegensehen könne, mit einem klaren Ja beantwortet. Und selbst der Vorstand der SPD äußert am 18. Oktober im Vorwärts: *„Mit einem Frieden der Vergewaltigung, der Demütigung und der Verletzung seiner Lebensinteressen wird sich das deutsche Volk nie und nimmer abfinden."*[342] Gleichzeitig erreichen den Kanzler aus Den Haag Informationen, dass Wilson mit dem französischen Marschall Ferdinand Foch über die Kriegsziele in Streit geraten sei. Während der Präsident einen Rechtsfrieden der Versöhnung und Verständigung anstrebe, wolle Foch die unbedingte Kapitulation Deutschlands. Um die Position des US-Präsidenten zu stärken, entwerfen Kurt Hahn und Walter Simons eine verbindlich formulierte Antwortnote, die die Aufgabe des U-Boot-Krieges und eine grundsätzliche Änderung der deutschen Verfassung in Aussicht stellt. Der Reichskanzler fühlt sich der Zustimmung seiner Staatssekretäre und der OHL sicher und erlebt 24 Stunden später das Gegenteil. Kabinett und Militär wünschen sich eine Antwort mit deutlich weniger Konzessionen an die Kriegsgegner, vor allem in der Frage des U-Boot-Krieges. *„Ich stand inmitten ernster Auseinandersetzungen mit dem General Ludendorff, die um den Inhalt der Note gingen; sollte ich gleichzeitig den Kampf um die Imponderabilien gegen mein Kabinett aufnehmen? Ich habe damals davon Abstand genommen; heute weiß ich, daß das ein schwerer Fehler war."*[343] Zwei Sätze bleiben am Ende von Simons Entwurf übrig. Lina Richter hat die Entwicklungen von Wannsee aus verfolgt, wohin sie sich über ein Wochenende zurückgezogen hat, nachdem sie an den aufreibenden Tagen der Hohenlohe-Briefaffäre ihre Kinder kaum zu Gesicht bekommen hat. In der Abgeschiedenheit ihres Hauses formuliert sie zu später Nachtstunde einen Brief an den Reichskanzler in der Hoffnung, doch noch Einfluss auf die Formulierungen der Antwortnote nehmen zu können. Schopenhauer, so schreibt Lina, habe sich einmal über die Beschaulichen entrüstet, die das Weltgeschehen als Zuschauer betrachten. Sie aber könne nicht mehr bloß Zuschauer sein, *„bei jedem I Punkt, den heute Erzberger oder wer sonst falsch setzt, ist es unser Fleisch und Blut, das sich schmerzhaft krümmt schon im Vorgefühl des Kommenden".*[344]

Lina Richter: *„Eure Großherzogliche Hoheit haben mir einen so guten und gütigen Brief geschrieben, daß ich zum*

Dank Sie wenigstens nicht belästigen sollte. Und doch – gerade das bin ich im Begriff, zu thun, ganz entgegen meinem Gefühl, auch meinem Taktgefühl in jeder Weise. Einzig das harte Bewußtsein einer Pflicht kann mich dazu bewegen. Wenn man sieht, daß ein Wagen dem Abgrund zu rasselt, ruft man dem Fahrer zu, wenn man ihn auch sonst aus Respekt nicht anreden würde. Es kommt noch hinzu, daß alles, was heute geschieht, leider gleich an das Leben der Nation greift. (...). Beim Beantworten von Wilsons drei Fragen wurde der Gedanke – von Hahn und von mir unabhängig – geäußert: mit der dritten Frage hat es eine besondere Bewandtnis. Neben mir liegen Blätter, die ich in meiner Angst beschrieben und aus dem Gefühl, mich nicht vordrängen zu dürfen, bei mir behalten habe; es heißt da: ‚Ich habe das Gefühl, als ob dieser dritte Punkt nicht erneutem Hin- und Rückfragen überlassen bleiben dürfte; als ob es sich vielmehr hier um eine Antwort handelt, von der Wilson abhängig macht, ob er überhaupt noch wohlgesinnt bleiben darf und wegen dessen er deshalb die Warnung anfügt, er halte die Antwort auf diese Frage von jedem Standpunkt aus für außerordentlich wichtig. Wilson konnte nicht deutlicher sein, denn er wollte uns einen Wink geben, wie wir antworten sollen, dem Lehrer gleich, der im Examen dem Schüler Zeichen macht.' (...) Nun bestätigt uns Hahn durch seine Gespräche in Den Haag, daß es akkurat so ist, daß es vielleicht immer noch möglich ist, Wilsons Willen zum Rechtsfrieden (wenn auch leider nach seinen Kenntnissen aufgebaut!) zur Aktivität zu steigern. Hahn hat, um diesen Schlüssel zu unserem künftigen Handeln aus authentischen Händen zu empfangen, vier Nächte dran gegeben, und darauf einen Tag voll gespanntester Arbeit gesetzt – und das Resultat, von Geheimrat Simons mit erarbeitet, war ein schönes, edles Stück – voll der einzigen Würde, die der Regierung bleibt, welche zur Rettung ihres Volkes den schweren Bußgang antritt. Wäre es wohl würdig gewesen, wenn im Hof zu Canossa Heinrich, der bewußt den schweren Schritt unternommen, in zorniger Aufwallung davon gegangen wäre, dem Papst ein paar Injurien an den Kopf werfend?

Nach dem, was ich höre, ist es aber gerade diese Haltung, welche das Kriegskabinett der Regierung geben will; und damit wird ganz derselbe alte Fehler begangen, der allen unseren amtlichen Handlungen des alten Regimes zu grunde lag: man läßt sich von den Hetzreden (...) soweit auf-

*reizen, daß man erklärt: an die Möglichkeit, dass Wilson (früher war es die englische Friedenspartei) sich durchsetzt, glauben wir nicht. Folglich nehmen wir darauf keine Rücksicht mehr. Hier liegt ein Denkfehler zugrunde: wenn man an die Rettungsmöglichkeit nicht glaubt, sie deshalb nicht zu explorieren. Hierzu hat man bei der Wichtigkeit der Sache nur dann ein Recht, wenn man nachweisen kann, daß der Versuch ernstlich schaden könnte. Und das muß in unserem Fall verneint werden. Es ist deshalb mehr, als man verantworten kann, aus Unmut Wilsons potentiellen guten Willen von sich zu stoßen. Und doch ist es das, was geschehen wird, wenn nicht noch besserer Rat siegt. Aber woher soll der kommen? Es ist ja die dickfellige Unterschätzung der Völker- und Menschenpsychologie schuld, gegen die kein Kraut gewachsen ist. Diesmal **kann** an ihr das deutsche Volk zugrunde gehen – das mitansehen, und nicht sprechen zu dürfen, kann selbst ein starkes, mutiges Herz brechen, besonders wenn es die Kraft der Hingabe hat, die Eure Hoheit an ihm kennen. (...) Eure Großherzogliche Hoheit allein kann uns retten – aber nicht, indem sie sich in der Weise opfert, daß sie sich ihre Ueberzeugung abringen lässt, sondern indem sie durchsetzt, wo es um Tod und Leben der Nation geht. Ich bin mit der Bitte um Vergebung Eurer Hoheit sehr ergebene, sehr ergebene Lina Richter"[345]*

Linas Brief im Gedächtnis trifft Max von Baden einen Tag später den Kaiser. In einer eindringlichen Rede drängt der Kanzler auf die Aufgabe des totalen U-Boot-Krieges. Ein Entgegenkommen in diesem Punkt könnte Wilson überzeugen, nicht die Abdankung Wilhelms II. zu fordern. Am Ende der Besprechung entgeht ein entsprechender Befehl an das Militär. In derselben Nacht unterschreibt der Staatssekretär Solf die Antwortnote an Wilson mit dem Zugeständnis der Einstellung des U-Boot-Krieges. Auf seine bedeutungsvolle dritte Frage erhält der Präsident diese Antwort: „... *daß das Friedens- und Waffenstillstandsangebot ausgeht von einer Regierung, die, frei von jedem willkürlichen und unverantwortlichem Einfluss, getragen wird von der Zustimmung der überwältigenden Mehrheit des deutschen Volkes.*"[346] Drei Tage später sendet Wilson seine dritte Note. Die Völker der Welt, so der Präsident, hätten kein Vertrauen mehr in die Worte derjenigen, die bisher die Beherrscher der deutschen Politik gewesen seien. Die Vereinigten Staaten würden nur mit „*wahrhaftigen*"[347] Vertretern des deutschen Volkes verhandeln, nicht mit monarchischen Autokraten.

Max von Baden: „*Die Worte Wilsons waren klug berechnet; sie sollten – und sie würden – dem deutschen Volk sagen: Wir verlangen nicht eure Kapitulation; ihr könnt gleich in Friedensverhandlungen eintreten, wenn ihr Euch von euern bisherigen Herren unabhängig macht.*"[348]

Aufgebracht über Wilsons Forderungen reist Ludendorff nach Berlin und veröffentlicht eine Erklärung, die sich wie ein Bruch mit den USA liest. Den Wunsch des Generals nach einem Aussetzen der Verhandlungen mit den USA lehnt die neue Regierung ab. Ludendorff bittet um seinen Abschied und erhält ihn. Der ehemalige Militärdiktator ist entlassen. Am 26. Oktober verabschiedet der Reichstag gegen die Stimmen der Konservativen die lang erwartete Verfassungsänderung. Der Kanzler ist nun vom Vertrauen des Reichstags abhängig, „*der Reichskanzler trägt die Verantwortung für alle Handlungen von politischer Bedeutung, die der Kaiser in Ausübung der ihm nach der Reichsverfassung zustehenden Befugnisse vornimmt. Der Reichskanzler und sein Stellvertreter sind für ihre Amtsführung dem Bundesrat und dem Reichstag verantwortlich.*"[349] Das Parlament entscheidet künftig mit Mehrheit über Kriegserklärung und Friedensschluss. Auch das Militär unterliegt der Kontrolle des Reichstages. Einen Tag später unterschreibt Staatssekretär Solf die Antwort auf die 3. Wilson-Note mit einer unbedingten Erklärung für Frieden und Waffenstillstand. Der Kanzler allerdings verbringt die entscheidenden Tage im Oktober im Bett seiner Suite im Hotel Adlon. Die Spanische Grippe hat nun auch ihn erwischt und zur Handlungsunfähigkeit verdammt. Lina Richter nutzt die Tage, um Denkschriften zur mittlerweile unaufhaltsamen Abdankung des Kaisers zu verfassen. Ein freiwilliger Entschluss des Kaisers, so ihre Überzeugung, würde die Friedensverhandlungen erleichtern und gleichzeitig der republikanischen Bewegung das Rückgrat brechen. Lina bleibt überzeugte Monarchistin. Ein Volkskönigtum, in dem Initiative und Führung in der Hand des

Kaisers ruhten, die Zustimmung des Volkes aber durch seine verfassungsmäßigen Instanzen gesichert sei, ist ihre Vorstellung von einer Nachkriegsordnung.

Doch der Kaiser ist zu der *„Opfertat"[350]* nicht bereit und verlässt stattdessen das Land. Am 29. Oktober empfängt Cornelie Richter einen Brief, in dem Kaiserin Auguste Victoria für die Glückwünsche zu ihrem 60. Geburtstag danken lässt. Es ist der Tag, an dem Wilhelm II. nach Spa abreist mit der offiziellen Begründung, die OHL wünsche seine Gegenwart an der Front. Prinz Max von Baden glaubt bei der Nachricht an einen *„schlechten Witz"[351]*, muss sich jedoch eines Besseren belehren lassen: *„Du hast Ludendorff abgesetzt, nun muss ich Groener einführen."[352]* In seinen *Erinnerungen und Dokumenten* belegt Max von Baden später, dass es nicht die Oberste Heeresleitung war, die die Kaiserreise angeregt hatte. Am selben Abend fordern die Sozialdemokraten den Kanzler nachdrücklich auf, Wilhelm II. die Abdankung nahezulegen. Kurt Hahn, von diplomatischen Gesprächen aus Kopenhagen zurückgekehrt, äußert ebenfalls die Überzeugung, die Monarchie und die Hohenzollerndynastie könnten nur gerettet werden, *„wenn die Abdankung des Kaisers (...) so früh und in solcher Form erfolgt, daß das Volk dem Kaiser dafür dankbar ist."[353]* Nach heftigen Diskussionen in der Regierung – nicht alle Staatssekretäre befürworten die Abdankung – schickt Max von Baden am 1. November, es ist ein Freitag, den preußischen Innenminister Wilhelm Drews nach Spa, mit der Aufgabe, den Kaiser über die innenpolitischen Diskussionen um die Krone zu informieren. Der Kaiser möge zugunsten seines Enkels abdanken, Max von Baden solle die Regentschaft für den minderjährigen Prinzen übernehmen. Wilhelm II. ist erzürnt, lehnt brüskiert ab und erinnert seinen Cousin an das Versprechen, ihm den Thron unbedingt zu erhalten. Und nun strebt das angesichts der immer noch kämpfenden und sterbenden Soldaten unwürdige Schauspiel seinem Höhepunkt zu. Die Kaiserin in ihrem Palais in Potsdam schäumt vor Wut, greift zum Telefon und ruft Max von Baden an. Es folgt ein hitziges Gespräch. Die Kaiserin erpresst den Prinzen, seine Homosexualität öffentlich zu machen, sollte der Kanzler entgegen früheren Versprechungen weiter die Abdankung ihres Mannes betreiben. Max von Baden, immer noch geschwächt von der Grippe, erleidet einen schweren Nervenzusammenbruch, droht mit Selbstmord – angeblich soll er mit einer Pistole bewaffnet durch das Adlon getobt sein –, woraufhin ihn sein Arzt in ein künstliches Koma versetzt. Das Reich ist führerlos, der Kaiser weg, der Kanzler handlungsunfähig, und in der Hauptstadt beginnt der Aufstand. Nach drei Tagen Dämmerschlaf erwacht Max von Baden, ist aber kaum zu weitreichenden Entscheidungen fähig. Seine politischen Gegner treiben die Entmachtung voran, Linas ehemaliger Chef von Haeften plant in Absprache mit Vizekanzler von Payer die Übernahme der Amtsgeschäfte. Das enge Umfeld des Kanzlers kann dies gerade noch verhindern. Und mittenrein in diese aufreibenden Tage platzt für Lina die Meldung über die vermisste und vermutlich gesunkene *SMS Schlesien* mit ihrem Sohn Curt an Bord. Das Gefühlchaos meiner Urgroßmutter an dem Tag kann ich nur erahnen, noch nie habe ich eine ähnlich verzweifelte Situation erleben müssen. Quälend ziehen sich die Stunden dahin, bis das erlösende Telegramm endlich in Wannsee eintrifft, wo sich die Familie versammelt hat. Auch Cornelie Richter ist in diesem Spätherbst noch nicht aus ihrer Sommerresidenz in die Hauptstadt zurückgekehrt. Die Straßen Berlins erscheinen ihr zu unsicher in den letzten Kriegstagen.

Die freiwillige Opfertat wäre besser und wirksamer gewesen, nun bleibt dieser letzte Ausweg

Otto Reutter
Wenn's heute heißt, der Krieg ist aus

Ich habe drüber nachgedacht
Was tät ich voller Freud'
Wenn's plötzlich hieß, der Krieg ist aus.
Wir haben Frieden heut'!
Dass wir gewinnen endlich
Setz ich dabei voraus,
denn früher selbstverständlich,
ist der Völkerstreit nicht aus.
...

Wenn's heute heißt, der Krieg ist aus
Geh' ich zum Reichstag rein,
dort bringe ich ein donnernd Hoch
den sämtlichen Partei'n
Und kommt der Liebknecht reingehüppt,
dann lüft ich auch den Hut:
„Du hast da draußen mitgeschippt,
ich bin dir wieder gut."
...

Wenn's heute heißt, der Krieg ist aus
Gibt's Butter – Gott sei Dank,
die ganze Marmelade
die fliegt aus dem Schrank.
Ich esse alles was mir frommt
Selbst Kaviar leist' ich mir.
Und wenn er auch aus Russland kommt,
da kann er nischt dafür!
(Text und Melodie: Otto Reutter, Teich/Danner 268)

Die deutsche Bevölkerung ist im Herbst 1918 müde und ausgezehrt vom täglichen Kampf um das nackte Überleben. Sämtliche Grundnahrungsmittel sind knapp, die tägliche Fettration liegt pro Kopf bei zehn Gramm. Das Reichsversorgungsamt ordnet fleischlose Wochen an. Jeweils eine Woche pro Monat darf der Handel kein Fleisch anbieten. Immerhin teilt die Reichsstelle für Obst und Gemüse mit, dass die Versorgung mit Reichsmarmelade gesichert sei. Die Marmelade werde zur Hälfte mit Mohrrüben gestreckt.[354] Immer mehr Arbeiter und Soldaten beginnen angesichts der katastrophalen Lebensumstände gegen den Kaiser aufzustehen. Langsam setzt sich die Revolution in Marsch. Die Bewegung ergreift in der ersten Novemberwoche immer mehr Städte. In Hamburg, München, Braunschweig, Magdeburg, Leipzig tobt der Aufstand, rufen Arbeiter- und Soldatenräte zu Kundgebungen gegen den Kaiser und für die Ausrufung einer Republik auf. Auch in Berlin entwickelt sich die Lage immer brenzliger, es steht ein Generalstreik bevor.

Harry Graf Kessler: *„Unter den Linden sind heute viele Häuser rot beflaggt. Am Eckhaus, Linden 78, wo Richters wohnen, sieht man an den Mansardenfenstern Spuren der Beschießung. Eine ruhige, nicht sehr große Menge wogt die Linden auf und ab. Wie seit zwei Tagen überall auch hier viele schnell durchfahrende rotbeflaggte Autos. Man gewöhnt sich allmählich an dieses Schauspiel der Revolution, das wenig abwechslungsreich ist.“*[355]

Die am 26. Oktober verkündete Verfassungsänderung, die den Sieg der bürgerlichen Demokratie verheißt, betrachten die Arbeiter und Soldaten mit großem Misstrauen. Noch können sie nicht erkennen, wie das neue System funktionieren soll. Neun von zehn Menschen in Deutschland wissen wenig bis gar nichts von ihrem Kanzler und sehen in einem Prinzen als Reichskanzler nicht gerade die Symbolfigur für einen Neuanfang.

Lina Richter: *„Die neue Regierung und ihr neuer Kanzler sind über die Zeit hinaus, wo sich alle Hoffnungen an sie knüpfen. Jetzt sollen sie* *sich bewähren. Leider werden die vielen erreichten Dinge nicht sehr gewertet; man begegnet steigender Enttäuschung. Sie gründet sich darauf, dass angeblich in den wesentlichen Eigenschaften seiner Regierung keine Änderung gegen früher zu Tage tritt. Man habe noch immer das Gefühl, dass das Reich führerlos ist. Die starke Persönlichkeit sei offenbar doch nicht gefunden, hier spricht gewiss mit, dass gegen den Prinzen von vornherein immer geltend gemacht wurde, er sei weich, und dass er also ein besonderes Zeichen des Gegenteils hätte geben müssen. Merkwürdiger Weise hat man die Entlassung Ludendorffs nicht als solches genügend bewertet."*[356]

Körperlich ist Max von Baden nach vier Wochen Kanzlerschaft am Ende seiner Kraft, kaum von der Grippe genesen, versagen die Nerven. Der Kaiser verweigert noch immer seine Abdankung, die Sozialdemokraten um Friedrich Ebert drohen mit Austritt aus der Regierung, sollte Wilhelm II. an der Krone festhalten. Der Matrosenaufstand verschärft noch einmal die Waffenstillstandsfrage, die ohne die Abdankung des Kaisers kaum zu lösen ist. Es ist Konsens, was Philipp Scheidemann am 5. November im interfraktionellen Ausschuss zu Protokoll gibt: *„Mit Waffenstillstand ist das Schlimmste abgewendet. Auf den Kaiser wollen wir keinen Druck ausüben. Aber er muß gehen."*[357]

Lina Richter: *„Wenn es dem Kaiser nicht gelingt, durch einen großen Akt des Vertrauens den Schritt vom Gottesgnadentum zum Volksgnadentum zu finden, so bleibt nur die Abdankung. Ich halte es für ausgeschlossen, dass es gelingt, ohne einen solchen Schritt die Absetzung aufzuhalten. Die freiwillige Opfertat wäre besser und wirksamer gewesen – nun bleibt dieser letzte Ausweg."*[358]

Am selben Tag nimmt Max von Baden erstmals wieder an einer Kabinettssitzung teil. Über vier Stunden beraten die Minister die Kriegslage. Am Ende von unzähligen aufreibenden Gesprächen, Briefwechseln und Telefonaten mit Politikern aller Parteien wendet sich Max von Baden als Kanzler und Cousin am 8. November noch einmal an den Kaiser.

Prinz Max von Baden: „*Was ich Euer Majestät durch Herrn v. Hintze habe sagen lassen, muss ich als Verwandter wiederholen. Deine Abdankung ist notwendig geworden, um den Bürgerkrieg in Deutschland zu vermeiden und um Deine Mission als Friedenskaiser bis zum Schluss zu erfüllen. Das Blutvergießen würde dir zu Last gelegt werden. (...) Ich habe mich gegen den Gedanken gewehrt, aber die Situation ist heute unhaltbar, die Abdankung würde überall dankbar als befreiende und heilende Tat begrüßt werden. (...) Es ist die letzte Stunde. (...) Wenn die Abdankung heute nicht erfolgt, so kann ich nicht mehr mitarbeiten – Mein Rat ergeht heute als Verwandter und Fürst. Das freiwillige Opfer ist erforderlich, um deinen Namen in der Geschichte zu erhalten.*"[359]

Der Kaiser lehnt erneut ab. Doch die Zeit wird immer knapper. Der 9. November ist ein trüber, regnerischer Sonnabend. Auf dem Programm der Berliner Kammerspiele steht für den Abend passenderweise das Stück *Der Scheiterhaufen*.[360] In der Reichskanzlei wartet Max von Baden voller Ungeduld neben dem Telefon auf die Freigabe der Abdankungserklärung. „*Ich sagte mir: Die Revolution ist im Begriff, siegreich zu sein; wir können sie nicht niederschlagen, vielleicht aber ersticken. Jetzt heraus mit der Abdankung, mit der Berufung Eberts, mit dem Appell an das Volk, durch die Verfassunggebende Nationalversammlung seine eigene Staatsform zu bestimmen. Wird Ebert mir als Volkstribun von der Straße präsentiert, dann kommt die Republik, ist es Liebknecht, auch der Bolschewismus.*"[361] Auf den Straßen Berlins, auf denen auch Frauen und Kinder rote Fahnen schwenken, verbrüdern sich Soldaten und Demonstranten. Die ersten Firmen legen die Arbeit nieder. Noch riegelt das Militär strategische Punkte ab und sichert das Regierungsviertel. Doch unter den Soldaten rumort es. Bereits in den frühen Morgenstunden verkündet ein Offizier der als besonders kaisertreu geltenden Naumburger Jäger wider besseres Wissen die Abdankung des Kaisers und fordert die Solidarität seiner Truppe mit der Arbeiterschaft.

Lina Richter: „*Der Offizier tat im Kleinen, was Prinz Max im Großen einige Stunden später tun musste. Er gab die Abdankung bekannt, um die Entrüstung der sie verlangenden Truppen zu beschwichtigen und in unblutige Bahnen zu lenken."[362]*

Aus dem Hauptquartier gibt es bis zum späten Vormittag noch keine Entscheidung. Erst um elf Uhr klingelt in der Reichskanzlei das Telefon. Der Kaiser sei zur Abdankung entschlossen, in einer halben Stunde erhalte der Kanzler die genaue Formulierung für die Öffentlichkeit. Wenige Minuten später kommt aus dem Reichstag der nächste Anruf und kündigt die Rücktrittsgesuche aller SPD-Regierungsvertreter an. Die Minuten verrinnen, der Kanzler versucht noch einmal, seinen Kaiser zu erreichen. Vergeblich. Im Hauptquartier ist ein Telefon besetzt, eines abgehängt. Auf den Straßen verweigern zur gleichen Zeit immer mehr Truppenteile ein Vorgehen gegen die Demonstranten. Von Minute zu Minute wächst damit das Risiko, dass das Volk seinen Kaiser absetzt, bevor dieser aus freien Stücken abdanken kann. Um zwölf Uhr schließlich gibt Max von Baden die Abdankung auf eigene Verantwortung bekannt: *„Der Kaiser und König hat sich entschlossen, dem Throne zu entsagen. Der Reichskanzler bleibt noch so lange im Amte, bis die mit der Abdankung des Kaisers, dem Thronverzicht des Kronprinzen des Deutschen Reiches und von Preußen und der Einsetzung der Regentschaft verbundenen Fragen geregelt sind. Er beabsichtigt, dem Regenten die Ernennung des Abgeordneten Ebert zum Reichskanzler und die Vorlage eines Gesetzentwurfs wegen der sofortigen Ausschreibung allgemeiner Wahlen für eine Verfassunggebende deutsche Nationalversammlung vorzuschlagen, der es obliegen würde, die künftige Staatsform des deutschen Volkes, einschließlich der Volksteile, die ihren Eintritt in die Reichsgrenzen wünschen sollten, endgültig festzustellen."[363]* Im Generallandesarchiv in Karlsruhe hielt ich handgeschriebene Entwürfe zur Abdankungserklärung in den Händen, immer wieder waren Sätze durchgestrichen, wurde um bessere Formulierungen gerungen. Zeitgleich erregen sich in der Reichskanzlei die Gemüter um den Schießbefehl. Dieser ergeht zunächst, um Leben und Eigentum der Bürger zu schützen und Regierungsgebäude zu sichern. Im Übrigen soll von der Schusswaffe kein Gebrauch gemacht werden. Doch immer mehr Soldaten schließen sich den bewaffneten Zivilisten an. Kabinett und Militärführer rangeln in den entscheidenden Morgenstunden um Kompetenzen. Eduard David trägt die dringende Bitte vor, nicht schießen zu lassen, die überwiegende Mehrheit der Soldaten würde einen entsprechenden Befehl ohnehin nicht befolgen. Für Lina Richter muss die Situation unerträglich sein. Vor nur wenigen Tagen floh Sohn Curt auf der *SMS Schlesien* vor der Marine des eigenen Landes, wäre beinahe Opfer des Matrosenaufstandes geworden. Sollen jetzt in Berlin deutsche Soldaten auf deutsche Frauen und Kinder schießen?

In den Aufzeichnungen aller Beteiligten geht es später vor allem darum, zu welchem Zeitpunkt welcher Befehl erfolgt sei und ob ein gewaltsames Niederschlagen der Revolution die Monarchie noch hätte retten können. Lina Richter dokumentiert die Vorgänge in der Reichskanzlei minutiös, die seitenlangen Ausarbeitungen geben einen detaillierten Einblick in die sich immer weiter zuspitzende Lage im Machtzentrum und decken sich widersprechende Aussagen nachvollziehbar auf.

Lina Richter: *„Jedenfalls ist durch alle Aussagen festgestellt, dass das Schießverbot nach Bekanntwerden der Thronentsagung angeschnitten wurde und folglich keinerlei Wirkungen mehr auf den Sturz der Monarchie haben konnte.“*[364]

Unmittelbar nachdem er die Abdankung des Kaisers verkündet hat, übergibt Prinz Max von Baden die Regierungsgeschäfte an Friedrich Ebert. Aus einem Fenster des Reichstages proklamiert Philipp Scheidemann kurz darauf das Ende des Kaiserreiches und die Gründung der Republik: *„Das Alte und Morsche, die Monarchie, ist zusammengebrochen. Es lebe das Neue, es lebe die Republik.“*[365] Ebert ist entsetzt, er möchte eine Entscheidung über die künftige Staatsform der verfassunggebenden Versammlung überlassen, sieht sich nur als Treuhänder der Macht. Max von Baden packt zu dem Zeitpunkt bereits seine Koffer, reist noch am Abend nach Salem ab. Eduard David beendet kurz und knapp sein Kriegstagebuch: *„9.11.: Abdankung des Kaisers, Revolution, Republik.“*[366]

Etwas ausführlicher schreibt der linksliberale Politiker Conrad Haußmann: *„Der Geburtsfehler der Oktoberregierung war, daß sie* *erst Oktoberregierung war. Eine Septemberregierung und vor allem eine Märzregierung hätte noch handeln können.*[367] Lina Richter hätte diesen Satz unterschrieben, schließlich hatte sie Prinz Max schon seit dem Sturz Bethmanns als Kanzler favorisiert. Während der Lektüre von Lothar Machtans kritischer Biografie über den letzten Kanzler des Kaisers habe ich mich immer wieder gefragt, welche besondere Anziehungskraft Max von Baden auf Lina Richter ausgeübt hat. Warum ist sie ihm so kritiklos und geradezu schwärmerisch verfallen? Es muss eine große geistige Sympathie zwischen ihr und dem Prinzen geherrscht haben, die sie über rationale Erkenntnisse gestellt hat. Lina Richter selbst wirkt in ihren Briefen auch immer ein wenig dem Tagesgeschehen entrückt in größeren philosophischen Zusammenhängen denkend. Ihre politischen Hoffnungen ruhen – als die militärische Niederlage unausweichlich scheint – auf einer konstitutionellen Monarchie mit einem Wahlrecht für Frauen und einer linksliberal ausgerichteten Regierung, die sich dennoch den Werten des Bürgertums verpflichtet fühlt. Sehr gerne wäre sie Teil dieser Regierung geworden, im Stab des Prinzen, wäre er an der Macht geblieben. Sie mag *„ihren schönen Stern"*[368] nicht untergehen sehen.

Lina Richter: *„Eurer Großherzoglichen Erfahrungen kann ich von hier bestätigen; gerade im Volk hört man immer wieder die Klage; warum könne er nicht bleiben. Frauen stellen mir naiv die Frage, ob sie den Prinzen Max wählen könnten, wenn er in die Nationalversammlung käme. Mit jedem Tage mehr tritt der Gegensatz zwischen der vorigen Regierung und der heutigen des Interregnums mehr hervor als dem Gegensatz zwischen Licht und Finsternis entsprechend, zwischen Klarheit und Wirrsal, Schönheit und Häßlichkeit.* <u>*Schön*</u> *war die ‚Volksregierung' mit dem Prinzen an der Spitze – vielleicht ersteigt die Schönheit nun aus dem Wahlgang des ganzen Volkes."*[369]

Zwei Tage nach der Abdankung von Kaiser und Kanzler unterzeichnet Matthias Erzberger im Wald bei Compiègne nördlich von Paris das Waffenstillstandsabkommen mit den Westmächten. Das Abkommen sieht u. a. den Abzug des deutschen Militärs aus allen besetzten Ländern vor. Die Entente übernimmt die Kontrolle über das linksrheinische Reichsgebiet. Die Hungerblockade wird nicht aufgehoben. Eine neue Zeit bricht an. Der Krieg ist vorbei, wie wird der Frieden aussehen? Welche Bedingungen muss Deutschland akzeptieren? Wie wird über die Frage der Kriegsschuld entschieden? Für Lina Richter rückt diese Frage immer mehr in den Mittelpunkt ihres Denkens. Sie glaubt noch immer, dass Deutschland die moralische Führerrolle in der Welt zusteht. Ein Frieden ohne einseitige Schuldzuweisung soll diesen Anspruch untermauern. In den Geschichtsbüchern findet sich der Begriff ethischer Imperialismus, Prinz Max von Baden hat ausführliche Denkschriften dazu erarbeitet oder erarbeiten lassen. Seine Gedanken nimmt auch meine Urgroßmutter in ihren Briefen immer wieder auf. In Berlin beobachtet Lina Richter schon seit Wochen voller Mitleid die heimkehrenden Männer. Viele sind zu Krüppeln an Geist und Seele geworden, ihre Frauen am Ende der Kraft, ihre Kinder krank. *„Der unglückselige Krieg ist vorbei. Die Folgen des Krieges, Not und Elend, werden noch viele Jahre auf uns lasten"*[370], prophezeit Philipp Scheidemann in seiner Fensterrede. Kurz nach Scheidemanns Rede ruft Karl Liebknecht vom Berliner Stadtschloss die „Freie Sozialistische Republik"[371] aus. In dieser unübersichtlichen Situation verständigen sich SPD und USPD auf einen Rat der Volksbeauftragten, der die Regierungsgeschäfte übernehmen soll. Dem provisorischen Revolutionsgremium gehören je drei SPD- und drei USPD-Mitglieder an. Das Gespenst des Bolschewismus ruft immer noch Ängste hervor. Ebert sichert sich die Unterstützung des Ludendorff-Nachfolgers Wilhelm Groener im Kampf gegen linksradikale Revolutionäre. Der Ebert-Groener-Pakt, die Zusammenarbeit mit Vertretern der alten kaiserlichen Macht, kommt nicht bei allen SPD-Anhängern gut an. Die Wirren des Novembers lassen Lina Richter nicht zur Ruhe kommen. Der Kontakt zu Max von Baden ist längst nicht abgebrochen, dem Prinzen bleibt sie wichtige Ratgeberin.

Lina Richter: *„Eure Hoheit erweisen mir großes, mich sehr ehrendes Vertrauen durch Mitteilung der Sorgen, Bedenken und Ideen, die Sie jetzt bewegen. Ich bin mir nicht klar darüber, ob es im Sinne Eurer Hoheit wäre, daß ich Hahn's Rückkehr nicht abwarte, sondern mit Ha-*

eften und Simons über die Frage bereits spräche, die die Sicherstellung des Thatbestandes der ersten Regierungswoche angehen. (…) Ich glaube, daß die Abwägung dieser zwei Gesichtspunkte, des Wunsches nach fester, würdiger nationaler Reichsleitung, und der Notwendigkeit, jeder neuen Regierung die Zustimmung der Volksmehrheit zu sichern, auch auf die Gedanken Anwendung finden muß, die Eure Hoheit berühren: daß Ihnen der Fehler der S.dem-Partei immer klarer werde, am 9/11. das Parteiinteresse über die Sache Deutschlands gestellt zu haben. Im erschreckten wohlhabenden Bürgertum, aber auch manchmal aus Kreisen der Armee, wird nämlich der zweite überraschende Schritt von Eurer Hoheit Regierung, der Entschluß der Abgabe der Macht an Ebert-Haase (…) oberflächlich beurteilt. Warum, fragen Solche, ließen Eure Hoheit nicht treue Regimenter kommen und erstickten im Keime (entweder schon in Kiel oder in Berlin) die Usurpation der A. und S. Räte? So oft mir dies begegnete, habe ich das Argument gebraucht: dann wäre die ganze Sozialdemokratie gezwungen gewesen, in die Opposition zu gehen, es hätte den Bürgerkrieg gegeben und die Militärdiktatur. Die Sozialdemokratie der Ebert-Scheidemann nun kann für sich dasselbe Argument brauchen, hätte sie sich der Bewegung versagt, so wäre ihr Einfluß im Volk dahin gewesen, und ihre Führer in der Regierung hätten gegen die eigenen Massen regiert. Mir scheint, dies muß festgehalten werden: es ist noch Schlimmeres verhütet worden. Wer weiß, ob die ‚regierungstreuen‘ Truppen (wir haben eben nette Einquartierung solcher) zu haben wären, wenn nicht Ebert's Name dafür bürgte, daß auch Sozialdemokraten der Regierung trauen können? Daß dieser solide Mann da steht und sich durch die schweren letzten Wochen gehalten hat, ist Euer Hoheit unschätzbares Verdienst. Daran muss m. E. festgehalten werden auch gegen eigenes Irrewerdenwollen. Eure Hoheit weiß, ich habe damals den Entschluß mit einem Schrei der Verzweiflung begrüßt. Aber ich habe mich dazu durchgerungen, darin das heroische Heilmittel gegen eine Tod drohende Erkrankung zu sehen. Sobald aber Eure Hoheit zu dem Glauben kommen, die Soz.dem. habe ‚ihr Parteiinteresse über die Sache Deutschlands gestellt‘, erschüttert das den Glauben an die Berechtigung des heroischen Mittels. Verzeihen Euer Hoheit diese Warnung, sie ist auch durch die Sorge eingegeben, daß gewisse Kreise Eure Hoheit von der einzigartigen Position wegziehen möchten, die ihr das Vertrauen der Bürgerschaft wie der soliden Sozialdemokratie geschaffen hat."[372]

In Wannsee hoffen Welle, Leo und Bex, die Mutter nun wieder öfter zu sehen, freuen sich auf eine friedliche Weihnachtszeit, auf gemeinsames Backen, Basteln oder Geschichtenerzählen. Vielleicht lässt sich auch wieder einmal ein Puppentheaterstück einstudieren vor den Kulissen aus alten Tagen. Curt ist noch in Swinemünde, Gustav in Frankreich. Er wird auch am Heiligen Abend noch nicht bei der Familie sein. Besinnlich feiert die Familie das Fest, an dem nach so langer Zeit endlich nicht mehr gekämpft und gestorben wird. Aus dem ostpreußischen Tataren sendet Ernst von Saucken nachdenkliche Zeilen.

Ernst von Saucken: „*Meine geliebte Lina, auch an diesem Abend, an dem es so ganz unmöglich ist, die Stimmung aufzubringen, die sonst von diesem Abend unzertrennlich war, selbst in den vier Kriegsjahren noch, sollst Du nicht ohne einen herzlichen Gruß von mir bleiben. Den Besitz lieber Menschen empfinde ich jetzt noch dankbarer als früher, und an unsrer alten Treue soll nicht gerüttelt werden, solange man uns noch das Leben lässt. Die Dir wohlbekannte Studie (...) Dir zum Weihnachtsabend zukommen zu lassen, hatte ich Dir als Zeichen meiner Freude bei einem glücklichen Frieden zugedacht. In diesem Sinne kann ich sie Dir nicht mehr geben. Nimm sie jetzt freundlich an als einen Versuch, Dir in dieser trostlosen Zeit eine kleine Freude zu machen. (...) Grüße Deine lieben Kinder. Könnte doch Gustav schon bei Dir sein. In aller Liebe und Treue Dein O. Ernst*"[373]

Otto Reutter
's alles nur Komödie

Ein alter Krieger, der einst im Kriege
Gekämpft, gesiegt für unser Vaterland,
mit einem Stellfuß kehrt er heim vom Siege –
sein einz'ger Reichtum ist ein Ordensband.
Als einst in Deutschland alle Herzen pochten,
als unsere Heimat durch den Krieg bedroht,
da hat er kühn für's Vaterland gefochten
und heute fechtet er für's liebe Brot.
Auf Unterstützung wartet er vergebens.
Den Leierkasten spielt der alte Held
Und singt dazu das Lied: Freut euch des Lebens!
's ist alles nur Komödie auf der Welt!
(Couplet von Otto Reutter, Teich/Danner 268)

Das Ende des Krieges geht mit großen politischen und gesellschaftlichen Umwälzungen in Deutschland einher. Am 19. Januar 1919 finden die ersten Wahlen zur verfassungsgebenden Nationalversammlung nach dem Verhältniswahlsystem statt. Die SPD wird stärkste Fraktion und bildet mit dem Zentrum und der Deutschen Demokratischen Partei (DDP) die Weimarer Koalition.[374] Zum ersten Mal dürfen auch Frauen wählen sowie gewählt werden. Linas Cousine und Freundin Marie Baum ergreift die Chance und zieht für die DDP in die Nationalversammlung ein.

Lina Richter: *„Du schreibst ein unleserliches Wort, in welcher Weise Du zermalmst wirst in Weimar. Ich kann mir allerlei Gründe der Zermalmung denken – mich würde wohl am meisten zermalmen das hoffnungslose Gefühl der Unzulänglichkeit, die dort herrscht. Es ist ganz erschreckend, wie man die Reichsämter besetzt hat ohne jeden Gedanken an die Wirkung nach außen. (...) Es konnte nichts Gefährlicheres gesche-*

hen, als dass die Nationalversammlung nur ein Neuaufguss des Reichstages wurde. Dass Menschen wie Du darin sind, kommt vielleicht doch allmählich noch in Erscheinung – vorläufig ist sie eine gefügige Maschine, noch mehr als der alte Reichstag es war."[375]

Meine Urgroßmutter – das ist in ihren Denkschriften aus dem Krieg nicht zu überlesen – hatte noch nie eine besonders hohe Meinung von Berufspolitikern, und sie ist nur mäßig davon überzeugt, dass das neue Wahlrecht, welches der Nationalversammlung entsprang, den Weg zu einer wahrhaften und wehrhaften Demokratie ebnen könnte. Ein Mehrheitswahlrecht nach englischem Vorbild würde sie dem Verhältniswahlrecht vorziehen. Noch schlimmer wiegt für Lina Richter die Sitzvergabe nach Listen. Es sei der *„Krebsschaden des Wahlrechts"* [376], das nur dazu diene, alten Seilschaften zu neuer Macht zu verhelfen.

Lina Richter: *„An die aussichtsreichen Stellen kommen die alten Parteibonzen, bestenfalls deren Sekretäre. Es geschah, dass der größte Führercharakter, den damals das Parlament hätte haben können, Max Weber, zwar als Lockvogel in den Wahlversammlungen sprechen durfte, dass ihn die Wählerschaft begeistert zum Kandidaten erkor – dass er aber zu tief unten auf der Liste zu stehen kam, um noch gewählt zu werden. Das war das Todesurteil dieses Wahlrechts. Es fälscht und betrügt das Volk um echte Vertretung. Es ermöglicht eine Cliquenwirtschaft hinter verschlossenen Türen – die Wahllisten sind plötzlich da, die Parteimaschine oktroyiert sie dem Volk – niemand weiß, wie man daran eine Änderung erreichen könnte. (...) Wir haben Monate lang gesehen, wie sich im Volk die Strömungen wendeten, ohne dass im Reichstag ein kleiner Wellenschlag davon Kunde gab. Dort verteilte man die Welt, verband, trennte, jagte sich die Ministersitze ab – grösste neue Probleme tauchten auf – niemand fand sich verpflichtet, das Volk zu befragen. Es war, als ob man jemand eine Vollmacht gab, um einen Mietvertrag abzuschliessen, u. er verwendet sie, um das Haus zu verkaufen."*[377]

„An aussichtsreiche Stellen kommen die alten Parteibonzen." Mit dieser Befürchtung befindet sich Lina Richter in prominenter Gesellschaft.

Der Schriftsteller Stefan Zweig schreibt an Richard Dehmel: *„Und ich halte es für ein Unglück Deutschlands, daß es nicht unverbrauchte neue Menschen an seine Seite stellt, daß es wiederum Erzberger und die anderen Geschmeidigen nahm, die ihm unendlichen Schaden getan. Warum sprach nicht ein Dehmel, ein Hauptmann, ein Thomas Mann in der deutschen Nationalversammlung, sondern ein Professor, zwei Rechtsanwälte und sonst Professionspolitiker?"*[378] Die Diskussion um die Befähigung von Berufspolitikern hat nichts an Aktualität eingebüßt. Das Verhältniswahlrecht *„fälscht und betrügt das Volk um echte Vertretung"*. Mit dieser Einschätzung nimmt Lina Richter eine Auseinandersetzung vorweg, die in der Weimarer Republik erst Mitte der Zwanzigerjahre offen geführt werden sollte. Bis zu 15 Parteien nahmen damals auf den Parlamentsbänken Platz, und Historiker diskutieren bis heute, ob und inwieweit das Verhältniswahlrecht zum Sturz der Weimarer Republik beigetragen hat. Parlamentarisches System und Proporz schlössen sich gegenseitig aus[379], prophezeit Friedrich Naumann, Theologe und später Mitbegründer der DDP. Für die SPD jedoch ist nach dem Mehrheitswahlrecht im Kaiserreich das Verhältniswahlrecht unverzichtbarer Bestandteil der Demokratie und daher nicht verhandelbar. Trotz ihrer politischen Nähe zur Sozialdemokratie und der persönlichen Sympathie für einige ihrer Politiker, in diesem Punkt wirft Lina Richter der Partei unreflektierten Machthunger vor, nennt sie eine *„Schleppenträgerin"*[380] der Regierung.

Lina Richter: *„Ich zittere vor der Verfassung, die zustande kommen wird als Ergebnis von Parteienhandel. Hast Du jemals Bryce ,American Commonwealth' gelesen? Wie da die Fathers of the Constitution im Bewusstsein ihrer grossen Aufgabe sich in die Stille zurückzogen und unberührt auch von der Zeitströmung des Tyrannenhasses nach der Befreiung dafür sorgten, dass die Fehlerquellen der Demokratie einigermaßen konterkariert wurden. Ich las kürzlich die gute Bemerkung, die Sozialdemokratie scheine leider nicht zu begreifen, dass es falsch sei, ihre Abwehrhaltung gegen eine gestärkte Regierungsgewalt, die sie der Autokratie gegenüber eingenommen, jetzt der neuen Situation gegenüber beizubehalten – die gerade ein umgekehrtes Verhalten brauche. Überhaupt* hat leider keiner der sozialdemokratischen Führer den sittlichen Mut, das einzugestehen, was er während der ersten Monate gelernt haben mag."[381]

Das Ringen um einen Listenplatz für die DDP wird Lina nicht aufnehmen, politisch untätig bleibt sie in der neuen Republik dennoch nicht. Ihre Anstrengungen zielen auf die Ausgestaltung des Friedensvertrags nach dem verlorenen Krieg. Deutschland darf nicht als alleinschuldige Macht gebrandmarkt werden. Der Krieg soll nicht als das Ergebnis einer deutschen Verschwörung in die Geschichtsbücher eingehen. Welchen Einfluss kann Lina Richter nehmen? Sie verfügt über ausgezeichnete Kontakte, kann überzeugend und sachkundig formulieren, aber sie hat kein Verhandlungsmandat. Ihr bleibt wieder einmal die Arbeit im Hintergrund. Auf Initiative von Kurt Hahn gründet sich im Februar 1919 der Verein Arbeitsgemeinschaft für Politik des Rechts, oder: Heidelberger Vereinigung. Nationalliberale Persönlichkeiten versammeln sich im Haus des Soziologen Max Weber in Heidelberg, um Wege für einen Rechtsfrieden aufzuzeigen. Der Vereinigung schließen sich liberale und sozialdemokratische Politiker, Industrielle und Wissenschaftler an. Klangvolle und im Ausland bekannte Namen wie Max Weber, Robert Bosch, Hans Delbrück, Graf Max Monteglas oder Albrecht Mendelssohn Bartholdy stehen neben Prinz Max von Baden auf der Gründungsurkunde. Neben knapp 30 Männern sind auch zwei Frauen von Anfang an dabei: Lina Richter sowie die Rechtshistorikerin und Politikerin Marianne Weber arbeiten mit für einen Friedensschluss auf Augenhöhe mit den ehemaligen Feinden. Unterstützung erhalten sie auch aus England von Lina Richters Verbündetem E. D. Morel. Das Engagement meiner Urgroßmutter spricht sich schnell auch bei den politisch bewegten Frauen in Berlin herum.

Helene Gräfin von Harrach: „Ich las Linas Namen unter einem Aufruf aus Heidelberg – mit u. a. den des Grafen M. Monteglas – diese Art Arbeit ist wohl eine der sympathischsten – Möchte sie nicht wirkungslos bleiben."[382]

In der Gründungsurkunde der Heidelberger Vereinigung finden sich die Argumente wieder, mit denen das Büro Richter/Hahn schon während des Krieges für eine Verständigung mit dem Gegner, vor allem mit England geworben hat. Auch taucht erneut die Forderung auf, eine unparteiische Untersuchungskommission, der alle Archive geöffnet würden und vor der alle Parteien zu Wort kommen, solle die Schuldfrage klären. Max von Baden wollte diesen Punkt bereits in seine Regierungserklärung aufnehmen, es kam bekanntermaßen anders. Die Entente dürfe nicht in eigener Sache Recht sprechen, da eine gemeinsame Schuld aller kriegsführenden Großmächte Europas vorliege, so die Überzeugung.

Lina Richter: *„Je näher die Friedensverhandlungen rückten, desto dringlicher schien Hahn, die Weltmeinung zum Widerstand gegen die zu erwartenden Bedingungen aufzuwecken. Zwei Argumente wollte er der Welt vor Augen führen: die Mitschuld Frankreichs und Russlands am Kriege, und die Verpflichtungen, die der mit dem Prinzen Max als Kanzler abgeschlossene Vertrag vom 5. November 1918 (der Vertrag der vierzehn Punkte) den Alliierten auferlegte."*[383]

Lina Richter führt zunächst die Sitzungsprotokolle und übernimmt die Korrespondenz der Heidelberger Vereinigung. Umfangreiche Ausarbeitungen zur Schuldfrage werden von Lina redigiert, ergänzt und kommentiert. Zudem übersetzt und wertet meine Urgroßmutter – wie schon im Außenministerium während des Krieges – die englische Presse aus. Der öffentlichen Meinung will sie den Puls fühlen, um die Menschen in England, den USA und den neutralen Ländern auf die Seite der Deutschen zu ziehen. Zweimal im Monat veröffentlicht und kommentiert Lina Richter die umfangreiche Presseschau, sucht Antworten auf die Frage: Wie stark ist der Druck der englischen Öffentlichkeit auf die Delegation? Über ihre Arbeit berichtet sie Marie Baum, die sich später der Heidelberger Vereinigung anschließen wird, ebenso wie die Frauenrechtlerin Alice Salomon.

Lina Richter: *„Liebe Marie (...) ich habe in letzter Zeit ganz besonders viel an Dich gedacht, weil Du mir sehr fehltest in dem Kreise von Männern, mit dem ich soeben acht Tage in Heidelberg zusammen war.*

Es war eine Zusammenkunft von Gleichgesinnten unter Aegide Max Webers und des Prinzen Max von Baden, um ein einheitliches Wirken in der Öffentlichkeit zu vereinbaren. Ich hätte Dich gerne dabei gehabt, aber leider verzögerten äussere Umstände die Sache so lange, bis die National-versammlung zusammenkam. (...)

Die Heidelberger Vereinigung hatte diesmal zunächst das Ziel, die Haltung gegenüber dem Ausland zu vereinbaren, und durch solche Na-men, die bei den Feinden und Neutralen Ansehen geniessen, weil sie das Recht hochhielten als es uns gut ging, heute bestätigen zu lassen, dass sie das, was die Entente tut, verurteilen müssen. (...) Die Namen, die wir haben, sind dazu gut geeignet. Auch Prinz Max selbst geniesst, wie wir wissen, ein grosses Ansehen bei dem besseren Teil der Entente, zu dem ich vorläufig Wilson noch rechne. (...) Natürlich haben sich die Teilnehmer unserer Vereinigung nicht darüber getäuscht, dass erst einmal Deutsch-land im Inneren aufrecht stehen muss und ein besseres Gesicht zeigen als heute, damit es als Nation wieder – wenn auch widerwillig erteilte – Achtung erwirbt. (...)

Hätten wir nur in der Regierung nicht lauter Männer, die nur ein einziges Gebiet der inneren Politik beherrschen, von auswärtiger keine Ahnung haben und Brockdorff, der wohl sehr famos sein kann, niemals richtig unterstützen können! Die Idee, dass es keiner Vorbildung dazu bedürfe, um an der Spitze eines Staates zu stehen – früher dachte man sich umgekehrt den Kanzler nur als Diplomaten möglich – die ist nur darum möglich, weil eben darüber Leute nachdenken, die nie über die engen Parteischranken geblickt haben."[384]

Am Tag vor den Wahlen zur Nationalversammlung beginnen im Spiegelsaal von Versailles die Friedensverhandlungen mit dem besiegten deutschen Reich, auf den Tag genau 47 Jahre, nachdem sich Wilhelm I. an gleicher Stelle zum Kaiser krönen ließ. Was für ein Triumph für Frankreich und was für eine Schmach für Deutschland. Die deutsche Delegation verbringt die Tage in Isolation. Über 200 Mann sind auf engstem Raum eingepfercht, unter ihnen Linas Schwager Reinhold Richter als Vertreter des Reichsjustizministeriums und Kurt Hahn als Mitarbeiter des deutschen Außenministers Graf Brockdorff-Rantzau.

„Wie schmerzlich interessant ist die Zeit für Reinhold – Ich kann es mir schwer genug denken, – alles Bittere zu bändigen, beherrschen, um Klugheit walten zu lassen, – mit ach so wenig Hoffnung – der Bogen ist allzu straff & grausam gespannt, es kann eigentlich keinen Bestand haben, obwohl eine direkte Auflehnung wohl leider unmöglich ist"[385], nimmt Helene Gräfin von Harrach Anteil in einem Brief an Cornelie Richter. Die Deutschen sind auf das Schlimmste gefasst, der Vertragsentwurf übertrifft die ärgsten Befürchtungen. Die Siegermächte fordern die Abtretung aller Kolonien und ein Siebtel des Reichsgebietes. Die Gebiete links des Rheins bleiben besetzt. Das deutsche Vermögen im Ausland soll konfisziert, die Handelsflotte aufgelöst, Rohstoffe abgegeben werden. Dazu kommen hohe Reparationszahlungen. Deutschland erhält zehn Tage Zeit, den Vertrag anzunehmen, sonst droht die Entente mit dem Einmarsch. Die empörte deutsche Delegation empfiehlt die Ablehnung der Bedingungen. Im Kabinett gibt es ein Patt, sieben Minister stimmen für, sieben gegen den Entwurf. Die Regierung Scheidemann tritt daraufhin geschlossen zurück. Eine neue Delegation reist nach Frankeich, um dort am 28. Juni die Unterschriften unter den Versailler Vertrag zu leisten. Die Mehrheit der Deutschen empfindet den Vertrag als Diktat, nennt ihn einen *„Schandfrieden"*.[386] Der Engländer E. D. Morel schreibt über den Friedensschluss: *„Doch der Akt, der den großen Krieg abschloß, war keine Regelung. Er war ein über einen Angeklagten ohne Prozeß schuldig Erklärten und seiner Verteidigungsrechte Beraubten verhängter Urteilsspruch. Der unterlegenen Partei wurde jeder Anspruch auf Ehre bestritten. (...) Die Wunde wird nicht allein offen gehalten – Salz wird täglich in sie hineingerieben. Und das Opfer ist ein großes Volk, dem wir (...) weder Mut, noch Geschicklichkeit, noch Stolz, noch organisatorische Fähigkeiten, noch Geduld absprechen können."*[387] Lina Richter verfolgt die Versailler Gespräche von Baden-Baden aus. Im Frühling reist sie mit Curt, Eveline, Leo und Roland zur Erholung in den Kurort. Geplant ist ein längerer Aufenthalt im Landhaus Rösch. Ruhe und medizinische Behandlungen sollen Linas nach den Strapazen jetzt doch angeschlagene Gesundheit wiederherstellen. Doch die Politik lässt sich nicht aus ihren Gedanken verbannen, und englische Zeitungen kann man sich nachsenden lassen. Intensiv korrespondiert Lina in

diesen Tagen mit dem linksliberalen jüdischen Politiker Ludwig Haas. Haas saß für die Fortschrittliche Volkspartei im Reichstag und gehört zu den Gründern der DDP, der Partei, der auch Lina mutmaßlich ihre Stimme gegeben hat. Während der Revolution organisierte Haas als Innenminister von Baden den Übergang zur Republik.

Lina Richter: *„Sehr geehrter Herr Dr. Haas, (...) Hahn hat aus Versailles wieder telefoniert und wieder gebeten, dass man doch hier in der Heimat die Arbeit der Delegation unterstützen möchte. Diesmal bittet er besonders darum, dass auch die badischen Blätter die Öffentlichkeit darüber aufklären, wie bedeutungsvoll die Bewegung gegen den Gewaltfrieden und gegen eine Erpressung durch die Hungerblockade in Amerika und England ist und wie sie anwächst. (...) Schliesslich ist auch ein Gedanke geltend zu machen: das Berliner Tageblatt bringt am 23.5. abends Nachrichten aus dem Haag, die so gut autorisiert sei, dass es nicht umhin könnte, sie ernst zu nehmen. Frankreich habe nämlich nicht die Absicht, bei Friedensschluss die deutschen Gefangenen tatsächlich freizulassen. Die Handhabe würde es durch die Nichtausführung von Teilen des Friedensvertrages erhalten, die ja selbstverständlich eintreten müsste, weil sich positiv unausführbare Bestimmungen darunter befinden. Das Gleiche habe ich übrigens aus unsrer Haager Quelle brieflich auch gehört und im letzten Wochenbericht verwertet. (...) Wüssten Sie nicht einen geschickten Mann, der wirklich populär solche Auseinandersetzungen in viel gelesene sozialistische Zeitungen Badens bringen könnte? Für die sachlichen Einzelpunkte könnte wohl nichts Besseres geschehen, als wenn die Aufklärungsartikel des Berliner Tageblatts Stück für Stück in volkstümlicher Weise behandelt würden.“*[388]

Ludwig Haas: *„Sehr geehrte Frau Richter! (...) Die Veröffentlichung geeigneter feindlicher Presseäußerungen halte ich für nützlich. Ich werde darüber heute mit Minister Remmele sprechen und insbesondere mit ihm erwägen, ob nicht Redakteur Weissmann, der in der Presseabteilung des Ministeriums des Inneren tätig ist, die sozialdemokratischen Zeitungen informieren könnte. Ich würde gerne in den nächsten Tagen über die Einzelheiten dieser Presseinformation mich mit Ihnen aussprechen. Sind*

Sie am Donnerstag in Baden? Ich kann es vielleicht möglich machen, Sie am Donnerstag in Baden aufzusuchen. Mit den besten Grüßen verbleibe ich Ihr sehr ergebener Ludwig Haas. [389]

Als aus Versailles und Berlin immer schlechtere Nachrichten kommen, bricht Lina entsetzt ihre Kur frühzeitig ab. Es gibt für sie Wichtigeres zu tun.

Lina Richter: „*Sehr geehrter Herr Doktor. Die politische Lage ist nun doch so geworden, dass ich etwas überstürzt Baden-Baden verlasse und nicht mehr zu Ihnen kommen kann. Ich habe die mir verordnete Massagekur weitere genommen; ein erheblicher Unterschied gegen das letzte Mal, als ich mich Ihnen vorstellte, ist nicht mehr erzielt worden. Immerhin ist es in derselben Weise noch besser geworden. Ich bin sehr zufrieden mit dem Erfolg, danke Ihnen recht herzlich und bitte, mich wissen zu lassen, was ich Ihnen schuldig bin.*" [390]

Drei Jahre lang hat Lina ihre ganze Kraft, ihre Kontakte nach England und ihr Geld eingesetzt, um Einfluss zu nehmen auf die Politik. Sie war geradezu besessen von der Idee, in Max von Baden den Mann gefunden zu haben, der Deutschland aus dem Krieg und in eine sichere Zukunft führen könne. Die Schmach der von ihr so empfundenen ehrlosen Niederlage, die Ausrufung der Republik, die sie so nie gewollt hat, versetzen Lina in tiefe Verzweiflung. An Schlaf ist in dieser Nacht nicht zu denken. Um drei Uhr in der Früh setzt sie sich an den Schreibtisch und teilt ihre albtraumhaften Gedanken mit Richard Dehmel.

Lina Richter: „*Lieber und verehrter Freund, Vor sieben Jahren sind Sie es gewesen, zu dem ich in der Hoffnungslosigkeit meines Schmerzes geflüchtet bin, und ich fand Trost. Heute, wo mich ein Schmerz zerreißt, ebenso groß und unendlich viel bitterer, giftiger, tödlicher – haben Sie da auch einen Trost für mich? Den einen vielleicht, den mir schon der Gedanke an Sie gibt: Sie sind vielleicht der eine Mann, der Deutschlands namenloses Leid, das unerhörte Unrecht, das ihm geschieht, so in die Welt rufen kann, daß sie in den Tiefen ihres schlechten Herzens erzittert. Und Sie können auch, Sie allein, dem eigenen Volk den erstorbenen*

Mannesmut durch Worte, wie sie ein Jeremias fand, hoch rufen, bis es wieder lernt, zu erröten über das, was in seinem Namen und heute mit seiner Billigung, zum Teil nur seiner Billigung, will ich hoffen, geschieht. Ich wollte schlafen, aber sobald die Augen zufielen, bin ich aufgefahren, als riefe mir jemand in die Ohren Danzig! Und wieder. Ostpreußen! Schlesien! Hamburgs Zukunft! Und wenn ich wieder wach war, dann sah ich alle die Gemeinheiten, die uns geschehen , und wie sich Männer, Memmen, gefunden haben, die sich darin ergeben, wie eine Schar heißhungriger Ratten sich auf Deutschland zu stürzen – ich sehe vor mir, wie Deutsche in Versailles es fertig bringen, ihre Unterschrift unter Lügen und Verleumdungen zu setzen, die gegen uns geschleudert werden, und mir ist, als könnte ich es nicht aushalten, als müsste ich schreien, rasen – mein ganzes Herz zieht mich nach Schlesien, nach Ostpreußen – und ich muß froh sein, daß ich die Kinder im sicheren Land habe und darf nicht lästern wie der Heinesche Grenadier. Ich erschrecke mich davor, daß mein Herz so lästern möchte. (...) Alles steht gepackt – ich finde kein Briefpapier mehr; daher der Wisch. Ich sehne mich danach, Ihren Umgang mit Ihrem Buch zu genießen, seien Sie bedankt, daß es in diesen schweren Stunden meines Lebens zu mir kam."[391]

Lina kehrt zunächst nach Berlin zurück und beginnt die Arbeit an ihrem Buch über die Hungerblockade, das 1919 in England erscheint. Die Autorin wagt mit ihren Ausführungen über den elenden Alltag deutscher Familien den Versuch, in England ein Bewusstsein für das eigene Unrecht zu erwecken. Es gelingt, den Literaturnobelpreisträger George Bernhard Shaw als Verfasser für das Vorwort zu gewinnen. Shaw setzte sich bereits 1914 in einer heftig umstrittenen Ausarbeitung unter dem Titel „Common Sense about the war" mit dem Krieg und seinen Ursachen auseinander, und er warnt schon beizeiten davor, den unterlegenen Deutschen zu hohe Reparationsleistungen aufzuerlegen, um keine Rachegefühle zu wecken: *„Wir haben die Kinder Deutschlands und mancher anderer Länder ausgehungert. (...) Es ist sehr leicht, in Coventry alles zu vergessen, was mit den deutschen Kindern vorgeht. (...) In Köln, während vom Hunger ausgemergelte Kinder um den Abfall eurer Mahlzeiten betteln oder stumm jeden Bissen, den ihr eßt mit* *hungrigen Augen verfolgen, ist das unmöglich. In den ersten Tagen der Freiwilligen-Rekrutierung wurden wir von jedem Bauzaun herunter ermahnt, daran zu denken, daß eines Tages unsere Kinder uns fragen würden, was wir während des großen Krieges getan hätten. (...) Man könnte die Frage ganz gut in der neuen Form wiederbeleben: ,Papa, was hast Du getan, als der Krieg vorüber war?' Der Mann, der dann sagen kann: ,Ich teilte meine Ration mit den armen, hungernden Kindern in Deutschland', wird einen beträchtlichen moralischen Vorteil haben gegenüber dem eifrigen Patrioten, der nichts Besseres zu sagen haben wird, als ,ich stimmte dafür, dass der Kaiser gehängt werde, und schließlich wurde er doch nicht gehängt'. (...) Unsere Blockade schnitt Deutschland von allen Ersatzquellen ab und hungerte es dadurch aus; aber es gab Augenblicke im Kriege, da Deutschland durch seinen Unterseebootfeldzug so nahe an dem Punkt gelangte, wo wir abgeschnitten worden wären, daß während einiger Monate wir die Listen der versenkten Schiffe mit einem Herzklopfen bis an den Hals gesehen haben. Es war ein fürchterliches Wettrennen in der Aushungerung. (...) Wie aber soll unser Handel mit Deutschland wiederhergestellt werden? Unsere primitiven Politiker sagen, wir wollen gar nicht, daß er wiederhergestellt wird; sie werden, solange sie leben, keinem Hunnen wieder die Hand schütteln. (...) Im selben Atemzug, mit dem sie solche Narrheiten ausstoßen, erklären sie, Deutschland müsse gezwungen werden, für den Krieg zu bezahlen; und schon hat der Friedensvertrag den Besiegten einen riesenhaften Tribut auferlegt. Wie soll dieser Tribut bezahlt werden, wenn Deutschlands Industrie ruiniert und die deutsche Arbeiterschaft ausgehungert ist? Selbst zugegeben, daß die Deutschen während der nächsten Jahre unser Sklave sein sollen, müssen Sklaven nicht ebenso ernährt wie geschlagen werden? (...) Der Tribut kann nur bezahlt werden, wenn Deutschland von uns zu einem höheren als dem Kostenpreise Waren einkauft und zu niedrigeren als dem Kostenpreise Waren verkauft, bis das Lösegeld entrichtet ist. (...) Das bedeutet, daß die deutsche Produktion und die britische Produktion auch in Zukunft Seite an Seite marschieren müssen. (...) Darum schlagen wir uns selbst ins Gesicht, wenn wir die Deutschen aushungern. (...)*

Die Blätter, welche hier folgen, appellieren gleich der athenischen Tragödie an Mitleid und Grauen. Es ist keine literarische Kunst darin, sie sagen einfach unverblümt dem britischen Eroberer: ‚Das hast du getan‘. Wenn er erwidert, er hätte es nicht ändern können, so muß man ihm sagen, daß er es heute ändern kann. Die militärische Notwendigkeit für die Aushungerung ist vorüber: heute ist sie nicht nur eine gemeine Rache an den Unschuldigen, sondern eine selbstmörderische Tölpelei. (...) Bernhard Shaw"[392]

Lina Richters Schrift stößt in England auf großen Widerhall. Die Zeitungen Nation und Common Sense bringen lange Auszüge und empfehlende Hinweise. „Jeder Engländer, den wir seitdem gesprochen haben, hatte das Büchlein gelesen"[393], erinnert Kurt Hahn. In den Preußischen Jahrbüchern erscheint die Arbeit später auch in Deutschland. Auch nach den Unterschriften unter den Versailler Vertrag geht die Diskussion um die Schuldfrage weiter, können sich die Mitglieder der Heidelberger Vereinigung und ihre Unterstützer nicht mit der Endgültigkeit der Bestimmungen abfinden, fordern weiterhin eine neutrale Kommission zur Klärung.

Lina Richter: „Die Schuldfrage ist das Allerwichtigste. Ich nehme an, daß ich mich dabei weiter beteiligen werde und vielleicht sogar erheblich mehr dazu frei machen muß als bisher. Übrigens habe ich jetzt wieder Presseberichte gemacht, muß jedoch schon wieder eine Pause eintreten lassen, weil meine Anwesenheit in Berlin zur Ordnung geschäftlicher Angelegenheiten und aus Familiengründen auf 8 Tage dringend erforderlich ist."[394]

In England erheben sich in der Opposition ebenfalls Stimmen, die den großen Krieg nicht als Folge einer deutschen Verschwörung betrachten. Aus Common Sense übersetzt Lina Richter: „Ein dauerhafter Friede, nicht irgendwelche zeitweilige Befriedigung der primitiven Instinkte der Rachsucht oder des Hasses stellt den wahren Triumpf unsrer Sache dar."[395]

E. D. Morel ergänzt in seinem Buch Die Mär von dem deutschen Kriegsanschlag: „Ein Volk von einigen 75 Millionen gibt es nun in Europa, das durch die Beschuldigung ungerecht gebrandmarkt worden ist, es *habe bewußt und vorsätzlich den großen Krieg vorbereitet und begonnen, und das bestraft wurde, wie niemals in der Neuzeit und im Mittelalter ein geschlagenes Volk betraft worden ist wegen jenes Verbrechens. Dieses Volk ist niemals zu seiner Verteidigung gehört worden. Seine Ankläger sind seine Richter gewesen.*"[396]

Eine Zeit lang diskutieren die Mitglieder der Heidelberger Vereinigung die Gründung einer eigenen Partei. Am Ende finden sich die meisten Mitglieder als Unterstützer der neu gegründeten linksliberalen Deutschen Demokratischen Partei (DDP) wieder, für die auch Marie Baum in den Reichstag eingezogen ist. Wäre eine Kandidatur für die DDP Lina Richters Sprungbrett in den Reichstag gewesen? Ihre Kontakte zu den führenden Parteimitgliedern hätten eine Kandidatur sicherlich aussichtsreich erscheinen lassen. Nach seiner ersten Wahl 1920 umfasst der neue Reichstag 463 Mitglieder, nur 37 davon sind Frauen. Gegenüber Marie Baum klagt Lina heftig über die alten Männer im Reichstag, denen sie keinen Neuanfang zutraut. Nun könnte sie selbst kandidieren und zum ersten Mal öffentlich in Erscheinung treten, ihre modernen familienpolitischen Ideen vertreten. In den Monaten der Entscheidungsfindung empfängt Lina Richter einen Brief von Elisabeth Förster-Nietzsche.

Elisabeth Förster-Nietzsche: *„Besonders interessiert es mich, wie sich Ihr Leben weiter gestaltet hat, da mir Herr Dr. Brahn einmal erzählte, Sie hätten sich ganz der Politik zugewandt. Ich kann nicht umhin, Ihnen zu gestehen, daß ich Sie deshalb lebhaft bedaure, denn die heutige Politik ist etwas so Trostloses, daß es eigentlich nur erträglich ist, wenn man nichts damit zu tun hat. Andererseits ist es begreiflich, dass man so innig wünscht etwas tun zu können, um diesen jammervollen Zuständen abzuhelfen, aber es müsste alles so sehr anders werden, um wieder hoffen zu können. Wir sind unter die Pöbelherrschaft geraten und man weiß nicht, wie die Kultur noch in bessere Zeiten hinüberzuretten ist.*"[397]

Meine Urgroßmutter entscheidet sich erneut gegen eine Kandidatur, sehr schade, denn nach der Lektüre ihrer Briefe und Ausarbeitungen kann ich mir lebhaft vorstellen, dass sie kluge und aufrüttelnde Reden verfasst haben könnte. Doch ihr zurückhaltendes Wesen, die Angst vor der Öffentlichkeit stehen Lina Richter wieder einmal im Weg. Vor dem Krieg gestand sie Ida Dehmel: *„Mein Denken ist von klein auf, noch mehr in den letzten Jahren, rein theoretisch gerichtet gewesen. Meine Erziehung und mein Charakter machen mich still und scheu, sobald ich fremden Menschen oder solchen in größerer Anzahl gegenüberstehe. Ich bin keine Psychologin; verfangen sachliche Argumente nicht, so fallen mir keine persönlichen ein, Menschen zu überreden."*[398] Sie hat sich nicht geändert. Linas Leben gestaltet sich weiter an der Seite von Kurt Hahn. Sie verlässt Wannsee und die Familie, zieht Ende 1919 nach Salem, um ihren alten Beruf als Lehrerin wiederaufzunehmen und vor allem die Autobiographie des Prinzen Max von Baden redaktionell zu begleiten, ihre *„historische Aufgabe"*[399] zu erfüllen.

Es wird vielleicht dabei die Duldekraft der Frauen, ihre Geduld und Fähigkeit zu unbelohnter Treue zur Geltung kommen

Otto Reutter
's wird ja langweilig mit der Zeit

...

Auf den Frieden kann man nicht bauen.
Dem John Bull ist nicht recht zu trauen.
Nach Revanch' kräht der gallsche Hahn
Schon seit siebzig – der falsche Hahn! –
Auch der Russ' wetzt schon lang die Sichel
Und gemütlich fragt nun der Michel:
Seid ihr immer noch nicht so weit?
's wird ja langweilig, 's wird ja langweilig.
's wird ja langweilig mit der Zeit!"
(Text und Melodie: Otto Reutter, Teich/Danner 268)

Der Versailler Vertrag stellt das Reichsgebiet links des Rheins unter französische Besatzung. Rund 80.000 Soldaten schickt Paris nach Deutschland. Viele von ihnen stammen aus den Kolonien Algerien, Marokko, Tunesien, Französisch-Westafrika und Madagaskar. Es sind farbige und den Deutschen damals sehr fremd anmutende Männer, denen sie plötzlich in ihren heimatlichen Dörfern und Städten begegnen. Das Afrikabild ist stark rassistisch geprägt, und nach dem Verlust der deutschen Kolonialgebiete wird die Besatzung durch Soldaten dieses Kontinents als besonders herabsetzend empfunden. Übelste Schimpfbezeichnungen wie *„schwarze Schande"*, *„Wilde"* oder *„Primitive"*[400] gehören zum Sprachgebrauch.

Dennoch halten sich die Proteste gegen die Kolonialsoldaten in den ersten Monaten noch in Grenzen. Als ein Marokkaner in Frankfurt im April 1920 auf mehrere Menschen schießt, nimmt die Propaganda Fahrt auf. Heute weiß man, dass die farbigen Soldaten sich nicht überdurchschnittlich viele Gewalttaten zuschulden kommen ließen, 100 Jahre zuvor waren die Ängste vor den fremd aussehenden Besatzern real, wenn auch womöglich unbegründet. Und die Vorurteile ziehen sich durch alle Kreise. Frauen aus verschiedenen politischen Gruppierungen schließen sich zur Rheinischen Frauenliga zusammen, um aus Furcht vor sexuellen Übergriffen gegen die Anwesenheit der farbigen Soldaten zu protestieren. Bis in das politisch linke Lager und die feministischen Kreise hinein nutzen die Deutschen die Vorurteile über den angeblich zügellosen Sexualtrieb der Kolonialsoldaten, um das Ausland auf die verzweifelte Lage im Rheinland aufmerksam zu machen und Frankreich in Misskredit zu bringen. Beobachter aus Schweden und England werden eingeladen, sich vor Ort ein Bild von den angeblichen Gräueltaten zu machen. Gründerin der Rheinischen Frauenliga ist die Politikerin Margarete Gärtner, ehemalige Mitarbeiterin im Amt für Auslandsaufklärung. In Berlin sind sich Margarete Gärtner und Lina Richter dennoch nie über den Weg gelaufen. Jetzt schließt meine Urgroßmutter sich der Frauenliga an und entwickelt schnell einen vertrauten Briefkontakt mit ihrer Gründerin. Alle Einladungen Margarete Gärtners, ihre Erfahrungen in der Sozialpolitik auf Konferenzen der Frauenliga einzubringen, lehnt Lina Richter jedoch ab. Sie will Salem im Gründungsjahr nicht verlassen und kann ihre Scheu vor der Öffentlichkeit auch für die Frauenliga nicht überwinden.

Lina Richter: *„Ich halte es für sehr möglich, dass dieser Frauenbund die Macht sein wird, die das Deutschtum in den besetzten Gebieten und die Verbindung mit der Heimat aufrecht erhalten wird. Es wird vielleicht dabei die Duldekraft der Frauen, ihre Geduld und Fähigkeit zu unbelohnter Treue zur Geltung kommen. Es kommt mir vor, als ob die Männer, soweit sie sich der deutschen Sache in den besetzten Gebieten annehmen, meist zu scharf vorgehen, dann abgeschreckt werden oder verbittert, wenn die Regierung sie nicht so weit, wie sie es sich denken, unterstützen kann, die Flinte ins Korn werfen oder durch Unvorsichtigkeit sich in eine Lage bringen, wo sie ausgewiesen werden und nur noch wenig nützen können.“*[401]

Als erste Berichte über sexuelle Belästigungen durch die farbigen Besatzer laut werden, erkennt Lina Richter die Chance, über ihre Kontakte der ausländischen Presse gezielt Material über vergewaltigte und missbrauchte Frauen und Kinder zuzuspielen, um die Öffentlichkeit so auf die angebliche Brutalität der Besatzer aufmerksam zu machen. Mit ihrem Buch über die Hungerblockade ist ihr ein derart angelegter Propagandafeldzug bereits gelungen. So veröffentlicht die Heidelberger Vereinigung im Mai 1920 ein von Lina redaktionell bearbeitetes und unterschriebenes Flugblatt unter der Überschrift „Genug der schwarzen Schande". Darin heißt es: *„Der Rheinische Frauenbund, dem Frauen aller Stände, Parteien und Konfessionen angehören, hat dieser Tage einen ergreifenden Protest gegen die zahlreichen Angriffe der französischen Besatzungstruppen auf die Ehre deutscher Frauen und Mädchen im Rheinland veröffentlicht. Der Bund konnte 29 Fälle mit genauen Angaben als Belege anführen. Dabei waren 17 farbige Soldaten die Täter. (...) Uns unterzeichneten Mitgliedern der ‚Arbeitsgemeinschaft für eine Politik des Rechts' sind weitere neun Fälle nach Namen der Geschädigten, nach Ort und Zeit des Vergehens und mit manchen grauenerregenden Einzelheiten bekannt. Elfjährige Knaben, Mädchen in kaum heiratsfähigem Alter und hochbetagte Frauen befinden sich unter den Opfern. (...) Alle Vorstellungen der deutschen Behörden haben bis jetzt keine durchgreifenden Besserungen erzielt. Es bleibt nur der eine Schluss übrig, dass die französischen Offiziere entweder nicht die Macht oder nicht den Willen haben, die unerhörten Zustände zu beseitigen. (...) Wir bedauern aufs tiefste die aus anderen Erdteilen stammenden Männer, die ferne der Heimat im Dienst eines die Grenzen der eigenen Volkskraft weit überspannenden Militarismus von einem Gebiet ins andere gehetzt werden. Nicht sie tragen die Schuld, dass die Zivilisation unseres Jahrhunderts in dieser Weise gefährdet wird, sondern die weißen Machthaber, deren willenlosen Werkzeug sie sind."*[402]

Das Flugblatt unterzeichnen Prinz Max von Baden, Dr. Ludwig Haas, Graf und Gräfin Monteglas, Marianne Weber und Lina Richter. Alles liberal-demokratisch denkende Frauen und Männer. Dennoch habe ich mehrfach über herabsetzende Wortwahl und Heftigkeit des Ausdrucks schlucken müssen und intensiv die Hintergründe dieser massiven Anklage erfragt. Das Pamphlet ist ein Dokument seiner Zeit, entsprungen aus Verbitterung und Enttäuschung über die Absage an einen Verständigungsfrieden und aus wahrer Sorge um die Sicherheit der Menschen in den Besatzungsgebieten. Aber es soll durchaus auch dazu dienen, die latent vorhandene antifranzösische Stimmung in England weiter zu befeuern. In London demonstrieren im April 1920 zahlreiche Menschen gegen die Kolonialtruppen in Deutschland. *„Nation spricht aus, was andere nicht laut werden lassen"*[403], vier Monate später legt Lina in ihrer Presseschau einen Artikel der englischen Zeitung den Mitgliedern der Heidelberger Vereinigung besonders ans Herz. Das Blatt warnt vor dem Gespenst einer französischen Großmacht: *„Wir haben das getan, was jeder britische Staatsmann für hellen Wahnsinn erklärt hätte; wir haben dazu geholfen, Frankreich zur Herrin des Kontinents zu machen. (....) Es ist ihnen gleich, welchen Groll sie in Deutschland erwecken, weil sie glauben, daß wir immer an ihrer Seite stehen würden, um sie zu verteidigen. Sie haben unsere Unterschrift zu dem verderblichen Vertrag erlangt und nun schließen sie daraus, daß wir immer bis in alle Ewigkeit als ihr Sekundant in europäischen Angelegenheiten handeln."*[404] Im März 1921 besucht eine Kommission aus Schweden das besetzte Rheinland, sieht Kinderelend ebenso wie Wohnungsnot. Margarete Gärtner berichtet Lina Richter über die Eindrücke der neutralen Besucher: *„Und die Schweden haben die Gelegenheit gehabt, sich über alle politischen Fragen des Rheinlands zu informieren. Sie waren, wie sie mir sagten, sehr skeptisch nach Deutschland gekommen und gehen jetzt mit dem Gefühl zurück, dass die Zustände fürchterlich sind."*[405] Bestimmt hat die Heidelberger Vereinigung aus heutiger Sicht den tatsächlich bewiesenen Übergriffen farbiger Soldaten im Rheinland eine zu große Bedeutung im Gesamtkontext der Besatzung beigemessen. Doch gehe ich nach der Lektüre aller Briefe meiner Urgroßmutter davon aus, dass Lina Richter an der Wahrheit gelegen ist, sie nur gut bewiesenes Material an ihre Kontaktleute in England – in erster Linie Morel – weiterleitet und ihr Wirken einer tiefen Sorge um die Frauen im Rheinland entspringt. Weder Polemik noch Beschimpfung findet sich in ihren Schriften. Nichts möchte sie verbreiten, was nicht sicher bewiesen ist.

Lina Richter: *„Eine einzige unzutreffende Gräuelgeschichte kann der Rheinischen Frauenliga die gesamte Glaubwürdigkeit kosten. (...) Unsere* *größte Gefahr bei aller Propaganda sind immer noch die übereifrigen Patrioten und Draufgänger.*"[406] Deutlich grenzt Lina Richter sich gegenüber reaktionären Verbänden wie dem Heimatschutz ab, der *„mit dem Stempel der unwahrhaftigen Propaganda behaftet ist"*.[407]

Die Erfahrungen des ersten Nachkriegsjahres, die Berichte aus den besetzten Gebieten über Lebensmittelknappheit, Kinderelend, Wohnungsnot, sexuelle Übergriffe verarbeitet Lina in einer Denkschrift über die Möglichkeiten einer zukünftigen Zusammenarbeit mit den Ländern der Entente: *„Die Zustände nach dem Kriege werden die Wiederaufnahme internationaler Beziehungen so gebieterisch verlangen – man denke an die Bekämpfung des Fleckfiebers, der Tuberkulose – dass ein äusseres Zusammenkommen einzelner Beauftragter bisher feindlicher Länder vermutlich bald erfolgen wird. (...) Die für die Ruhe der Welt mindestens ebenso nötige Zusammenarbeit auf sozialem Gebiet soll durch die Bestimmungen des Friedensvertrages, die auf der einen Seite im Volk ausgebeuteten Arbeiter, auf der anderen eine durch unverdienten Gewinn demoralisierte Kapitalistenwirtschaft schaffen würde, auf lange hinaus unmöglich gemacht werden. An Werken der Menschenliebe gemeinsam mit Bürgern der Entente zu arbeiten, ist für einen Deutschen auf Aeusserte erschwert. (...) Unsere Hochachtung vor den wenigen Männern und Frauen der Entente, die sich der starken Strömung des Chauvinismus widersetzt haben, ist sehr gross; unsere Zuneigung zu persönlichen Freunden in diesen Ländern ist unverändert, darum gerade wird es uns besonders schwer sein, in persönliche Berührung mit ihnen zu kommen, weil wir ihnen nicht sagen möchten, wie wir über ihre Nation als Ganze denken müssen. (...) Rein intellektuelle Beziehungen werden auch nur sehr schwer anzubahnen sein. Es sind auf beiden Seiten nur ganz wenige Vertreter gelehrter Berufe, die ihr wissenschaftliches Denken während des Krieges nicht durch falschen Patriotismus entwertet haben. Die ärztliche Wissenschaft hätte wohl allen Anlass, den überall gesammelten Schatz an neuer Erfahrung zu vergleichen und miteinander zu ergänzen; aber es ist leider anzunehmen, dass auch hier in den Entente-Ländern nicht der reine Forschertrieb, nicht der Wunsch, der Menschheit zu helfen, sondern die*

*Hoffnung, die Konkurrenz der deutschen Wissenschaft auszuschalten,
die Massnahmen bestimmen wird.*

*Was endlich die gesellschaftlichen Beziehungen angeht, so sehe ich
vorderhand keine Möglichkeit, sie herzustellen. Ich glaube auch nicht,
dass irgendwelche Annäherungsversuche deutscherseits von solchen Menschen erfolgen werden, an denen dem besseren England oder Frankreich
gelegen ist. Zuerst beim Aufhören des Kampfes war das anders. Man ist
in Deutschland den englischen und amerikanischen Kommissionen und
Berichterstattern mit dem Gefühl entgegengekommen, dass auch diese
Männer beitragen wollten, die Völker ihre gegenseitige Not und schwere
Lage verstehen zu machen. Aber ein hässliches Gefühl hat in vielen Fällen
sich auf die Dauer nicht unterdrücken lassen; als ob das Interesse der
Fremden geheuchelt sei, ja als ob sie die Arglosigkeit täuschten und für
Deutschland belastende Zugeständnisse durch irreführende Teilnahme
entlocken wollten. Hätten all diese Männer so ehrlich die Wahrheit über
Deutschland gesagt, wie es ein paar wenige getan haben, und wie ihnen
unsererseits alles ehrlich gezeigt worden ist, so hätte der Friedensvertrag
von Versailles nie gemacht werden können. (...) Von Deutschland kann
ich mir keine Art des Vorgehens zur Wiederanknüpfung der unterbro-
chenen Beziehungen zu den Entente-Ländern vorstellen. Damit solche
Beziehungen überhaupt mehr als rein äusserliches Zusammentreffen von
Personen werden, muss es vielleicht den einzelnen Nationen, die die un-
heilige Allianz der Entente geschlossen haben, gelingen, sich diesem Ober-
begriff zu entziehen und wieder England, Frankreich, Italien als eigene
Wesenseinheit zu sein. Was sie augenblicklich unter dem Sammelnamen
Entente erscheinen lässt, ist das Vorherrschen des schlechten Elements
in ihnen allen. Solange sie uns zwingen, unter diesem Namen sie uns
vorzustellen, ist für uns das alte England, Frankreich oder Italien tot,
das wir geliebt haben."*[408]

Hier sollte eine Erziehung Abhilfe schaffen, deren Hauptziel die Charakterbildung ist

„Hahns Glaube an die Berufung Salems veranlasste die verschieden-artigen Menschen zur Hingabe an die Salemer Sache und hielt sie mehr oder weniger lange, teils lebenslänglich zusammen. Zu ihnen gehörte Frau Prof. Lina Richter."[409]

In ihren Denkschriften während des Kriegs haben Kurt Hahn und Lina Richter immer wieder das Versagen der führenden Eliten und die Unterwürfigkeit der Politiker gegenüber dem Militär angeprangert. Lina vermisst in ihren Ausarbeitungen die Sehnsucht der Deutschen nach Übernahme eigener Verantwortung für ihr Handeln. Ihrer Meinung nach Folge der staatlichen Lehrmethoden, die auf stumpfem Auswendiglernen und striktem Gehorsam fußen. Mit Grauen erinnert sich Hahn an seine Schulzeit am Wilhelmsgymnasium in Berlin, dessen verknöcherter Lehrbetrieb ihn angewidert hat. Verarbeitet hat er seine schlechten Erfahrungen in der Erzählung *Frau Elses Verheißung*, in der eine Mutter ihr durch die wilhelminischen Lehrmethoden traumatisiertes Kind von der Schule nimmt und zu Hause auf dem Land erzieht. Die Vorstellung eines reformpädagogischen Landerziehungsheims, in dem Schülerinnen und Schüler zu selbstständig denkenden und handelnden Individuen erzogen werden, entwickelt sich zu Hahns Traum, den auch Lina Richter seit Langem träumt. In der Freideutschen Jugendbewegung hat Lina das Bedürfnis der neuen Generation nach Gemeinschaft und Eigenverantwortung erlebt und ihre Kinder nach diesen Idealen erzogen. In Salem – Prinz Max von Baden stellt einen Teil seines Schlosses zur Verfügung – soll die Reformpädagogik nun in einem Internat Schule machen. Die neue geistige Elite Deutschlands soll nie wieder zum Spielball autoritärer Mächte werden.

Lina Richter: *„Nun wurde der Entschluss gefasst, der zur Gründung der Schule in Salem führte. Ich sollte ebenfalls meinen Wohnsitz dorthin verlegen, damit die grosse historische Arbeit in Angriff genommen werde.*

Für des Prinzen Kinder mussten Lehrkräfte mitgenommen werden, die meinen sollten am Unterricht teilnehmen. Nun begannen Hahns alte pädagogische Pläne sich zu beleben."[410]

An Lina Richters neuer Wirkstätte orientieren sich Kurt Hahn und sein Schulleiter Karl Reinhard eng an den Ideen von Hermann Lietz, dem Gründer der Landerziehungsheimbewegung. Lina hatte ja bereits im Krieg erwogen, Gustav und Curt in einem Lietz-Heim unterrichten zu lassen, ihr sind die Ideen der Lebenslehre und Charakterbildung also bestens vertraut. Leben und Lernen, Erlebnis und Erfahrung auf dem Land – dieses Erbe möchte Hahn in Salem weiterführen.

Lina Richter: *„Wie Fichte nach der Niederlage Preußens das Heil des Volkes in einer neuen Erziehung suchte, so sah Hahn es in der Überwindung der deutschen Charakterfehler: Unfähigkeit der geistigen Menschen zum entschlossenen Handeln und Mangel an geistigen Zügen bei den Tatmenschen, bei allen miteinander aber Streitsucht und Uneinigkeit. Hier sollte eine Erziehung Abhilfe schaffen, deren Hauptziel die Charakterbildung ist.*"[411]

In dem Katalog zur 2010 gezeigten Ausstellung über die Salemer Gründerjahre findet sich folgende Anekdote: *„Ein Amerikaner fragt Prinz Max: ‚Worauf sind sie am stolzesten in Ihren schönen Schulen?‘ Darauf antwortete Prinz Max: ‚Wenn Sie die Länge und Breite der Schule durchwandern, werden Sie nichts Originelles vorfinden. Es ist alles gestohlen von Hermann Lietz, von den englischen Public Schools, von Goethes pädagogischer Provinz.‘ Darauf der Amerikaner: ‚Aber sollte man nicht danach streben, originell zu sein?‘ Prinz Max antwortet: ‚Es ist in der Erziehung wie in der Medizin. Man muss die Weisheit der tausend Jahre erben. Wenn Sie je zu einem Chirurgen kommen und der will Ihnen den Blinddarm in höchst origineller Weise herausnehmen, würde ich Ihnen dringend raten, gehen Sie zu einem anderen Chirurgen.‘*"[412]

Das Internat finanzierte sich zu Beginn durch eine Stiftung des Prinzen Max von Baden, für die er Familienschmuck verkaufte. Sohn Berthold ist der erste Schüler von Salem. Das Geld des Hauses von

Baden ermöglicht es Jungen und Mädchen aller Gesellschaftsschichten, das Internat zu besuchen. Die Inflation von 1923 vernichtet jedoch das Stiftungskapital. Es war von da an nur mit Hilfe zahlender Schüler möglich, eine gewisse Anzahl von Stipendien zu erhalten. Die Entscheidung meiner Urgroßmutter, Kurt Hahn nach Salem zu folgen, trennt die Familie. Für Gustav und Curt kommt ein Umzug an den Bodensee nicht in Frage. Wie mögen sich mein Großvater und sein älterer Bruder in dem Moment gefühlt haben, als die Mutter ihnen ihre überraschenden Zukunftspläne mitteilt? Die beiden jungen Männer – 20 und 18 Jahre alt – kommen gerade aus dem Krieg zurück, und ihre Mutter packt die Koffer.

Salem ist über 700 Kilometer von Berlin entfernt, liegt in ländlicher Abgeschiedenheit. Fühlen Gustav und Curt sich im Stich gelassen? Ich könnte es ihnen nicht verdenken. Von meinem Großvater weiß ich, dass es schwer für ihn war, die Familie so weit weg zu wissen, und auch Gustav scheint ähnlich gefühlt zu haben. Ein Umzug in die badische Provinz kommt für ihn nicht in Frage.

Gustav Richter: *„Salem kann ich beim besten Willen nicht als Heimat empfinden.“*[413]

Mit ihren jüngeren Kindern bezieht Lina in Salem eine Wohnung im Nordflügel des Schlosses. Ihre Zimmer liegen im ersten Stock, dem Ludwigsquartier. Im Nordflügel sind auch die ersten Klassenzimmer untergebracht. Eveline, Leo und Roland gehören neben dem Sohn des Prinzen Max von Baden zu den ersten Schülern des Internats. Wenige Jahre später schickt Thomas Mann seinen Sohn Golo nach Salem.

Kurt Hahn: *„Roland, 10, naturwissenschaftliches Genie, alle Tierkrankheiten kennend, freundlich mit Tieren wie der heilige Franziskus, sprachlich und dichterisch sehr begabt, gewaltiger Trotz, Leo, 12jährig, Sportsmann, glänzend Hockey, spielend leicht lernend, sehr praktisch, ‚greediness und quibbling‘ nicht abgeneigt, aber sehr starkes Ehrgefühl, mit dessen Hilfe man beides überwinden kann. Welle, 14 ¾, tombey,*

Schloß Salem um 1940, Foto: Kurt Hahn Archiv

sehr starkes Ehrgefühl, nicht so klug wie ihre Brüder, aber gut und eifrig lernend, glänzend im Sport." [414]

Die Wohnung der Familie und das Leben auf dem Schloss sind alles andere als luxuriös oder komfortabel. Das alte Gebäude lässt sich schwer heizen, Badezimmer gibt es nicht, stattdessen werden Zinkwannen von Raum zu Raum gereicht, Nachtöpfe unter dem Bett ersetzen die Toilette. Der alte Oppenheim ist nicht sehr angetan von dem neuen, einfachen Leben seiner Tochter.

Lina Richter: *„Ich muss zum Frühstück, das ich mit Papa einnehme. Er ist sehr frisch, aber nicht sehr begeistert von meinem Salemer Leben. Ich versuche, es ihm rosig darzustellen.*" [415]

Lebensmittel sind in den ersten Nachkriegsjahren noch immer knapp, Obst und Gemüse bauen die Salemer selbst an. In der Küche werden Marmeladen gekocht, Bohnen und Gurken eingelegt. Als Hausvorsteherin achtet Lina Richter penibel darauf, dass Anstand und gute Manieren gewahrt bleiben. Zu den Mahlzeiten lässt sie ihr privates Geschirr und Silberbesteck eindecken, und die, wenn auch nicht üppig vorhandene Butter kommt stets gekugelt auf den Tisch. Ihre Hoheit über den Speiseplan steigert Linas Ansehen allerdings nicht bei jedem. Auch Kurt Hahn hätte wohl gerne einmal etwas Herzhafteres zu essen bekommen als die vielen Breie, Nudeln oder Klöße, die seine Freundin den Salemern vorsetzen ließ. *„So erzählte er einem Gast, der gerade zu einem Mahl mit Frau Richter und ihm eingetreten war, von einem anderen Herrn, der vor kurzem dagewesen sei. Verlegen habe er ihn beiseite genommen, um zu sagen, er müsse fataler Weise gleich wieder abreisen. Er habe nämlich sein Gebiß vergessen. ‚Das brauchen sie hier nicht', habe Hahn ihm versichert, denn es komme alles breiförmig auf den Tisch. Der Herr sei 14 Tage in Salem gewesen und habe seine Zähne nicht einmal vermißt. Frau Richter rätselte umher, wer das gewesen sein könnte. Aber wäre sie auch hinter den Spaß gekommen, es hätte sie nicht veranlaßt, eine Konzession bezüglich der Schuldiät zu machen, wie leicht auch sonst ihr Mitgefühl sich regte.*" [416]

Diese amüsante Anekdote bleibt viele Jahre unvergessen. Ihr bescheiden, aber behaglich möbliertes Wohnzimmer stellt Lina für Konzerte, Vorträge und gesellige Zwecke zur Verfügung. Zudem findet hier das „Liegen" statt, bei dem Lina den Schülerinnen und Schülern nachmittags aus den Werken der Weltliteratur vorliest. Ihre seit der Jugend gehegte Liebe zum Theater blüht in Salem wieder auf. Lina organisiert regelmäßig Theateraufführungen, in die sie ihre ganze Familie einbindet. Ernst von Saucken malt fantasievolle Kulissen. Gustav übernimmt hin und wieder eine Inszenierung, und um die Kostüme kümmert sich Lina, die bei allen ihren Talenten auch ein besonderes Geschick für Handarbeiten besitzt, selbst. „Mit ihren geschickten Händen bildete sie Dinge der verschiedensten Art: Sie strickt aus Bindfaden die Kettenhemden, entwarf und nähte alle Kostüme, erfand Klappbettvorhänge, die gleichzeitig als Togen und sonst als Theaterkostüme verwendbar waren, machte die Modelle für die Schulkleider der Mädchen."[417] Der Altsalemer Werner Bernicken nennt Lina Richter in seinen Erinnerungen „die Einzigartige und Großartige".[418]

Die Schülerinnen und Schüler nennen sie Frau Professor, nicht wegen des Titels ihres verstorbenen Mannes, sondern aus Ehrfurcht vor ihrem umfangreichen Wissen auf nahezu allen Gebieten. Geliebt wird sie nicht von allen. Dazu fehlt ihr bei aller Hingabe die nötige Portion Herzlichkeit und Humor. Doch ich bin sicher, wer sie einmal im Unterricht erleben durfte, wird sie nicht vergessen haben. Meine Urgroßmutter gehört zu den Pädagogen, an die man sich sein Leben lang erinnert, eben weil sie brillante und unverwechselbare Persönlichkeiten waren. „Für einige wenige war es eine begehrte Bereicherung, mit ihr zu lesen und schöngeistige Fragen zu erörtern. Andere allerdings banden Bindfäden an die Beine des Lehrertisches, von dem aus sie die Klasse etwa für Gotthelf oder Jean Paul begeistern wollte, und zogen ihn im Laufe des Unterrichtes immer mehr von ihr fort. Sie rückte nach, ohne sich stören zu lassen."[419] Ein Lehrerkollege fertigt einmal die Zeichnung einer Konferenz an, bei der sich alle gelangweilt und müde rekeln, nur Lina Richter kerzengrade und strickend mit vollster Aufmerksamkeit die Besprechung verfolgt. Vor vielen Jahren schrieb

Lina Richter im Deutschunterricht,
Foto: Kurt-Hahn-Archiv, NL 7, Nr.1

meine Urgroßmutter einmal an Ida Dehmel, sie eigne sich nicht zur Politikerin, weil es ihr schwerfalle, Kompromisse einzugehen, wenn sie einmal von einer Sache überzeugt sei. Eine offensichtlich kluge Selbsteinschätzung, die vom Kollegium geteilt wird. *„Für eine Fülle von Dingen geistiger und praktischer Art wußte Frau Richter die einzig richtige, oder doch allen anderen weit überlegene Art der Lösung, wußte deren Vorzüge zu begründen und fühlte Auftrag, andere zu bekehren. Nicht jeder aber war bereit, sich bekehren zu lassen, sondern lehnte die seltsam intellektuelle und doch so barmherzige und opferbereite Dame in Bausch und Bogen ab."*[420] Bei der Gründung der Schule im April 1920 besuchen zunächst nur wenige Interne und etwa zwanzig Externe, Jungen und Mädchen aus umliegenden Dörfern und Höfen, das Schlossinternat. In Salem sollen Kinder aus allen sozialen Schichten eine angemessene Bildung erhalten. Es ist eine Herzensangelegenheit von Lina Richter, die durchaus auch kuriose Züge annehmen kann. *„Als ein Baumann-Kind nicht mehr so ganz klein die meiste Zeit der Tage im Wagen unterm Birnbaum an Südflügel zubrachte, war Frau Richter besorgt: ‚In diesem Alter bildete mein Sohn schon die ersten Relativsätze und diesem Kind fehlt jede Ansprache', sagte sie rügend und widmete sich auch dieser Aufgabe."*[421] Salem wächst schnell, sodass nach wenigen Jahren die Zweigschulen Hermannsberg, Spetzgart, Hohenfels und Birklehof eröffnet werden müssen. Die räumliche Trennung hat – so schreibt Lina Richter in einem Vortrag – auch pädagogische Gründe.

Lina Richter: *„Hahn beobachtete, dass die jüngeren Kinder in der Gemeinschaft mit den älteren nicht die ihrer Kindlichkeit entsprechende Lebensform fanden, sich ihrer kindlichen Beschäftigung schämten und ihrer Fantasie kein Spielraum blieb. Die Juniorenschulen, in das Salemer Hinterland verlegt, vermieden noch die organisierten Kampfspiele, boten dagegen Gelegenheit zu allem Erdenklichen in der freien Natur. Hahn erkannte frühzeitig, dass die Charakterbildung der Schüler nicht allein von der Persönlichkeit des Erziehers ausgehen dürfe, ja er sah die Gefahr in einer zu engen Bindung zwischen beiden."*[422]

Hahn selbst formulierte: *„Wir sind nicht eine große Familie. Sondern ein kleiner Staat."*[423] Und entsprechend organisiert der Gründer seine Schule. Jeder Salemer und jede Salemerin erhält mit Schuleintritt ein Amt, das zu Beginn auch nur darin bestehen kann, die Tiere zu füttern, die Feuerlöscher zu kontrollieren oder die Post zu verteilen. Mit den Jahren steigt die Bedeutung der zugeteilten Aufgaben, die Jungen und Mädchen übernehmen als Zimmerführer Verantwortung für andere, sorgen für Ordnung und einen fairen Umgang unter den Schülerinnen und Schülern. Bewährt sich der Zimmerführer, so kann er als Anwärter gewählt werden und in dieser Funktion Wandergruppen leiten oder Aufsicht beim Schwimmen führen. Die nächste Stufe in der Hierarchie des „Staates Salem" bilden die „Farbentragenden". Sie sollen überall eingreifen, wo gegen den Geist der Schule verstoßen wird. Einen Farbentragenden ernennt Hahn in jedem Jahr zum Wächter, der mit einigen Helfern die Schülerschaft anführt und bei allen wichtigen, die Schule betreffenden Fragen angehört wird. Einen großen Einfluss auf die moralische Haltung und ein gesundes Selbstvertrauen schreibt Hahn körperlicher Bewegung zu.

Lina Richter: *„Aber der Sport ist nur eines der Mittel hierzu. Leichtathletik wird hinzugefügt, praktische Arbeit im Garten, Wald und Feld, Bau von Sportplätzen, Handwerk bei ländlichen Meistern geübt, stärken nicht nur die Muskeln, sondern den Willen, Schwierigkeiten zu überwinden, Zähigkeit im Durchhalten, Freude an genauer sauberer Arbeit – moralische Qualitäten wertvoller Art."*[424]

Wie alle Schülerinnen und Schüler, so leben auch die drei jüngeren Richter-Kinder unter den sieben Salemer Gesetzen, die da lauten:

Gib den Kindern Gelegenheit, sich selbst zu entdecken, seine grande passion zu erfüllen, was immer das sein mag.

Lasst Kinder Triumphe und Niederlagen erleben, ihre Stärken und Schwächen erleben.

Gebt den Kindern Gelegenheit zur Selbsthingabe an die gemeinsame Sache, lasst sie Aufgaben und Verantwortung übernehmen.

Sorgt für Zeit der Stille.

Übt die Fantasie.

Lasst Spiele/Sport eine wichtige, aber keine vorherrschende Rolle spielen.

Erlöst die Söhne reicher und mächtiger Eltern von dem entnervenden Gefühl der Privilegiertheit, in Salem lernen Kinder aus allen Schichten.[425]

Die Schulordnung unterwirft sich den Salemer Gesetzen. Für die Einhaltung aller Regeln sind die Schülerinnen und Schüler selbstverantwortlich, moralische Ermahnungen gibt es nicht. Jeder Junge und jedes Mädchen führt einen Trainingsplan, der über dem Bett hängt. Am Abend stehen die Kinder davor und fragen sich, ob sie jede Regel eingehalten haben. Wenn ja, darf ein Kreuz gemacht werden, wenn nein, kommt ein Minusstrich auf den Plan.

Lina Richter: *„Vor allem aber ist es die Besinnung und Ehrlichkeit gegen sich selbst, die diese tägliche Übung fördert. Noch mehr geschieht dies, wenn das Kind sich am Schluss der Woche Rechenschaft gibt, dass seine Minusstriche das geduldete Maß überschreiten; denn es wird von ihm erwartet, was sein Selbstwertgefühl hebt, dass es sich dann ohne Anweisung anderer selbst in die Reihe derer einstellt, die sich als Sühne für solche Nachlässigkeit zu einer Ordnungsstrafe melden. Hier wird deutlich, wie Hahn über Strafen denkt. Sie sollen nicht demütigen, sondern das Schuldgefühl tilgen durch eine willige Sühne.“*[426]

Die Salemer Gesetze werden seit der Gründung gelebt, schriftlich legt sie Hahn 1930 nieder. Was nach Freiheit klingt, bedeutet aber in der Auslegung viele Vorschriften, die die Salemer in ein enges Korsett zwingen. Verdirbt es nicht die kindliche Freude über jeden gelungenen Streich, wenn am Abend auf dem Trainingsplan dafür ein Minusstrich stehen muss? Linas Sohn Bex reflektiert dies in einem Brief an Kurt Hahn kurz nach seinem Abschluss 1928.

Roland Richter: *„Aber es gibt auch so viele Regeln; man hat nicht die geringste Bewegungsfreiheit. Es ist so viel in Salem verboten, daß man* bei jeder Handlung erst im Codex nachschlagen muss. Ich halte das für die Hauptkrankheit von Salem; ich habe ja schon früher gelegentlich mit Dir darüber gesprochen, für wie gefährlich ich diese Regeln halte (...), aber dann wurden die Neuen derartig durch ihre Helfer, Zimmerführer u. a. Beamte in eine Atmosphäre der Subalternität gesperrt, daß sie ihre ganze Initiative verloren. Es ist ja so, daß man fast nichts mehr darf. Ich sprach neulich mit einem Helfer über diese Frage, er war ganz meiner Ansicht. Er sagte mir das gleiche, was ich auch schon als Jugendhelfer gefühlt habe; es sei ihm so außerordentlich unangenehm, wenn er harmlosen Kleinen, die in der Sonne vorm Südflügel Ball spielten, es verbieten müßte, wenn er auch gar nicht einsehe weshalb, bloß weil es so im Codex steht. (...) Es ist wirklich kein Wunder, wenn die Jungen, die nicht einmal die Speicher betreten oder ohne besondere Erlaubnis Ping-Pong spielen dürfen, keine guten Streiche mehr unternehmen. Es ist begreiflich, daß diese Jungen von Generation zu Generation mehr verstumpfen. (...) Ist es denn ganz unmöglich, den Codex zu dezimieren, statt dauernd neue Verbote aus der Erde wachsen zu lassen? (...) Ich glaube, irgendetwas in der Richtung muß geschehen, um die Salemer nicht völlig zu unfreien Menschen zu machen."[427]

Der letzte Akt einer sehr langen, sehr lieben und fruchtbaren gesellschaftlichen Kulturgemeinde

Otto Reutter
Vergänglichkeit

In meinem Zimmer hängt 'ne Uhr,
die tickt und tackt in einer Tour.
Der Zeiger kündet jederzeit
Vergänglichkeit, Vergänglichkeit.
Das tickt und tackt – es ist 'ne Qual –
Es war einmal – es war einmal
(Original-Couplet von Otto Reutter, Teich/Danner Nr. 234)

Acht Jahre sind mittlerweile seit Raouls Tod vergangen. Verwunden hat Lina den Verlust nie. Das Ende des Krieges und die Niederlage Deutschlands lassen sie erneut eine tiefe Leere spüren. Der Brief an Richard Dehmel aus dem Frühjahr 1919 ist ein Dokument ihrer Verbitterung. Richard Dehmel hat meine Urgroßmutter sich in den traurigsten Stunden ihres Lebens anvertraut. Der Freund hat sie getröstet und aufgerichtet. Doch Richard Dehmel kehrt als kranker Mann aus dem Krieg zurück, leidet an einer Venenentzündung. Vergeblich ringen die Ärzte um Heilung. Nach langen, quälenden Wochen stirbt der Dichter im Februar 1920.

Lina Richter: *„Liebe Frau Dehmel, nur ganz zaghaft und spät wage ich zu Ihnen zu sprechen – davon zu sprechen, daß auch ich die Welt verarmt und einen Hort der Stärke geschwunden fühle. Wie selbst ihre starke Seele sich finden wird, weiß ich nicht. Was Außenstehende sagen, wird nichts dazu beitragen. (...) Sie wissen, wie unendlich viel Dank ich Dehmel schulde und für ihn fühlte; wie er in einer Weise, die nur er hatte, mir Kraft gegeben hat und wieder Interesse am Leben, als ich beides nicht mehr hatte. Aber ich kann nicht, so herzlich gern ich es thäte, hoffen, Ihnen etwas davon zu vergelten. (...) Mit tiefer Bewegung denke ich an Sie* *und an ihn und an das große und schöne Doppelleben, das gestört wurde durch den ‚plumpen Tod'.*[428]

Der *„plumpe Tod"* ereilt im gleichen Jahr noch einen weiteren geliebten Menschen. Linas Onkel Ernst von Saucken, Bruder der Mutter und Mentor ihrer Kindheit, stirbt im Alter von nur 64 Jahren. Der Maler war für seine Nichte die Schulter zum Anlehnen, er stand ihr, den vielen Briefen nach zu urteilen, gefühlsmäßig beinahe näher als der Vater. Ernst von Saucken findet seine letzte Ruhe im Familiengrab in Tartaren. Im Zweiten Weltkrieg sind viele seiner Bilder zerstört worden, in Antiquaraten kann man aber noch fündig werden. Lina trauert tief um den guten Freund und geliebten Onkel. Aus Berlin kommen ebenfalls keine aufmunternden Meldungen. Die Familien Oppenheim und Richter, bislang ohne finanzielle Sorgen, geraten in den Strudel der Inflation. Cornelie Richter, die ihr Geld in nach der Niederlage wertlose Kriegsanleihen investiert hatte, sieht sich gezwungen, ihren prachtvollen Garten in Wannsee, dessen Gestaltung ihre ganze Leidenschaft galt, zu verpachten. Die Trennung fällt der alten Dame unendlich schwer.

Im März 1922 feiert Linas Schwiegermutter ihren 80. Geburtstag. Sie steht immer noch in regem Briefaustausch, vor allem mit ihren Enkelkindern. Doch die Welt der vornehmen Salons, in der sie sich ihr Leben lang sicher bewegt hat, ist mit dem Sturz der Monarchie untergegangen. Das Ende einer Epoche, die alte gesellschaftliche Ordnung existiert nicht mehr. In der neuen Zeit kommt Cornelie Richter nicht an, zu viel ist ihr fremd. Im Sommer erkrankt Linas Schwiegermutter an einem grippalen Infekt, von dem sie sich nicht mehr erholen kann. Sie stirbt im Juli 1922.

Harry Graf Kessler: *„Vormittags nach Wannsee zu Richters. Der Sarg war schon geschlossen. Er stand, klein und schmal, schwarz behängt, mit roten Kletterrosen geschmückt im Wohnzimmer. Darüber das schöne Bild der Cornelie Richter als junge Frau mit ihren zwei Buben von Gustav Richter. Reinhold Richter u. die beiden Söhne von Raoul empfingen mich. So endete für mich eine fast mütterliche Freundschaft."*[429]

Die Beisetzung findet auf dem Matthäikirchhof in Berlin-Schöneberg statt. Cornelie Richter findet neben ihrem Mann Gustav die letzte Ruhestätte.

Harry Graf Kessler: *„Die Feier in der Kapelle war wie ein letztes Aufleben oder Aufflackern des Richterschen Salons; die schwarzen Gestalten vor dem kleinen, unter Blumen verschwindenden Sarg, alte Damen, alte Männer wie vermummt und erstarrt, die früher so elegante, kultivierte, kosmopolitisch-Hofmässige Gesellschaft der Richterschen Diner und Soireen. Die sehr schöne Beethovensche Musik, (...) dieselbe wie an vielen Abenden bei Frau Richter, verstärkt den wehmütigen Eindruck. Es war der letzte Akt einer sehr langen, menschlich sehr lieben und fruchtbaren, gesellschaftlichen Kulturgemeinde.“*[430]

Die Grabstätte am südlichen Ende des Friedhofs ist dank vieler Spenden und der Arbeit des Vereins Efeu noch heute erhalten. Rote Kletterrosen umranken die Porträtbüste von Gustav Richter. Im Mai 2023, meine Recherchen zur Familiengeschichte waren fast abschlossen, habe ich den Friedhof besucht. „Alle Dinge sind möglich, dem, der da glaubt“ lese ich auf dem Grabstein meiner Ururgroßmutter. Ein Gefühl der Nähe überwältigte mich, so seltsam es mit einem so großen zeitlichen Abstand klingen mag. Ein glücklicher Zufall wollte es, dass ein Efeu-Vorstandsmitglied mich beobachtete und wir ins Gespräch kamen. Spontan habe ich die Patenschaft für das Grab übernommen. So schließt sich nach über 100 Jahren ein familiärer Kreis.

Nur wenige Wochen nach der Beerdigung ihrer Schwiegermutter erreicht Lina unvorbereitet ein Telegramm aus Dessau mit einer fast unerträglichen Nachricht. Ohne Vorzeichen erleidet ihr Bruder einen Herzschlag und stirbt mit nur 52 Jahren. Rudolph Oppenheim war für Lina Freund, enger Vertrauter und Arbeitgeber für ihren Sohn Gustav, der zum Zeitpunkt des Todes in der Filmfabrik seines Onkels arbeitet. Die Briefe, die Bruder und Schwester über die Jahre gewechselt haben, waren nie nur ein Austausch von Nachrichten, sondern zeugten stets von der tiefen Liebe und Verbundenheit zwischen den Geschwistern. Lina Richter ist nicht der Mensch, der seinen Gefühlen öffentlich Ausdruck verleiht, im Stillen wird sie sehr lange um ihren Bruder geweint haben. Benoits ältester Sohn stieg nach seinem Jurastudium unter anderem in Oxford 1914 als Direktor in die Firma Agfa, Vorläuferin der IG Farben, ein. Zur Leitung der Agfa unterhalten Oppenheims seit ihrer Gründung verwandtschaftliche Beziehungen. Dem schwerkranken Agfa-Gründer Paul Mendelssohn-Bartholdy steht ab 1880 Franz Oppenheim, ein Schwager von Linas Vater Benoit Oppenheim, zur Seite. Agfa würdigt ihr langjähriges Vorstandsmitglied, erinnert in einem Nachruf an Rudolph Oppenheims vornehmen Charakter, seine ausgezeichneten menschlichen Eigenschaften und sein liebenswürdiges und verbindliches Wesen. Ein liebenswürdiges und verbindliches Wesen wird auch Lina immer wieder bescheinigt. Meine Urgroßmutter und ihr Bruder waren sich im Charakter ähnlich, das mag die enge Verbundenheit erklären. Den schönsten und persönlichsten Nachruf auf Rudolph Oppenheim schreibt Neffe Gustav in einem Brief an seine Tante Daisy, Rudolphs Frau.

Gustav Richter: *„Wenn Du auch sicher genau weißt, was Onkel Rudolph nicht nur für uns alle, für Deutschland, für die Fabrik gewesen ist, so freut es Dich doch vielleicht ein bißchen zu hören, wie hier in Wolfen alles über ihn spricht: Wie sich jeder fragt, wie überhaupt ein solcher Mann vertreten, geschweige denn ersetzt werden könne. Wie ‚der Assessor' überall geliebt und verehrt, ja bewundert wird. Wie jeder kleinste Angestellte von dem großen Mann spricht, den die ganze deutsche Industrie verloren hat, und wie mancher voll Stolz erzählt, daß er ihm ‚einmal vorgestellt' worden ist. Wie so viel von ihm gesprochen wird, von seiner Arbeitskraft, von seinen unglaublichen Erfolgen in Amerika, wo er der erste Deutsche gewesen sei, der seit Kriegsende wirklich etwas erreicht habe, von seiner genialen Art, bei Verhandlungen immer gleich das Wesentliche zu finden. Ja, ein solcher Mann ist eben unersetzlich. Das alles wirst Du ja wissen, nur vielleicht nicht, wie sehr alle bis tief hinunter in die Fabrik ihn geliebt und bewundert haben. (...) Gerade ich, der ich so blind war, viel an ihm zu verkennen und manche Laune viel zu ernst zu nehmen, bin so froh, daß ich zuletzt den Weg noch zu ihm gefunden habe, (...) Dein Gustav"*[431]

In erster Linie aber ist Lina Richter die treibende Kraft hinter der Autorengemeinschaft

Gustav Richter: „*Lieber Pelikan (...) zu einem Geburtstag, der von mir doch ganz stark als ein Höhepunkt empfunden wird, auf dem Du ausruhen kannst – nachdem alle die Widerlichkeiten von Krieg und Inflation und dadurch erzwungene unreinliche Situationen vorbei sind, – nachdem die Schule doch sichtlich ungewöhnlich fest und einheitlich und triumphierend dasteht (...) nachdem ein Jahr Friedensarbeit hinter Dir liegt und nachdem Du bewiesen hast, dass es für wertvolles keine Konjunkturpolitik zu geben braucht – nach all dem erscheint mir dieser Geburtstag fast wie ein Triumph einer klaren und bewussten Linie über alles, was scheinbar geschickt und willig sich der Zeit unterwarf und aus Konzessionen nicht herauskam. (...) Und wo eine äussere, keine innere Starrköpfigkeit in Salem geherrscht hat, scheint mir Dein Einfluss auflockernd und klärend gewesen zu sein und so hoffentlich die Macht gewonnen zu haben, um Hahns und damit Salems grösste Gefahr, die Einseitigkeit zu Schranke und Klosterzucht zu steigern, wirksam zu bekämpfen. (...) Wir Berliner Kinder schicken Dir alle zusammen einen Füllfederhalter nebst Füller und Tinte. (...) viele, viele tausend Grüsse Fuf"*[432]

Nachdem die Anstrengungen der Heidelberger Vereinigung, eine Revision des Versailler Vertrages oder zumindest eine Neubewertung der Kriegsschuld anzustoßen, letztendlich ohne Erfolg blieben, ist die politische Arbeit von Lina Richter und Kurt Hahn als Berater des Prinzen Max von Baden eigentlich getan. Zumal zeitgleich der Schulbetrieb in Salem den ganzen Einsatz der beiden Pädagogen fordert. Doch es wäre ein Abschied verbunden mit einer Niederlage. Darauf mag Lina Richter sich nicht ausruhen. In den ersten Tagen nach Kriegsende sei sie unglücklicher gewesen als in den schwersten Zeiten ihres Lebens, gesteht sie später.[433] Der letzte Kanzler des Kaisers, ihr strahlender Stern, droht nun als der falsche Mann am falschen Ort in die Geschichtsbücher einzugehen. Es sei denn, Max von Baden würde in einer Autobiografie seine Politik im Herbst 1918 als alternativlos und mit unlösbaren Aufgaben betraut darstellen. Doch nicht der Prinz selber – *„da ich nicht zur Gattung der Wiederkäuer gehöre"*[434] –, sondern die engsten Vertrauten aus Berliner Tagen Kurt Hahn und Lina Richter sollen die *„große historische Arbeit"*[435] in Angriff nehmen, Dokumente sichten, Quellen zusammentragen und die Redaktion über das Buch übernehmen. Mutmaßlich haben sie es in weiten Teilen sogar verfasst. Kurt Hahn und Lina Richter treibt ein vitales Interesse, mit dem Werk die Geschichtsschreibung in ihrem Sinne zu beeinflussen. Schließlich waren sie es, die die Kanzlerschaft des Prinzen herbeigesehnt und in ihm den richtigen Mann für einen Verständigungsfrieden und innenpolitische Erneuerungen gesehen haben. Penibel recherchieren Lina Richter und Kurt Hahn in Unterlagen und Akten, ordnen die Informationen politisch ein. Jeden Satz wollen sie mit Quellen belegen können. *„In erster Linie aber ist Lina Richter die treibende Kraft hinter der Autorengemeinschaft, zitiert Hahn unerbittlich an den Schreibtisch zurück, wenn er sich lieber anderen Aktivitäten zuwendet. (...) Sie nahm es in Kauf, daß ihr Ruf zur Pflichterfüllung Hahn oft auf die Nerven ging, und er gereizt mit Ungeduld reagierte. Wenige Sekunden danach waren beide, als sei kein scharfes Wort zwischen ihnen gefallen."*[436] So erlebt es Linas Kollegin Marie Ewald. Doch nicht alle Meinungsverschiedenheiten lassen sich rasch beilegen.

Lina Richter: *„Lieber Herr Hahn (...) Unser Abschied war diesmal traurig. Die ganze letzte Zeit über war ich so unglücklich wie in den schwersten Zeiten meines Lebens. Ich bin auch nicht gut zu Ihnen gewesen, gerade, weil Sie mir so namenlos leid thaten. Ich hatte und habe noch das Gefühl, daß nur Sie selbst sich helfen können. Um diesen Entschluß aus Ihnen herausspringen zu lassen, wollte ich Funken aus Ihnen schlagen – auch die des Zorns. Alles vergeblich. Sie suchten den Ausweg – des aus dem Weg gehens. Es war direkt etwas Perverses in der falschen Proportion, die Sie allen Dingen gaben. Der Trotz gegen mich kam dazu, gab Ihnen innerlich einen Vorwand mehr. Darum ist es gut, daß ich eine Weile fort bin. Wäre es mit etwas leichterem Herzen über Sie, so könnte ich mich auch in dieser Zeit großer Ruhe erholen. Wenn Sie können, geben Sie mir diese Beruhigung. (...) Und nun – god* *bless you and make you stronger and like yourself again, and save our friendship (...) Ihre L.R.“*[437]

Die „*große historische Arbeit*“ erweist sich bald als Mammutaufgabe, der Kurt Hahn und Lina Richter allein nicht gewachsen sind. Anfang der Zwanzigerjahre stoßen die Historiker Hans Delbrück und Hermann Oncken, beide aus dem Kreis der Heidelberger Vereinigung und eher der konservativen Elite des untergegangenen Kaiserreiches zuzuordnen, zu dem Autorenteam dazu. Hans Delbrück war einst einer der Erzieher der Hohenzollern-Prinzen. Delbrück und Onken gehören zudem der historischen Kommission an, die das nach dem Krieg gegründete Reichsarchiv wissenschaftlich berät. Chef der kriegsgeschichtlichen Abteilung des Archivs ist Linas ehemaliger Vorgesetzter Hans von Haeften. Bereits im Dezember 1918 – Haeften befindet sich zu der Zeit noch im Exil in Schlesien – bahnt Lina den Kontakt an, bittet um Unterlagen für die Erinnerungen des Prinzen.

Hans von Haeften: „*Sehr verehrte gnädige Frau! Ihre freundliche Zeilen (...), für die ich Ihnen bestens danke, (...) erhielt ich erst mit einiger Verspätung. Ich bin sehr gerne bereit, dem Prinzen mein Material zur Klarstellung seiner Politik zur Verfügung zu stellen. Sobald ich wieder in Berlin bin, was voraussichtlich nicht vor Mitte Januar der Fall sein wird.*“[438]

In den folgenden Jahren reist von Haeften dann selbst einige Male nach Salem, um die Arbeiten an den Memoiren des letzten Kanzlers des Kaisers mit Akten und Dokumenten aus dem Reichsarchiv zu unterstützen und die Textentwürfe zu kommentieren. Es scheint von Haeften ratsam, seine frühere Mitarbeiterin nach der angemessenen Garderobe für seinen Besuch auf dem herrschaftlichen Schloss zu befragen. Wird es ein festliches Abendessen geben? Die frühere Mitarbeiterin rät ihrem Gast ganz pragmatisch, statt Smoking doch vor allem wollene Unterwäsche mitzubringen. In Salem ziehe sich niemand gesellschaftsmäßig an, und im Herbst sei es doch schon recht kühl in den ungenügend geheizten Räumen.[439]

Der Arbeitstag meiner Urgroßmutter umfasst während der Arbeit an den *Erinnerungen und Dokumenten* erneut mehr als zwölf Stunden. Hinzu kommt, dass sich in den Jahren 1924 und 1925 Kurt Hahns alte Erkrankung, die Folge des Sonnenstichs, sehr böse bemerkbar macht. Er schafft es kaum, die Tageskorrespondenz zu erledigen. Auch um die Gesundheit des Prinzen ist es nicht allzu gut bestellt. Lina ist immer öfter nicht nur die treibende, sondern die einzig zur Arbeit fähige Kraft der Autorengemeinschaft, findet nun selbst schöne und starke Formulierungen für das Buch.

Prinz Max von Baden: *„Frau Lina Richter hatte das stilistische Ausfeilen und die kritische Überprüfung des ganzen Buches übernommen.“*[440]

Damit ist das Tagewerk jedoch nicht erledigt, in den Nachtstunden bereitet Lina den Unterricht in Französisch und Literatur vor und korrigiert neben den Aufgaben ihrer Schüler auch die Arbeiten der Klassen von Kurt Hahn. Noch weit nach Mitternacht klappert die Schreibmaschine, und schon vor dem Frühstück sehen die Kollegen sie am Schreibtisch sitzen. Wieder einmal schaltet sich der besorgte Vater ein.

Benoit Oppenheim: *„Liebe Lina, (...) Du bist der einzige Mensch, der nie abkömmlich ist, weil er stets die ihm zustehende Muße benützte, um andern die Arbeit (...) abzunehmen. (...) Weil Du zu Hause bleibst, um das unglückselige Buch fertig zu stellen – was nach bisheriger Erfahrung doch nicht gelingen wird – so ist das doch kein Grund, daß die Anderen alle wegreisen u. Dir die ihnen obliegende Arbeit aufhalsen - Du bist infolgedessen so weit, daß Du Deine Gesundheit geschädigt hast. Wie Du Deinen Zustand schilderst, ist mit Arsenik u. Medikamenten wenig zu erreichen, Du brauchst gänzliche Ausspannung, Ruhe, Erholung, gute Zerstreuung, was Du alles dort nicht hast. Wenn Du so fortfährst, muß es zu einem gänzlichen Zusammenbruch kommen, der Dich überhaupt arbeitsunfähig machen würde. ‚Bisher ist zur Beunruhigung keine Ursache‘, schreibst Du – Du scheinst also erst den Zeitpunkt abzuwarten, an dem die Beunruhigung eintritt. Liebe Lina, Du hast auch noch andere Pflichten als das Internat und das Buch, u* hast nicht das Recht, Deine Aufopferungssucht so weit zu treiben, daß Du solche gegen Dich u. Deine Kinder, die Deiner noch sehr bedürfen, außer Acht lässt. Ich kann nicht einsehen, warum alle diese Sachen nicht warten können. (...) D.V."[441]

Sechs Jahre gehen ins Land, bevor im April 1927 die Autobiografie des letzten Kriegskanzlers erscheint. Die Lebenserinnerungen umfassen über 700 von Lina akribisch redigierte Seiten. Im politischen Berlin sieht man der Veröffentlichung mit gemischten Gefühlen entgegen. Doch die Resonanz in Deutschland auf das Erscheinen der *Erinnerungen und Dokumente* ist groß, nahezu alle bedeutenden Zeitungen berichten davon, bringen seitenlange Auszüge. Auch der Verkauf läuft gut an: Bis zum Sommer gehen über 5.000 Exemplare über die Ladentische. Die Kritik reicht von wohlwollend bis ablehnend, je nach politischer Couleur der Autoren. Benoit Oppenheim nimmt eine Einschätzung vorweg, die wohl auch heute noch heute mehrheitsfähig ist.

Benoit Oppenheim: *„Liebe Lina, (...) Ich habe das Buch gelesen – von des Prinzen Eintritt in die Politik ab mit viel Interesse, ja stellenweise – obgleich man ja wußte wie die Sache verlaufen ist – mit Spannung. Mein Eindruck ist, daß der Prinz der Aufgabe nicht gewachsen war. Er ist keine Ruhmnatur mit dem nötigen Wagemut; auch konnte er aus der dynastischen Tradition doch nicht ganz heraus."*[442]

1968 gibt der Historiker und Salem-Schüler Golo Mann eine Neuauflage des Buches mit einer umfangreichen Einleitung heraus, in der er Max von Baden in dem Licht erscheinen lässt, in dem Lina Richter den Prinzen auch stets bewundert hat: *„Prinz Max war ein bewußt und selbstkritisch lebender Mensch. Er wußte, daß er nicht eigentlich Politiker sei, daß die für das höchste politische Amt notwendigen Geschäftskenntnisse, die rhetorische Erfahrung und Dreistigkeit, die Nervenkraft, die Gesundheit überhaupt ihm fehlten, und daß die Feinheit seiner Instinkte, von der er wohl eine Ahnung hatte, ihm die Ausübung eines so groben Berufes eher erschweren als erleichtern mußte."*[443]

45 Jahre später bezeichnet Lothar Machtan die Arbeit Hahns und Lina Richters als *„geschichtspolitische Waffe"*[444], die das Image des Prinzen als Totengräber der Monarchie und unfreiwilligem Helfer jener revolutionären Sturzgeburt einer Republik korrigieren solle. Machtan erkennt in den *Erinnerungen und Dokumenten* den verzweifelten Versuch, die Politik von Badens als der damaligen Lage angemessen, ja als historischen Verdienst erscheinen zu lassen. *„Kurzum das Buch ‚Erinnerungen und Dokumente' war weder eine reflektierte Selbstbefragung, noch enthielt es eine kritische Analyse der Zeitläufe, in die das politische Wirken des Prinzen im Herbst 1918 involviert war. Und den Mut zu einer Abrechnung mit den Gegnern von damals brachte es auch nicht auf."*[445] Mit Abstand zum Geschehen kommt die Mehrheit der aktuellen Rezensenten heute zu dem Schluss, dass die *Erinnerungen und Dokumente* an eine wissenschaftliche Geschichtsschreibung nicht heranreichen und damit auch nicht für eine Rehabilitation des Prinzen herangezogen werden können. Die historische Nähe zu den Ereignissen, in die sie selbst involviert war, und ihre emotionale Befangenheit dem Prinzen gegenüber hat die objektive Betrachtungsweise meiner Urgroßmutter sicherlich getrübt. Ihr Heldenbild sollte keinen Kratzer bekommen. Erneut ergibt sich Lina Richter mit Herz und Verstand einer Sache, der sie sich verpflichtet fühlt. Es hinterlässt den Leser heute noch immer fassungslos, dass in den letzten Monaten des Krieges alle Bemühungen um einen Friedensschluss an der persönlichen Eitelkeit, Feigheit und Unentschlossenheit der handelnden Männer gescheitert sind. Lina Richter hat die Arbeit an dem Buch, die Aufarbeitung auch ihrer eigenen politischen Tätigkeit, die letzten Kräfte geraubt. Der Arzt verordnet einen Urlaub im Hochgebirge. Mindestens drei Wochen soll Lina ausspannen, Politik und Schule vergessen, um das im Herbst beginnende Semester körperlich durchstehen zu können.

Benoit Oppenheim: *„Ich erwarte, daß Du dieser Anordnung Folge leisten wirst, und stelle dir die Mittel zur Verfügung; teile nur mit, wieviel Du brauchst. (...) Du solltest endlich einsehen, daß es eine <u>Pflicht</u> für Dich ist, Deine Gesundheit zu erhalten, und von Dir selbst die hierfür erforderlichen Maßnahmen zu ergreifen."*[446]

Mir ist es sehr schmerzlich, dass ich Euch Kenntnis geben muss von der sehr ernsten Lage unserer Finanzen

Otto Reutter
Kinder, Kinder, was sind heut für Zeiten

Kinder, Kinder, was sind heut für Zeiten!
Zum Gemüsehändler tat ich schreiten.
„Ihre Erbsen", fing ich an zu lästern
„sind heut' wieder teurer als gestern."
Doch er sprach: „Heut' haben sie noch Glück,
denn ab morg'n verkauf ich sie per Stück."

Kinder, Kinder, was sind das heut' für Zeiten!
Bei 'nem Kaufmann ließ ich mich verleiten,
gab 'ne Mark ihm, kaufte Schweizer Käse,
schön durchlöchert, doch dann war ich böse,--
mach's Papier auf, und ich finde nischt,
„Ja", sagt er, „dann haben sie 'n Loch erwischt."
(Text und Melodie, Otto Reutter, Teich/Danner, Nr. 252)

Die *Erinnerungen und Dokumente* liegen gedruckt im Buchhandel, Lina Richter hat ihre historische Aufgabe beendet. Sie zieht sich mit 55 Jahren aus der Politik zurück und widmet sich ganz ihrer Arbeit als Lehrerin in Salem.

Die Kinder gehen mittlerweile ihrer eigenen Wege. Allein bewohnt meine Urgroßmutter noch immer die kleinen Zimmer im Nordflügel des Schlosses.

Benoit Oppenheim: *„Es ist wirklich an der Zeit, daß Du zu einer einigermaßen erträglichen Wohnung kommst. Das hätte schon lange geschehen müssen."*[447]

Lina sieht das anders, sie hegt auch im fortgeschrittenen Alter keine großen Ansprüche an Komfort oder gar Luxus. Ihr genügt wenig zum Leben. Es ist nicht nachzuvollziehen, wie viel Geld Lina Richter in den Jahren im Außenministerium und später in Salem verdient hat, doch hat es wohl für den Haushalt gereicht, und sie hat ihr Geld klug angelegt. Die Ersparnisse sind für Studium und Ausbildung der Kinder bestimmt. Auch Oppenheim überweist monatlich eine nicht unerhebliche Summe. Doch die Weltwirtschaftskrise stürzt die einst wohlhabende Familie in ungekannte Geldnöte. Selbst der Verkauf der Oppenheim-Villa in Heringsdorf ist kein Tabu mehr, wenn es auch letztendlich nicht dazu kommt. 50.000 Mark bietet ein Interessent, doch Lina betrachtet die Summe als gänzlich unangemessen für eines der schönsten Häuser in Heringsdorf.

Lina Richter: *„Liebe Kinder, heute, an Papas Todestag, für den ich vorigen Sonntag mit Bex das Immergrünkränzchen geflochten habe, schreibe ich Euch mit besonders zärtlichen Gefühlen. Ich bin so froh, daß Ihr Euch wohl fühlt und ein thätiges, fröhliches Leben führt; und mir ist es sehr schmerzlich, daß ich Euch Kenntnis geben muss von der sehr ernsten Lage unsrer Finanzen. (...) Sachlich ändert sich zunächst nichts, und für Euer Studium wird hoffentlich auch das Nötigste immer zu schaffen sein. Aber die Mahnung, besonders Einnahmen, die etwa auftauchen, nicht ohne zwingende Not anzugreifen, werdet Ihr so berechtigt finden wie ich. Ein Zusammensein im August in Heringsdorf ist auch ins Wasser gefallen. Wäre ich heute frei, ich nähme Urlaub und reiste zu Fuß oder mit ihm irgendwohin. Ich höre heraus, daß er eigentlich meine Hilfe braucht. Aber die einzige, die ich geben kann, ist die, daß ich Geld verdiene und möglichst wenig brauche – da Gegenteil thäte ich, wenn ich hinreise. Ich glaube, ich werde an Reinhold schreiben müssen, ob er nicht wenigstens eine Parzelle vom Grundstück verkaufen will. (...) Liebe Welle, das Geld für Deine Bücher muß ich eben schaffen. Byron habe ich nicht, aber Opapa hat ihn, und wenn Du ihm schreibst, schickt er ihn Dir sicher gern. Seid vergnügt, das ist für mich ein Lichtpunkt."*[448]

In Berlin hat Gustav es übernommen, sich um die Finanzen der Familie zu kümmern und das Vermögen, so gut es geht, zusammenzuhalten. Keine leichte Aufgabe und keine Aufgabe, die der Künstlerseele entspricht. Die geräumige Villa in der Alsenstraße, einst das Zuhause von fünf Kindern, ist nicht mehr zu halten, es werden Mieter für das Anwesen gesucht. Für die Familie lässt Lina unter Gustavs Leitung ein kleineres Haus in der Nachbarschaft bauen. Ihrem Vater verheimlicht Lina die Pläne für den Hausbau. Sie weiß, wie Benoit Oppenheim zu ihrem ältesten Sohn steht, dass er ihm wenig geschäftliches Geschick zutraut. Auch ist ihr Vater mit über 85 Jahren ein alter Mann, dem die Tochter unnötige Aufregung ersparen möchte. Die Sache kommt dennoch ans Licht, und der Bankier betrachtet mit einer gewissen Selbstgefälligkeit das Scheitern des wenig geachteten Enkels.

Benoit Oppenheim: *„Die Gustavsche Ueberhebung und Unüberlegtheit und Deine Leichtgläubigkeit (du bist ja betreffs Deiner Kinder befangen) haben sich nun schließlich noch als weit verderblicher gezeigt, als es zuerst erschien. Nicht einmal hat G. sich bei Sachverständigen informiert, welche die Unhaltbarkeit des Anschlags sofort erkannt hätten. Ihr habt den Beschluss des Baus und dessen Inangriffnahme geflissentlich vor mir verheimlicht. (...) Deine positiven Angaben über die Kosten waren alle unbegründet und unrichtig – woher weißt Du, daß es einer ‚kleinen' Hypothek bedürfen wird, da Du gar nicht weißt, wie hoch die Kosten sein werden? (...). Ich möchte wissen, wie Du Dir die Zukunft denkst?"*[449]

Der Vater kennt die Geldsorgen seiner Tochter und unterstützt sie nach Kräften. Seine umfangreiche Kunstsammlung hat Oppenheim über die Jahre verkauft, um Lina und den Kindern finanziell unter die Arme greifen zu können. Und dann ist da noch sein jüngster Sohn, Benoit jun., ihn darf ich wohl getrost das schwarze Schaf der Familie nennen. Linas kleiner Bruder ist ein Spieler, dem Alkohol recht zugetan. Seine Schulden deckt der Vater immer wieder bis zu der Nacht, in der Benoit jr. eine halbe Million Mark am Spieltisch verliert. Der Senior verbannt seinen Sohn für einige Jahre auf eine Teeplantage in Belgisch- und Niederländisch-Indien, heute Indonesien. In der Ferne bekommt Benoit jr. sein Leben in den Griff, doch zurück in Berlin stürzt er erneut von einer Krise in die nächste, steht am Ende unter Vormundschaft von Hugo Hardy, Ehemann von Linas Nichte Louise Oppenheim.

Die Sorgen um die Zukunft zehren an meiner Urgroßmutter, die ohnehin mit ihren körperlichen Kräften am Ende ist. Im Herbst 1929 erwischt sie eine schwere Grippe, mehrere Wochen muss Lina das Bett hüten. Dennoch bedarf es Kurt Hahns ganzer Überredungskunst sowie einer erneut strengen Mahnung des Vaters, um Lina zu überzeugen, endlich einmal an sich zu denken und eine mehrwöchige Erholungskur anzutreten.

Benoit Oppenheim: *„Meine Empfindg., daß Du mich über Deine Krankheit u. jetzige Reconvalescenz durchaus nicht völlig unterrichtet gehalten hast, bestätigt sich jetzt wieder durch Hahn's Mitteilung – welcher mir schreibt, der Arzt wünsche, daß Du eine Erholungscur an der Riviera oder im Gebirge brauchen sollst. Ich lasse Dir von Hugo Oppenheim & Sohn 1000 Mark schicken; wenn das nicht reicht, schreibe mir. (...) Ich kann nur immer wiederholen, wie unrichtig es ist, die Sache nicht beim rechten Namen zu nennen und danach zu handeln. Nachdem ich erfahren habe, wie lange u. ernst Du krank warst, ist die Vernachlässigung bei der Reconvalescenz doppelt unvorsichtig u. verwerflich. Ich hoffe also in den nächsten Tagen von Deiner Abreise zu hören. Unterrichten dürftest Du doch auf keinen Fall. Ob Welle dich begleiten soll, überlasse ich Dir, DV"*[450]

Linas Vater schreibt seinen Brief am 16. November 1929. Einen Tag später wählen die Berliner ihr Stadtparlament. Die NSDAP erreicht 5,8 % und zieht mit 13 Abgeordneten in das Rote Rathaus der Hauptstadt ein. Das Schreckensgespenst erhebt sich. Groß ist die Not in Berlin, die Weltwirtschaftskrise trifft Deutschland besonders hart. Fast eine halbe Million Männer und Frauen sind zum Beginn des neuen Jahrzehnts ohne Lohn und im wahrsten Sinne des Wortes auch ohne Brot. Die Regierung Brüning ordnet eine strikte Sparpolitik inklusive Lohnkürzungen an, die das Elend noch verstärkt.

Gustav Richter: *„Ich fange an zu verzweifeln, daß gar nichts geschieht und dem rapiden Verfall der Wirtschaft nur mit lächerlichen Augenblicksmaßnahmen entgegengetreten wird."*[451]

Lina beendet wieder einmal vorzeitig ihre Kur und kehrt in immer unruhiger werdenden Zeiten nach Salem zurück. Kaum angekommen, trifft die nächste Hiobsbotschaft aus Berlin ein. Benoit Oppenheim, bislang im hohen Alter bei blühender Gesundheit, erkrankt ernsthaft. In all den Jahren ihres bewegten Lebens hat Lina in zahlreichen Briefen einen engen Kontakt zu ihrem Vater gehalten. Seine Meinung – mit der Oppenheim nie hinter dem Berg hält und sie stets unverhohlen, manchmal grob äußert – teilt sie nicht immer, noch seltener nimmt sie Ratschläge an. Aber sie liebt ihren Vater innig. Nach Rudolphs Tod dürfte das Verhältnis noch vertrauter geworden sein. Der gewohnt väterlich-autoritäre Ton verrät zunächst noch nicht, dass Oppenheim körperlich langsam die Kräfte schwinden.

Benoit Oppenheim: *„Ich zeige Dir an, liebe Lina, daß ich wieder anfange, etwas aufzustehen. (...) Du kannst kommen, wann Du willst, und wohnen, wo Du willst. Aber mir scheint Wannsee vorzuziehen, denn an mir wirst du wenig Freude finden."*[452]

Linas Vater quälen Magen- und Darmprobleme. Eine Krankenschwester wird gegen seinen Protest eingestellt. Es widerstrebt dem eigensinnigen Oppenheim zutiefst, Hilfe bei den einfachen Verrichtungen des täglichen Lebens annehmen zu müssen. Der Sommer kommt, und der Bankier erholt sich mit seinen 86 Jahren zunächst noch einmal.

Roland Richter: *„Opapa habe ich besucht, bevor Dein Brief kam, ich werde aber noch einmal hingehen. Er war recht frisch und geistig sehr rege und sah eigentlich nicht so aus, als ob er gerade eine so schwere Krankheit durchgemacht hätte; ich habe ihn schon viel schlechter aussehend gefunden."*[453]

Das Aussehen täuscht. Benoit beginnt, seine Angelegenheiten zu ordnen. Vollmacht über alle finanziellen Angelegenheiten erhält Hugo

Hardy. 6.000 Mark soll Lina jährlich erhalten, *„davon sollen die üblichen Geschenke an Dich u. die Kinder gezahlt werden und etwas Reserve für Notfälle bleiben"*.[454]

In der Weihnachtszeit besucht Lina ihren Vater ein letztes Mal. Ein Brief von Oppenheims Haushälterin lässt sie hoffen und der Reise nach Berlin mit Vorfreude entgegensehen.

Johanna Flugmacher: *„Doch nun will ich vorerst von dem sprechen, was der Zweck meines Briefes ist. Das Befinden unsers Herrn. Ich kann noch keinen glänzenden Bericht erstatten aber so wie es ist: Der Herr ist geistig sehr energisch. (...) Also sehen gnädige Frau, das der Herr regstes Interesse zeigt und zur Beunruhigung wohl kein Anlaß ist. Und nun wünsche ich von Herzen, daß, wenn gnädige Frau nach hier ins Vaterhaus kommen, den Herrn ein gut Stück besser und erholter finden. Der Herr hat mir schon gesagt, dass gnädige Frau kommen."*[455]

Die Erholung ist aber nur von kurzer Dauer. Ein paar Schritte durch das Zimmer, mehr schafft der alte Mann schon bald nicht mehr, dann sinkt er in den Sessel. Der einstmals kraftstrotzende Patriarch ist nur noch ein Schatten seiner selbst. Nur der Appetit auf gutes Essen ist geblieben. Schonkost scheint Oppenheim nicht verordnet worden zu sein, oder er lehnt sie ab. Der Speiseplan seiner Haushälterin klingt schon für einen gesunden Magen nach einer Herausforderung.

Johanna Flugmacher: *„Jetzt frühstückt der Herr: Ei, Toast – Thee und harte Wurst – Mittags: Kartoffelsuppe – kaltes Roastbeef – Majonaisensauce – Bratkartoffeln – Obst. Abends: Ente mit Maronen vorher rote Rübensuppe. Ich glaube, der Herr erwartet den jungen Herrn Roland in den nächsten Tagen zum Essen."*[456]

Oppenheims Leidenszeit zieht sich über zwei Jahre hin, am Ende verlässt er kaum doch sein Zimmer. Es ist ein einförmiges Leben, besonders für einen Menschen, der geistig noch vollkommen lebendig ist. Dennoch klagt Linas Vater nie, ist bewundernswert guter Stimmung.

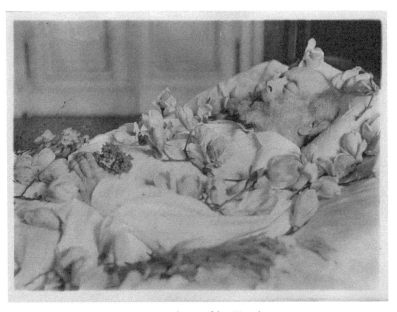

Benoit Oppenheim auf dem Totenbett.
Foto: Hans-und-Luise-Richter-Stiftung im Stadtmuseum Berlin

Enkel Roland kommt regelmäßig zu Besuch, eine kleine Freude im eintönigen Alltag.

Roland Richter: *„Liebe Mama, (...) Opapa könnte es besser gehen, d. h. er stand das letzte Mal erst nach dem Mittagessen auf. Er kommt auch sonst nicht mehr zu Tisch, sondern ißt bei sich. Er hat eine neue Schwester, die viel angenehmer sein soll als die alte, die er ja gar nicht leiden konnte; das ist immerhin erfreulich."*[457]

Linas Vater erlebt 1931 noch einmal einen Frühling, es ist ein letztes Aufbäumen gegen die Krankheit. Am 5. Mai stirbt Benoit Oppenheim mit 88 Jahren in Berlin. Lina steht jetzt allein an der Spitze der Familie.

Otto Reutter
Alles verstehen, heißt alles verzeih'n

Wo man heut' hinschaut, da liest man „Tanz".
Ja, ist denn die Jugend verdorben ganz?
Mancher schimpft auf die Jugend von heut'
Doch ich verteidige die jungen Leut'.
War'n wahrscheinlich sechzehn bei Kriegsbeginn,
lebten fünf Jahre in Trauer dahin,
haben von Tanz, von Liebe geträumt –
haben die fünf herrlichsten Jahre versäumt,
hör'n die nun heut' 'nen Walzer von Strauß,
zuckt's ihn'n im Bein – sie halten's nicht aus.
Denkt euch doch bitte mal hinein
In so'n Mädchenherz, in so'n Mädchenbein.
Fünf Jahr' nicht getanzt – sie wurden nicht satt.
Was sich da aufgestapelt hat!
All die Walzer vom Strauß
Sitzen drin und nun müssen sie raus.
Ich will das nicht etwa entschuldigen – o nein,
aber alles verstehen, heißt alles verzeih'n
(Text und Melodie: Otto Reutter, Teich/Danner, Nr. 297)

Allen Kindern ist es gemein, dass sie sich auch als Erwachsene in langen Briefen mit ihrer Mutter austauschen und ihren Rat erbitten. Bei den Jungs tut es mal ein ausgerissenes Stück Papier aus einer Kladde, Tochter Welle benutzt stets feines himmelblaues Briefpapier. Lina erfährt über Freud und Leid, teilt Liebesglück und Liebeskummer. Mit großer Neugier und Freude habe ich versucht, die Lebenslinien meiner Großonkel und der Großtante nachzuzeichnen. Denn kennengelernt habe ich Gustav, Welle, Leo und Bex nie. Der Zweite Weltkrieg hat die Familie in alle Richtungen verstreut und entfremdet. Sehr gut erinnern kann ich mich jedoch an Leos Sohn Andrew, Offizier bei der Royal Navy. Sein Schiff legte – es muss um 1970 gewesen sein – in Kiel an, und ich durfte als kleines Mädchen den Zerstörer besichtigen – an der Hand eines schmucken Offiziers in Uniform. Ich war zum ersten Mal verliebt. Gustav, Curt, Welle, Leo und Bex haben als Künstler, Jurist, Tänzerin, Kaufmann und Naturwissenschaftler ganz unterschiedliche Berufswege eingeschlagen. Mit großer Erschrockenheit erfahre ich aus den Briefen, dass alle Kinder spätestens ab 1930 als Nachkommen des jüdischen Komponisten Meyerbeer hässliche Erfahrungen mit Antisemitismus sammeln mussten. Sie haben daraus unterschiedliche Konsequenzen gezogen. Die drei jüngeren Geschwister verließen das Land und sind nie zurückkehrt. Gustav und Curt blieben in Nazideutschland, versuchten ihr Leben zu gestalten, so gut es ihnen möglich war. Als Vierteljuden hätte ihnen keine Deportation gedroht, dennoch waren sie in ihren Berufen und im Privatleben zahlreichen Repressalien ausgesetzt. *„Wir werden in den letzten Jahren bei jedem Plan, der uns auf ein paar Tagen zu freien Menschen machen will, daran gemahnt, daß Kinder zu haben, keine Sinekure ist"*[458], formulierte Lina einst in einem Brief an Ida Dehmel. Nun sind die Kinder erwachsen, ohne Sorgen darf die Mutter dennoch nicht sein.

Claire Waldoff
Ach Gott, was sind die Männer dumm

Ach Jott, was sind die Männer dumm
Wenn'n Mädel lieb is, kiekt sich keener um
Doch wennse frech ist, sinse jleich valiebt
Wat's doch vor Dussels mang de Männer jibt!
(Text: Robert Gilbert, Melodie: Nico Dostal)

Von seinem Großvater, dem Maler Gustav Richter, und von seinem Urgroßvater, dem Komponisten Giacomo Meyerbeer, hat Linas ältester Sohn die Liebe zur Kunst geerbt. Sie führt ihn ans Theater und zum Film, wo er zunächst als Schauspieler, später als Regisseur, u. a. unter Max Reinhardt, sein berufliches Glück sucht. Voller Bewunderung nennt Welle ihren Bruder charmant und brillant. Lina Richter attestiert Gustav bereits in jungen Jahren ein *„feines Gefühl für Dichtung, Naturschönheit, selbst schon keimend für bildende Kunst".*[459]

Der feinfühlige junge Mann leidet sehr unter der Trennung von seiner Mutter. Das mag ein Grund sein, warum er – erst 23 Jahre alt – 1922 der fünf Jahre älteren Nichte seines Großvaters, Lotte Friedländer, einen Heiratsantrag macht. Lotte und ihr Bruder Enni haben im Krieg einige Zeit bei Lina in Wannsee verbracht, in dieser Zeit lernten sich Gustav und Lotte näher kennen. Lotte ist eine muntere, liebenswürdige junge Frau mit einem großen Verständnis für Gustavs künstlerische Ambitionen. Mein Vater ist überzeugt, dass Gustav seiner Mutter näherstand als die anderen Kinder. Er sei ihr Lieblingssohn gewesen. Gustavs Großvater, Lottes Onkel Benoit Oppenheim, dagegen hadert mit seinem ältesten Enkel. Er hält ihn für energielos und zu anspruchsvoll. Den Theaterplänen Gustavs kann er wenig abgewinnen, umgangssprachlich würde man sagen, er hält ihn für einen Hallodri.

Die Verbindung zu seiner Nichte – so fürchtet Lina – würde Oppenheim wohl kaum billigen. Sie beschließt daher, die Verlobung zunächst geheim zu halten. Wohl auch, weil sie aus eigener Erfahrung weiß, dass der Vater einiges tun würde, um die Ehe zu verhindern. Meine Urgroßmutter möchte das, wie sie glaubt, Lebensglück Gustavs in keinem Fall gefährden und stellt ihren Vater erst kurz vor der Hochzeit vor vollendete Tatsachen. Für ein Einschreiten des perplexen Patriarchen ist es zu spät, Gustav und Lotte Friedländer heiraten und ziehen zunächst nach Dessau. Dort tritt Gustav eine Stelle bei seinem Onkel Rudolph in der Filmfabrik der Firma Agfa an. Glücklich macht ihn die Tätigkeit vor allem nach Rudolphs plötzlichem Tod nicht, es zieht ihn zurück in die Großstadt, zum Film und an die Theater. Mitte der Zwanzigerjahre kehren Gustav und Lotte zurück nach Wannsee in das Familienhaus in der Alsenstraße. Gustav hat große Pläne, doch es fällt ihm schwer, an den Berliner Bühnen Fuß zu fassen.

Gustav Richter: „*Alle Theaterpläne laufen schief.*"[460]

Seine Unzufriedenheit wächst, er spürt den Druck seines berühmten Großvaters und Urgroßvaters. Vergeblich bemüht er sich, künstlerisch in deren Fußstapfen zu treten.

Lotte Richter: „*Wenn es diesmal nichts wird (...) Fuf würde völlig zusammenklappen. Er ist jetzt schon nervös und erledigt. Dazu kommen die ewigen Geldsorgen. Ich habe mir einen Bubikopf scheiden lassen (...) nachdem Fuf seine energischen Proteste hatte (...) dies ewige (erfolglose) Frisieren war dann doch zu langweilig und man kann auch nicht zu rückständig sein.*"[461]

Die modische Frisur ist es nicht, die zu Unstimmigkeiten in der Ehe führt. Die beruflichen Misserfolge nagen an Gustavs Selbstbewusstsein. Er beginnt in Berlin ein Verhältnis. Von Lotte sei sein Herz immer weltferner abgerückt, schreibt er seiner Mutter nach Salem. Hinzu kommen die finanziellen Sorgen, die die Familie früher nicht kannte. In diesen schwierigen Jahren lernt Gustav im Umfeld des Theaters in Berlin die

Schauspielerin Paula Denk kennen. Linas Sohn verliebt sich Hals über Kopf in die neun Jahre jüngere Frau. Äußerlich sieht Paula Denk seiner Mutter in Jugendjahren nicht unähnlich: Die kurzen dunklen Haare erinnern an Linas Hochsteckfrisur, die Augen geben ihrem Gesicht eine besondere Ausstrahlung, die Figur ist klein und zierlich. Gustav gibt Paula den Spitznamen „Das Kind".[462] Sie wird seine große Liebe. Fast ein Jahr lang halten Gustav und Paula ihre Beziehung geheim, teilen sich in der Familie nur Lina mit und bringen sie damit in eine missliche Lage. Soll sie Lotte, ihre Cousine, über Gustavs Affäre aufklären? Zumindest hätte sie ihren Sohn auffordern können, endlich reinen Tisch zu machen. Doch Lina mischt sich nicht ein.

Gustav Richter: *„Du hast ja jetzt auch gesehen, wie süß und lieb das Kind ist, und ich bin mit ihr in der letzten Zeit so glücklich wie selten. (...) Das große Glück aber ist, daß ich mich diesmal nicht getäuscht habe – der richtige Mensch, den zu finden oft ein Leben lang nicht genug ist, hat mich lieb und ich ihn. Das ist natürlich bestimmend fürs Leben."*[463]

In der Wielandstraße in Charlottenburg hat Gustav mittlerweile eine Wohnung für sich und Paula angemietet, in Wannsee lässt er sich nur noch selten sehen. Lotte muss geahnt haben, dass es eine neue Frau im Leben ihres Mannes gibt, doch hofft sie, Gustav würde auch dieses Mal zu ihr zurückkehren. Linas Sohn aber hat sich längst für Paula entschieden, doch den Mut, Lotte um die Trennung zu bitten, bringt er noch immer nicht auf.

Gustav Richter: *„Es ist schon eine scheußliche Situation. (...) Irgendetwas muß geschehen, sonst gibt es plötzlich und unbeherrscht einmal ein Unglück."*[464]

Lina kommt ihm unfreiwillig zur Hilfe mit einem Fauxpas wie aus einem schlechten Roman. Ich habe die Briefe dreimal gelesen und mit der armen Lotte gelitten, der – wenn auch nicht beabsichtigt – so brutal die Augen geöffnet werden. Zu Paulas Geburtstag sendet Lina der Freundin ihres Sohnes ein Geschenk an die Wannseer Adresse. Da

Gustav aber wieder einmal nicht zu Hause ist, öffnet Lotte das Paket in der Annahme, das darin enthaltene Geschenk sei für Bex, der ebenfalls die Tage Geburtstag hat. Völlig überrumpelt entdeckt sie stattdessen die Gabe ihrer Schwiegermutter an die Nebenbuhlerin. Tief verletzt, aber mit einer dennoch bewundernswerten Contenance schreibt sie an Lina.

Lotte Richter: *„Ich muß Dir heute über eine Sache schreiben, die mich sehr erschreckt und betrübt hat. (...) Daß ich jetzt erfahren muss, daß Du diese Sache protegierst, tut mir schrecklich weh. Es bedeutet für mich eine menschliche Enttäuschung, die kaum zu verwinden ist. (...) Daß Du Dich mit einem Mädchen, das weiter nichts wäre als Fufs Geliebte mütterlich befreundest – will mir nicht in den Sinn. (...) Wenn auch Du zu der Überzeugung gekommen bist, daß Paula Denk besser zu Fuf passt als ich, dann sage mir das bitte offen. Von allem Entwürdigen, was dieser ganze Zustand für mich hat, ist Euer und besonders Dein schonendes Mitleid das Entwürdigendste."*[465]

Der Familiensegen hängt endgültig schief. Aber das unglückselige Missverständnis hat auch seine gute Seite. Gustav ist nun gezwungen, sein Privatleben zu regeln. Wenige Tage später kommt auch ein Brief von Gustav in Salem an.

Gustav Richter: *„Liebe Mama, Du glaubst gar nicht, wie verzweifelt ich über all diese Dinge bin, vor allem, daß Dein liebes süßes Geburtstagspaketchen in Lottes Hände kam. Wenn Du Paulas Augen gesehen hättest, als ich ihr die Sachen gegeben habe, dann hättest Du Dich vielleicht trotz allem gefreut. Aber Du bist inzwischen von Lottes Brief wohl schmerzlich getroffen. (...) Ich weiß nichts zu sagen, außer Dir so sehr, so von ganzem Herzen zu danken, wie vielleicht noch niemals in meinem Leben für Dein Verständnis und deine Hilfe."*[466]

Lina ist mittlerweile 60 Jahre alt, aber die Erinnerung an ihre große Liebe ist immer noch lebendig. Sie unterstützt ihren Lieblingssohn, der sie vielleicht in seiner inneren Zerrissenheit am meisten an ihren Mann erinnert.

Gustav Richter: *„Ob Papa sich über die Sache mit dem süßen Kind gefreut hätte, wie Du es tust, liebste Mama?"*[467]

Als Cousine fühlt Lina sich Lotte weiterhin verbunden und bemüht sich erfolgreich um eine einvernehmliche Trennung.

Lotte Richter: *„Mein liebes Mamminchen. Dein Brief hat mir so wohl getan; das Bewusstsein, daß Ihr alle mich noch lieb habt ist so schön für mich – und besonders auch, wenn ich jetzt an Fuf denke, bleibt nur etwas unendlich Schönes, Harmonisches und Warmes, – Alles, was die letzten Jahre zwischen uns trübte, ist wie fortgeblasen. Vielleicht ist die Freundschaft doch der stärkste Teil der Liebe, sicher der unzerstörbarste. (...) Nun leb wohl für heute, meine liebe Mama (...) grüße das Häuschen, zu dem ich mich noch so zugehörig fühle und alle die jetzt darin wohnen. Behalte mich auch im neuen Jahr lieb. (...) In Liebe immer deine Lotte."*[468]

Kaum hat Lotte ihre Koffer gepackt, zieht Paula Denk in die neue, trotz aller Schwierigkeiten fertiggestellte Familienvilla in Wannsee ein. *„Männer trösten sich doch verdammt schnell"*[469], kommentiert Gustavs Schwester lakonisch. Doch ihr Bruder glaubt, sein Lebensglück endlich gefunden zu haben.

Paula Denk ist ein Mensch, dem die Herzen zufliegen. Mein Vater erinnert sich lebhaft an seine Tante, schwärmt von ihrem positiven, fröhlichen Wesen. Das Talent, immer alles leichtzunehmen. Und als Kind liebte er es, die vielen aufwendigen Kostüme, die Ketten, Hüte und Federboas in ihren Schränken zu bewundern und darin Verstecken zu spielen. Paulas Charakter unterscheidet sich grundlegend von Linas ernstem Wesen. Das trübt das Verhältnis der beiden nicht. Die junge Schauspielerin bemüht sich intensiv um Linas Zuneigung, schreibt ihr zahlreiche überschwängliche Briefe, nennt sie ihr *„liebes gutes Mamme-lie."*[470] Im Sommer 1932 heiraten Gustav und Paula, die Hochzeitsreise führt nach Italien.

Eveline Richter: *„Von Gustav kam heute aus Venedig eine Karte; sehr begeistert. Ich kann ihm nur wünschen, daß diesmal alles klappt und er* *vernünftig genug ist, sich keine Kinder anzuschaffen, bis er mal besser finanziell dran ist.*"[471]

In den ersten Jahren kämpfen Gustav und Paula gemeinsam und vergeblich um künstlerische Anerkennung am Theater.

Gustav Richter: „*Das tolle Durcheinander in der Wirtschaft verbunden mit dem Versagen der Theaterdirektionen führt auch nicht weiter trotz lebhafter Anstrengungen.*"[472]

Paula ist ebenfalls weitgehend arbeitslos, erhält nur hin und wieder kleine Rollen.

Gustav Richter: „*Liebe Mama, die letzten Tage waren ziemlich wild und unerfreulich. (...) Das arme Kind hat soviel Ärger im Theater, mußte die letzten acht Tage täglich 16 Stunden und länger im Theater sein, ohne daß irgend etwas dabei heraus kam. Schließlich zu allem Überfluß wurde der letzte Text aus der Rolle zur allgemeinen Kürzung gestrichen, so daß das Ergebnis der schrecklichen Schufterei ist: Eine reine Statistenrolle in dem mehr als unerfreulichen neuen Stück ‚Roulette' bei Barnowsky, das so ist, daß ich es schwer auf meinem Stuhl ausgehalten habe. Dafür muß das arme Kind Abend für Abend da hin, kommt spät in der Nacht nach Hause und hat gar nichts davon. Seit Januar bleibt die Direktion alles Gehalt schuldig – schlimme, wirklich schlimme Zeit. Das Kind hat böse abgenommen, ist aber sehr munter und lässt sich durch nichts die Laune verderben.*"[473]

Auch Gustavs Anstrengungen, sich an der Seite des jüdischen Regisseurs Martin Kerb in der Theaterwelt einen Namen zu machen, bleiben ohne nachhaltigen Erfolg.

Curt: Leider fallen alle Bewerbungen wegen Jugend ins Wasser, ich kriege nächstens graue Haare vor lauter Jugend

Claire Waldoff
Es wird in hundert Jahren wieder so ein Frühling sein

Es wird in hundert Jahren wieder so ein Frühling sein
Genauso schön mein Schatz, wie heut'
Vielleicht steht dann noch unsre alte Bank
im Sonnenschein
Doch die dort sitzen, das sind leider and're
Leut'
Drum lass uns nicht nach fernen Tagen fragen
Noch bleiben wir ein gutes Weilchen hier
Und wird in hundert Jahren wieder so ein
Frühling sein
Es kann nicht schöner sein
Als heut mit dir
(Text: Robert Gilbert, Melodie: Nico Dostal)

Bei Curt setzt sich im Gegensatz zu seinem Bruder das nüchterne Oppenheim-Erbe durch. Nachdem er aus dem Krieg zurückgekehrt ist, zieht es ihn in die Stadt seiner Kindheit, nach Leipzig. Dort beginnt er ein Jurastudium, das er erfolgreich mit einer Promotion abschließt, allerdings ohne Prädikat.

Benoit Oppenheim: *„Curt hat auf Jahre keine Aussicht auf Anstellung in der Justiz. Und da er das Examen ohne Prädikat gemacht hat, dürfte es ihm kaum gelingen anderweitig eine Anstellung zu finden."*[474]

Es ist aber nicht nur das fehlende Prädikatsexamen, das meinen Großvater in seiner juristischen Laufbahn bremst. Er ist schlicht zu jung für eine angesehene Anstellung. Mit 16 Jahren hat er das Notabitur bestanden und nach dem Krieg mit gerade 18 Jahren sein Studium begonnen. Nun ist er 22, Dr. jur., und dennoch reicht es nur für eine Stelle als Amtsrichter in der Kleinstadt Pritzwalk. Er verbringt dort einige ruhige Jahre, im März 1930 geht es für ihn noch tiefer in die Provinz, nach Zehden an der Oder.

Curt Richter: „*Liebe Mama. Herzlichen Dank für die Geldsendung. Ich kaufe mir dafür hier in Zehden Kuhmilch, etwas anderes gibt es nicht. Bin alleiniger Richter bis zum 22.3. Und habe Befehlsgewalt über das ganze Gericht. Ludendorff war dagegen ein armer Abhängiger. (...) Zehden ist ein ‚Höhenluftkurort‘. Es gibt keine Bahnverbindung, dafür aber Milch und gute Luft. Ein Herold verkündet einmal wöchentlich die Kinovorstellung in einer Gastwirtschaft. Ich verkehre unter anderem bei einem adligen Gutsbesitzer, der nun Familiengeschichte studiert, und gehe auch einmal spazieren. Mein Wagen bewährt sich treu. Leider fallen alle Bewerbungen wegen Jugend ins Wasser, ich kriege nächstens graue Haare vor lauter Jugend. Neulich war bei mir zum Dinner der Rechtsanwalt, der Referendar und ein adliges Fräulein in Männerkleidung. Danach Tanz. Im übrigen ‚zerbrochener Krug‘ letzte Szene. Herzliche Grüße für heute Dein Büdich*“[475]

Sooft es ihm möglich ist, entflieht Curt der ländlichen Ödnis und verbringt die Wochenenden in Berlin oder in Warnemünde bei seiner Freundin. Doch wie bei seinem älteren Bruder bringt die erste Beziehung noch nicht das große Glück. Curt findet es, als er durch einen filmreifen Zufall in einem Kaufhaus auf dem Kurfürstendamm die Frau seines Lebens kennenlernt: Frieda Pegelow, die er sein Leben lang zärtlich Fitzelchen ruft. Meine Großmutter wächst in kleinen Verhältnissen mit elf Geschwistern auf einem Gut in Pommern auf. Ihr Vater ist dort Verwalter. Als Frieda zehn Jahre alt ist, erkranken sechs ihrer Geschwister an Diphterie, alle vier Schwestern sterben. Frieda bleibt verschont, obwohl sie die Kranken pflegen und auf engstem Raum mit ihnen zusammenleben muss. Ihre Brüder überschütten die einzige Schwester, die ihnen geblieben ist, mit Aufmerksamkeit und überwachen jeden ihrer Schritte. Frieda hält die Unfreiheit auf Dauer nicht aus und flieht nach Berlin. Sie verfügt nur über eine einfache Schul- und gar keine Berufsausbildung. Aber sie kommt zurecht in der Großstadt und lebt ihren Traum als Model. In einem Kaufhaus am Kurfürstendamm präsentiert sie der gut betuchten Kundschaft auf dem Laufsteg die aktuellen Kollektionen. Einer der Kunden des Kaufhauses ist Curt. In einem schicksalhaften Moment sehen Curt und Frieda zufällig in denselben Spiegel. Es ist Liebe auf den ersten Blick, das bleibt auch ihrer Schwägerin Paula Denk nicht verborgen. *„Am Freitag, Sbd + So waren Büdich und Friedel da! Das ist doch schön für die beiden. Sie sind ganz verändert, weil sie so glücklich sind.“*[476] Bruder Gustav jedoch ist weniger angetan von der Freundin seines Bruders, die er für nicht standesgemäß erachtet. Er findet die *„Elemente ihrer Zusammensetzung ein wenig reichlich primitiv“*.[477] Curt weiß wohl, dass seine Auserwählte so ganz anders ist als die Frauen, die im Leben seiner Brüder eine Rolle spielen. Lebenslustig, sportlich, praktisch und eine wunderbare Köchin. Ihr genügt ein einfaches Leben. Meinen Großvater hat es nie gestört. Frieda und Curt starten im Februar 1933 in ihre Ehe, kurz nachdem in Berlin die Nationalsozialisten die Macht übernehmen und Linas Familie vor die Zerreißprobe stellen.

Eveline: Wir leben trotz zehnjährigen Zusammenseins noch in vollkommener Ehe

Claire Waldoff
Er is nach mir verrückt

Wenn er so rieba nach mia schielt
Wenn er so mit meine Finga spielt
Wenn er mia an de Hände jreift
Wenn er mir in de Arme kneift
Wenn er sein Knie an mein Knie drückt
Fühl ick, er is nach mia varrückt
(Text: Ludwig Mendelssohn, Melodie: Max Kluck)

Als erstes der jüngeren Richter-Kinder verlässt Welle 1922 nach dem Abitur Salem und ihre Mutter. Die Tochter, die den Traum von einem Bühnenengagement als Tänzerin träumt, plant zunächst ein Musikstudium. Wenige Monate, nachdem Welle auf eigenen Füßen steht, lernt sie in Herbert Schütte den Mann ihres Lebens kennen. Bruder Bex findet den Freund seiner Schwester *„sehr nett, arisch"*.[478] Die Liebe wächst langsam, wie viele Männer in den Zwanzigerjahren, muss auch Herbert sich an die neue Selbstständigkeit der Frauen gewöhnen. Eveline ist die Tochter ihrer Mutter, eine moderne, gebildete, emanzipierte Frau.

Doch trotz des modernen weiblichen Selbstverständnisses bedeutet die Ehe für eine Frau immer noch einen sicheren Hafen, vor allem, wenn sie sich Kinder wünscht. Welles jüdische Wurzeln stellen für Herbert kein Problem dar. Eveline und Herbert geben 1931 ihre Verlobung bekannt. Der nette Arier ist kein Antisemit. Bruder Leo muss zur selben Zeit an einem anderen Ort entgegengesetzte Erfahrungen sammeln.

Marie von Leyden: *„Liebe Lina: (...) Deine, mich vollkommen überraschende Botschaft der Verlobung Deiner lieben Welle erfreut mich*

Die Tänzerin: Eveline Richter, um 1928

sehr. Es ist nicht die Tatsache einer Heirat, sondern – in jetziger Zeit – die Gewissheit daß ein liebes Menschenkind einen sichern Lebensweg gefunden hat – und auf sicherem Boden stehend seine Fähigkeiten und Kenntnisse verwehrten kann, ohne die Schwierigkeiten, die trotz aller prinzipiellen Zugeständnisse der weiblichen Betätigung doch noch immer den Weg erschweren. Dir liebe Lina und Deinem geliebten Kind wünsche ich die volle Erfüllung aller Hoffnungen die Ihr von Welles Verbindung zu erwarten berechtigt seid, möge auch die Zeit des Wartens eine nicht zu lange sein."[479]

Lina ist zudem froh, Welle in schweren Zeiten finanziell abgesichert zu wissen. Der Börsencrash stürzt, wie beschrieben, auch die Familien Richter und Oppenheim in finanzielle Schwierigkeiten. Um die Aussteuer ihrer Tochter bezahlen zu können, muss die Mutter sich um ein Stipendium bei der Alexander Mosen Stiftung bewerben. Nach der Hochzeit zieht Welle mit ihrem Ehemann nach Brüssel. Sie führen ein bescheidenes, aber erfülltes Leben. *„Wir leben trotz zehnjährigen Zusammenseins noch in vollkommener Ehe"*[480], schwärmt Eveline in einem Brief an ihre Mutter. Auch Welles Traum von einem Engagement am Ballett wird wahr. Die Erfüllung all ihrer Hoffnungen, ein Kind, bleibt Linas Tochter aber versagt. Die junge Frau plagen immer wieder gesundheitliche Sorgen. Sie hat den zarten Körper ihrer Mutter, aber nicht ihre Widerstandskraft gegen ständige Erkältungskrankheiten, die sie oft wochenlang ans Bett fesseln. Welle schreibt mit ihrer wunderschönen Handschrift die umfangreichsten Briefe an Lina.

Eveline Richter: *„Liebste Mama, ich freue mich unendlich auf ein längeres Zusammensein mit Dir. (...) für heiterste Laune wird garantiert."*[481]

Die heitere Laune trüben bald Nachrichten aus Deutschland über den immer stärker werdenden Antisemitismus im Land. Von Brüssel aus nehmen Welle und Herbert regen Anteil an der politischen Entwicklung in ihrer Heimat. Ein Besuch von Herberts Mutter, die mit den Nazis sympathisiert, versetzt Welle in große Sorge.

Eveline Richter: „*Neulich war Herberts Mutter hier. (...) sie redet so viel, daß man ganz erledigt ist, und dabei ein Zeug, daß sich einem alle Haare sträuben. Ich frage mich nur, ob viele Leute in Deutschland so verrückt sind. Die Wahlen bestätigen es. Sie ist Hitleranhängerin, findet Hugenberg einen feinen Menschen, behauptet, daß gerade weil die Juden so intelligent seien, man sie nicht in leitende Stellen lassen dürfe und noch vieles mehr in derselben Richtung. Der arme Herbert war ganz erschlagen von so viel Unsinn, auf den er doch nicht so ganz gefaßt war. Dabei eine herzensgute Frau – nur unerträglich.*"[482]

Welle und Herbert tauchen während des Zweiten Weltkrieges im Widerstand unter, bleiben zum Glück unentdeckt. Sie kehren nicht mehr nach Deutschland zurück.

Leo: Es wird mir wohl guttun, ein Wochenende nicht bei Champagner und Whiskey, Bridge und Flirten hinzukriegen

Otto Reutter
Wenn du jung bist, wenn Du alt bist

Drum wer jung ist, soll sich des Lebens freu'n
Gut und brav kann man auch im Alter sein.
Doch der Leichtsinn gehört zur Jugendzeit
Darum versäume nichts, sonst tut's euch leid
(Original-Couplet von Otto Reutter, Teich/Danner Nr. 208)

Nach Welle legt auch Leo sein Abitur in Salem ab. Leos Leidenschaft gilt dem Sport, er ist ein exzellenter Hockeyspieler. Auf den Ländereien Prinz Max von Badens entdeckt er zudem seine Liebe für die Jagd. Leo studiert, wie sein älterer Bruder, Jura und zudem Wirtschaft. Nach dem Examen in Freiburg steigt er als Lehrling in die 1925 gegründete IG Farben ein, lebt in Bitterfeld und später in Frankfurt. Leo genießt das Leben in den wilden Zwanzigerjahren, dem sportlichen, gutaussehenden jungen Mann fehlt es nicht an Aufmerksamkeit in der Gesellschaft.

Leo Richter: *„Mit Leuten, die sie das erste Mal sehen, zu flirten, als ob es Bar-Mädchen wären – Eine nur teilweise erfreuliche Erscheinung. (...) Es wird mir wohl gut tun, hier einmal fort zu kommen und ein Wochenende nicht bei Champagner und Whiskey, Bridge und Flirten hinzukriegen.“*[483]

Lediglich die guten Manieren, die ihm seine Mutter beigebracht hat, lassen Leo vor allzu großen Ausschweifungen mit *„Damen, die hier in besonders ekler Weise scharf sind“*[484], zurückschrecken. Nur einmal verliebt er sich ernsthaft – in eine Russin, die allerdings ist bereits verheiratet.
Leo Richter: *„Doch ich habe mich fabelhaft anständig benommen,*

habe großes Lob erhalten. Schade, daß Du sie nicht kennenlernen kannst. Sie ist das Ideal des engelhaften Menschen. Du müsstest ja glauben, ich sei verliebt, was mich in diesem Fall gänzlich erledigen könnte. Aber ich kann mich mächtig beherrschen."[485]

Das alles klingt nach der beneidenswerten Leichtigkeit eines jungen Seins, doch tatsächlich ist Leo im tiefsten Herzen einsam und unglücklich. Die Lehre bereitet ihm nur wenig Freude. Linas Sohn träumt davon, noch einmal studieren zu können, Politik wäre das Fach seiner Wahl. Doch das Geld ist knapp, seine Mutter kann ihm den Wunsch nicht erfüllen. Also setzt Leo seine Hoffnungen auf die Übernahme als fester Angestellter bei der IG Farben. Der Vertrag wird ihm verwehrt. Wir schreiben das Jahr 1930, und nun muss auch Leo die Judenfeindlichkeit spüren, die seiner Familie entgegengebracht wird.

Leo Richter: „*Liebe Mama, (...) Es ist auf alle Fälle notwendig, daß Du über Frankfurt zurückfährst, damit ich die Fragen meiner nächsten Zukunft mit Dir besprechen kann. (...) Weber hat ihm von sich aus in den letzten Tagen gesagt, er wolle mich nicht behalten. Wie Crevenna offen zugab: Reine persönliche Antipathie. Ich habe ihn in letzter Zeit öfters privat gesehen. Es ist mit unerklärlich. Auf alle Fälle gab ich ihm keinen Grund für die Antipathie. Aber ich glaube, es ist Salem & Antisemitismus. (...) mit 99 %Wahrscheinlichkeit bin ich dann am 1. Oktober mit meiner Lehrzeit fertig. (...) Ich will, falls pecuniär irgend möglich, den Oktober, den Monat der Hirsch-Brunftzeit, nach Schottland. Vielleicht Roland besuchen (...) Hoffentlich unterstützt mich Schnuck* (Reinhold Richter) *noch für die nächste Zeit. (...) Du ahnst nicht, wie ich jetzt bei all den Plänen und Entschließen die Familie & einen Rückhalt vermisse.*"[486]

Statt ein Studium aufzunehmen, wechselt Linas Sohn zur Victoria-Versicherung.

Die Arbeit, die das Unternehmen ihm anbietet, befriedigt seinen ehrgeizigen Charakter ganz und gar nicht. Im Außendienst fährt er als „Wiederbelebungsbeamter" durch die Lande. Seine Aufgabe besteht

Der Kaufmann: Leo Richter, 1928

darin, erloschene Verträge wieder in Kraft zu setzen und Kündigungen zu verhindern. Eine wahrhaft wenig inspirierende Tätigkeit.

Leo Richter: „*Ich bin sehr unzufrieden.*"[487]

Leo fühlt sich deutlich unter seinen Möglichkeiten gefordert und rutscht immer tiefer in die Depression. Sein Zustand bleibt den Geschwistern nicht verborgen.

Roland Richter: „*Liebe Mama, Ich schicke Dir hier den traurigen Brief von Leo zurück; hoffentlich geht seine Depression bald vorbei; die Tätigkeit muss allerdings ekelhaft sein.*"[488]

Zutiefst unglücklich reist Linas Sohn im Juli 1932 nach Berlin. „*Für mich vor allem aus dem Grunde, um die Familie zu sehn + um mich aus meinem augenblicklichen eklen Zustand zu befreien, der mich schon zu einigen Dummheiten verleitet hat + meine Nerven immer mehr erledigt.*"[489]

Den Weg aus der Depression ebnet ihm eine Frau. Lore, leider kenne ich ihren Nachnamen nicht, entfacht Leos Herz so stark, dass er ihr im Januar 1933 einen Antrag macht. Die Freundin nimmt an, doch ihre Eltern sind strikt gegen die Hochzeit. Sie wollen ihre Tochter nicht an einen Mann verheiraten, dessen berühmte Vorfahren Juden waren. Es gibt noch einen weiteren Grund, warum die Eltern die Verbindung ablehnen: Leo besitzt nicht genug Geld, um Lore ein sorgloses Leben ermöglichen zu können.

Leo Richter: „*Liebe Mama (...) da Lore mir erklärte, daß tatsächlich nur die Eltern ein Hindernis bildeten. Wenn in der Hauptsache 2 Bedenken beseitigt werden könnten, wäre sie bereit, mich in ½ oder 1 Jahr zu heiraten. Bedenken 1) (der Eltern) Antisemitisches Vorurteil. Lore gibt nichts darauf, aber das ist der Hauptpunkt der Eltern, die daher, auch ohne mich zu kennen, aus Prestige gegen eine Verbindung seien. 2.) (Eltern und z. T. Lore) Pecuniäre Unsicherheit des Kaufmanns. (...)*

Zusammenfassend erklärte sie mir, daß sie ihrer Mutter in die Hand habe versprechen müssen, mich nie mehr zu sehen, und daß ihre Mutter seit vielen Wochen beinahe wegen mir einen Nervenzusammenbruch bekommen habe. (...) In der Nacht überlegte ich mir alles. (...) Ich habe mich entschlossen, mich von ihr zu trennen. (...) Es hat mich viel gekostet und es war so richtig. Ich habe jetzt einen neuen Abschnitt meines Lebens vor mir. (...) Du siehst, eine ereignisreiche Woche liegt hinter mir, und ein freies Leben vor mir. Tausend Grüße Leo.“[490]

Doch frei kann Leo in Deutschland nicht mehr lange sein. Er flieht 1935 nach England, wird als politischer Flüchtling aufgenommen. Mit seiner deutschen Vergangenheit schließt Leo Richter endgültig ab, ändert seinen Nachnamen in Ritchie. In London startet Leo Ritchie eine eindrucksvolle Karriere als Geschäftsmann, gründet eine Importfirma für Chemikalien. In den Fünfzigerjahren verkauft er sein Unternehmen an die deutsche Firma Hoechst und steigt als ihr Verkaufsdirektor in Großbritannien ein. Leo findet zweimal die große Liebe, wird Vater von vier Kindern. Mit seiner zweiten Frau beginnt er sein drittes und wohl glücklichstes Leben als Waldbesitzer. Noch im hohen Alter von 97 Jahren durchstreift er mit seinem Hund täglich die Forsten. Auch der Leidenschaft für die Jagd, einst auf den Salemer Ländereien des Prinzen Max von Baden entfacht, bleibt er ein Leben lang treu. Leos ältester Sohn erinnert: *„Dad continued shooting until he was 94 when a shoulder injury forced him to give up. By this time his memory was becoming progressively worse. On his final day's shooting I was with him when he shot 6 pheasants on one stand and at the end of the drive complained that he hadn't seen a thing.“*[491] Im August 2006 feiert Leo seinen 100. Geburtstag in einem Altenheim. Längst hat er seine Geschwister überlebt. *„It was somehow appropriate that at the time he died 2 roe deer appeared in the field outside his window.“*[492]

Roland: Aber jetzt Schluss, ich muss wieder den Bandwürmern die Haut abziehen

Otto Reutter
und da sagt man: Die Tiere, die hab'n kein'n Verstand

Man sagt oft: „Die Tiere, die haben kein'n
Verstand –"
Doch die werd'n unterschätzt, werden
sehr oft verkannt.
Zugvögel zum Beispiel, wenn's kalt wird im Land,
Dann fliegen sie fort – na, die hab'n doch Verstand!
(Text und Melodie: Otto Reutter, Teich/Danner Nr. 387)

Linas jüngster Sohn Roland fasziniert seine Mutter schon früh mit einer ausufernden Fantasie. Er liebt es, sich Geschichten auszudenken oder Gedichte zu verfassen. Bruder Leo lauscht mehr oder weniger freiwillig allabendlich den eigentümlichen Gesängen aus dem Nachbarbett.

„Zwei Bäume in dem Wasser –
Der eine hat das Bild verlor'n-
,Ich hab' ein Bild verloren' –
Der Baum im Wasser stand.
Der Dampfer in den Ecken
Wollt' Himmelbaum erwecken.
Da kam der Dampfer, wollt' es nicht,
Und Himmelbaum erweckte nicht."[493]

Lina Richter: *„Es klingt wie purer Unsinn, er denkt sich aber bei Allem etwas, kann es nur teilweise nicht deutlich machen."*[494]

Von seinem Vater hat Roland die Liebe zur Natur geerbt. Entdeckt er bei seinen Streifzügen durch den Garten einen verletzten Vogel oder sonst ein leidendes Tier, gibt er keine Ruhe, bis er die kranke Kreatur mit ins Haus nehmen und gesund pflegen darf.

Roland Richter: *„Neulich haben wir eine erfrorene junge Maus gefunden. Wir haben sie auf den Ofen gelegt und ihr Milch eingeflößt, bis sie gesund war. Dann haben wir sie acht Tage im Käfig gehabt. Schließlich haben wir sie freigelassen."*[495]

„Roland, 10, ein naturwissenschaftliches Genie"[496], urteilt Kurt Hahn schon früh über Linas jüngsten Sohn Bex. Da erstaunt es seine Mutter nicht, dass Bex sich nach dem Abitur 1927 für ein Studium der Physik, Chemie und Zoologie in Heidelberg entscheidet und darin seine Bestimmung findet.

Roland Richter: *„Über Studium ist zu sagen, Physik und Chemie sehr interessant, der Physiker und Antisemit Lenard ist ganz reizend – Übrigens in Heidelberg ist Antisemitismus verständlich."*[497]

Bex führt das solideste Leben aller Richter-Kinder. Er berichtet weder von ausschweifenden Partys, noch braucht er den Rat seiner Mutter in Liebesdingen. *„Abends esse ich meist bei Georg oder Detlev, bzw. sie bei mir, Brot mit Margarine und Käse oder Wurst, Thee, Obst."*[498] Zu seinen Geschwistern pflegt der zugängliche, ehrliche Bex ein herzliches Verhältnis. Spannungen, die zwischen Gustav und Curt oder Gustav und Leo immer wieder aufkeimen, gibt es mit dem jüngsten Bruder nicht.

Bei Bex, der selber nie eine Familie gründen wird, laufen die Fäden der Richters zusammen. Er kümmert sich um den kranken Großvater, sorgt sich um und vermittelt zwischen seinen Geschwistern und hält eine innige Verbindung nach Salem. Seine Mutter hält er regelmäßig detailliert über sein Studium auf dem Laufenden, berichtet geradezu enthusiastisch über das Schlüpfen der Gottesanbeterinnen und die Eingeweide von Stechmücken.

Roland Richter: *„Ich bin jetzt bei den Bandwürmern, die immerhin schon ziemlich viel ,können', besonders unter dem Mikroskop; mit bloßem*

Der Naturwissenschaftler: Roland Richter, um 1930

Auge sind sie von Nudeln nicht zu unterscheiden. Sehr interessant ist die Physiologie, Reizleitungen, Nerven etc. mit vielen Versuchen, besonders an Fröschen, die irgendwie zweckentsprechend operiert sind. Man kann ihnen nämlich das Gehirn oder Rückenmark entfernen, ohne daß das Tier stirbt, und dann sehen, wie es auf Reize reagiert. (...) Aber jetzt Schluß, ich muß wieder den Bandwürmern die Haut abziehen. Viele Grüße an Dich und an alle Salemer Dein Bex"[499]

Von Heidelberg zieht es Bex 1928 für den zweiten Teil seines Studiums nach Berlin, wo er eine kleine Wohnung bezieht.

Roland Richter: *„Sie ist zwar nicht schön, ohne Zentralheizung, elektrisches Licht und Telefon, aber ich bin immerhin unter Dach."*[500]

Unter dem bescheidenen Dach verfasst Bex seine Promotion zum Thema „Zahlen der Blutkörperchen bei einheimischen Reptilien unter verschiedenen Lebensbedingungen, besonders im Winter und im Hochgebirge."[501] Die nötigen Versuche unternimmt Bex an Eidechsen, die seine Mutter aus Salem nach Berlin schickt.

Zu Beginn seines Studiums spricht Bex noch im Plauderton über seinen reizenden Professor, der schon damals aus seinem Antisemitismus offensichtlich kein Hehl gemacht hat. Wenige Jahre später wird auch Linas jüngster Sohn Opfer des Judenhasses. Die Nazis verwehren ihm seinen innig gehegten Wunsch, an einer Universität als Professor zu lehren, und vertreiben ihn damit ebenfalls aus Deutschland. Bex folgt seiner Mutter nach Schottland, unterrichtet am Internat in Gordonstoun Biologie. Er ist ein beliebter Lehrer, nicht nur, aber auch wegen seiner kleinen Macken. Stets behandelt er einen kranken Vogel oder ein anderes Tier in seinem Zimmer. Ein ziemliches Chaos bricht unter den weiblichen Kolleginnen aus, als eine verletzte Fledermaus Bex' Behandlung entkommt und verängstigt durch die Flure flattert. Bex wird nie heiraten, seine Schwester Eveline bedauert ihren Bruder als sehr einsamen Menschen. Mein Vater, der 1948 ein Jahr in Gordonstoun verbringt, beschreibt seinen Onkel als einen etwas verschrobenen, aber sehr liebenswerten Mann. „*Er war mit seinen Mücken zufrieden, mehr Gesellschaft brauchte er nicht.*"[502] Bex bleibt auch nach seiner Pensionierung in Schottland. Er und Eveline halten den engsten Kontakt zueinander. Der jüngste Bruder besucht seine Schwester jedes Jahr in den Sommerferien.

Liebe Mama, Hahns Verhaftung hat mich in größte Besorgnis versetzt

Gustav Richter: *„Und gebe es bloß keine Nazis (...) der Triumph des Blödsinns über Ernst und Vaterlandsliebe. (...) Was ist aus dem deutschen Volk geworden: eine Horde hirnverbrannter närrischer Brüllaffen, die die schlechten Instinkte bei sich und anderen hochzüchten und dem Bolschewismus den Weg bereiten."*[503]

Die Horde hirnverbrannter Brüllaffen zieht ab 1930 immer lauter durch Berlin, und sie werden immer mehr.

Gustav Richter: *„Mit Paula und Bex war ich am 11. bei Brünnings großer Rede im Sportpalast. Wenn die Rede auch nicht allzu gut aufgebaut war, so erschien doch der Mensch und das, was er fürchtete, so unmittelbar, daß die 13.000 Köpfemenge sich am Schluß von den Plätzen erhob und huldigte – dem Mut und der Zuversicht und dem moralischen Niveau dieses einzigen Deutschen, den ich noch zu bewundern in der Lage bin in diesen Zeiten der erbärmlichsten menschlichen Instinkte."*[504]

Lina erreichen die besorgniserregenden Nachrichten aus der Hauptstadt, als sie sich in Salem im Krankenhaus einer komplizierten Operation unterziehen muss.

Eveline Richter: *„Du mußt unbedingt Ruhe und Erholung haben. Ich habe gleich gedacht, Dich zu uns zu holen, doch vorläufig ist die Reise zu lang. Wie wäre es mit der Schweiz? Denn Salem ist wirklich ungeeignet und Du mußt alles tun, um bald wieder gesund und kräftig zu sein. (...) Wir denken mit viel Liebe an Dich und warten sehnlichst auf Nachricht, daß das Fieber fort ist und Du Dich besser fühlst."*[505]

Lina erholt sich nur langsam von den Strapazen. Zu viel ist in den letzten Jahren passiert: der Tod des geliebten Vaters, Erbschaftsstreitigkeiten, die schmerzhafte und langwierige Trennung von Gustav und

Lotte, der notwendige Umbau des Hauses in Berlin, die ständigen Geldsorgen. Hinzu kommt die politische Entwicklung, die Lina mit wachsender Sorge verfolgt. Im Frühsommer gönnt sie sich endlich eine längere Auszeit in Heringsdorf. Alle Briefe aus dieser Zeit sind an die Villa Oppenheim adressiert. Von dort aus reist sie im Juli kurz vor ihrem 60. Geburtstag nach Berlin und beobachtet mit Schaudern die Aufmärsche der NSDAP.

Eveline Richter: *„Warum fährst Du nach Berlin? (…) Nach allem, was man aus den Zeitungen entnimmt, scheint es ja in Deutschland mit den dauernden Schießereien immer schlimmer zu werden; eigentlich hat man ja schon einen Bürgerkrieg. Ist es wenigstens in Salem und Umgebung ruhiger? Sollte es noch unruhiger werden, so ist es nicht besser, Du kommst hierher und aus all dem Schlamassel heraus?"*[506]

Der immer lauter werdende Antisemitismus in Deutschland erschüttert Lina aufs Tiefste. Viele ihrer Freunde sind Juden: Kurt Hahn, Max Brahn, Max Bauer, Ida Dehmel. Giacomo Gustav, Hans und Reinhold Richter gelten trotz der Taufe ihrer Mutter als Halbjuden, die eigenen Kinder als Vierteljuden. Das Bankhaus Oppenheim beschimpfen die Nationalsozialisten ebenfalls als jüdisch, da hilft auch die Taufe über Generationen hinweg nicht viel. Im Herbst arrangiert Lina ein Familientreffen in Wannsee, um die bedrohliche Lage zu besprechen. Welche Konsequenzen will jeder für sich daraus ziehen? Es ist nicht überliefert, ob Lina ihre Auswanderungspläne schon zu diesem Zeitpunkt mit den Kindern geteilt hat. Im Herzen hat sie den Gedanken sicher schon getragen. Zunächst jedoch kehrt Lina nach Salem zurück, Curt in die ostpreußische Provinz nach Pillkallen, Welle nach Belgien, Leo nach Frankfurt, Bex und Gustav bleiben in Berlin.

Gustav Richter: *„Hier ist leider nicht viel Positives zu berichten. Die Wochen werden wohl nicht erfreulich, da das Bürgertum völlig ratlos, was es tun soll, überhaupt nicht wählen wird. Papen scheint häufiger auf Rennen und im Theater als bei positiver Arbeit zu finden zu sein."*[507]

Im Januar 1933 ernennt der greise Reichspräsident Paul Hindenburg Adolf Hitler zum Reichskanzler. Für viele Deutsche – Juden, oppositionelle Politiker und Künstler, Humanisten – beginnt ein Leben in Angst.

Lina Richter: *„Hahn, ein überzeugter Liberaler, hatte schon den Faschismus in Italien seinen Schülern gegenüber blossgestellt als eine Negation der Menschenwürde. Nun kam dieser böse Geist nach Deutschland. Hahn war wiederholt in Berlin und suchte in politischen Kreisen energische Gegenwehr zu wecken. Und als im August 32 der Skandal des Mordes in Potempa die Öffentlichkeit aufrüttelte, veranlasste er seinen alten Freund Rohrbach, ein Flugblatt zu zeichnen, das eine leidenschaftliche Anklage gegen den Nationalsozialismus enthielt, und von Papen aufforderte, den Reichstag aufzulösen und die weitgehende Empörung gegen die Nazis zu verwerten. Es war wohl der letzte Moment, wo noch Rettung möglich war. Diese Broschüre versandte Hahn an weite Kreise von Politikern. So ward Hahn den Nazis bekannt als einer ihrer erbittertsten Feinde.“*[508]

In dem oberschlesischen Dorf Potempa dringen im August 1932 fünf SA-Leute in die Wohnung eines kommunistischen Arbeiters ein und ermorden ihn bestialisch. Sie werden aufgrund der kurz zuvor in Kraft getreten Notverordnung von einem Sondergericht zum Tode verurteilt. Nach dem Urteil verherrlicht Hitler die Mörder als „Kameraden"[509], spricht von einem „Bluturteil"[510] und setzt sich für die Freilassung der Mörder ein. Die Gestapo wartet nicht lange. Im März 1933, wenige Tage nach dem Reichstagsbrand, umstellen SA-Leute das Schloss Salem und nehmen Hahn – angeblich um ihn vor der „kochenden Volksseele"[511] in Sicherheit zu bringen – in Schutzhaft.

Leo Richter: *„Liebe Mama, Hahns Verhaftung hat mich in größte Besorgnis versetzt. Obwohl ich überzeugt bin, daß seine Person sicher ist. Es ist, abgesehen von der großen Unannehmlichkeit für ihn, eine sehr schwere Situation für die Schule. Denn die Schutzhaft kann unter Umständen sehr lange dauern, wenn es nicht gelingt, sie durch einfluss-*

reiche Personen abzubrechen. (...) Liebe Mama, Eure Sorgen müssen groß sein – aber ich glaube, Hahn ist sicher. Notfalls müsstet Ihr die Schule etwas früher in die Osterferien schicken. (...) Man muß nur jetzt alle Register ziehen in Form einflussreicher Personen, um Hahn persönlich zu sichern + frei zu bekommen."[512]

„*Man muß jetzt nur jetzt alle Register ziehen in Form einflussreicher Personen.*" Tatsächlich gelingt es, auch auf Drängen von Lina Richter, prominenten Persönlichkeiten aus dem In- und Ausland, bei den Nazimachthabern zu intervenieren. Hahns Freunde in England veranlassen den damaligen Premierminister Ramsay MacDonald, bei Hitler auf Hahns Freilassung zu drängen. MacDonald hat mit seinem Ersuchen Erfolg, allerdings darf Kurt Hahn nicht nach Salem zurückkehren, sondern muss Baden verlassen. Dies geschieht nicht auf Anweisung Hitlers, sondern auf Betreiben des badischen NS-Verbandes.

Harry Graf Kessler: „*Bermann erzählte gestern (dies zur Illustrierung der Hitlerschen ‚Diktatur'), daß Hitler sich vergeblich bemüht habe, Hahn, den die badischen Nazis verhaftet und dann aus Baden ausgewiesen haben, die Rückkehr nach Salem zu erwirken; es sei Nichts zu machen gewesen, er habe seinen Willen nicht durchsetzen können.*"[513]

Aufgrund ihrer engen Verbindung zu Kurt Hahn, ihren politischen Kontakten und ihres vermeintlich jüdischen Vaters gerät Lina Richter ebenfalls schnell in das Visier der neuen Machthaber. Die NS-Presse diffamiert sie als „*die Jüdin, deren feindliche Einstellung gegen die nationalsozialistische Revolution bekannt ist.*"[514] Wenige Wochen nach Hahns Verhaftung entziehen ihr die Nazis die Lehrerlaubnis.

Roland Richter: „*Aus Deinem Brief an Fuf habe ich erfahren, daß man Dir die Lehrerlaubnis entzogen hat, ich kann mich auf diesem Wege leider nicht dazu äußern. Darum nur herzlich Grüße auch an die anderen von Deinem Bex.*"[515]

Meine Urgroßmutter muss schreckliche Ängste in diesen Wochen ausgestanden haben, um die Kinder, den Freund und auch um ihre eigene Zukunft. Den geforderten Ariernachweis kann Lina Richter vorlegen, aber aufgrund der persönlichen und politischen Nähe zur Kurt Hahn wird sie in Deutschland kaum vor Verfolgung geschützt sein. Es bleibt die Flucht, solange es noch möglich ist. Lina Richter und Kurt Hahn kehren nach Berlin zurück und bereiten von dort aus ihre Emigration nach Schottland vor. Bis alle Papiere zusammen sind, dauert es – selbst der schottische Geheimdienst hat seine Finger bei der Erteilung der Einreisegenehmigung mit im Spiel –, und die Hauptstadt ist auf Dauer vor allem für Kurt Hahn nicht sicher. Lina versteckt ihren Freund für einige Monate in Heringsdorf, bevor sie im Spätsommer 1933 gemeinsam ein Flugzeug nach England besteigen. Der Gedanke zur Auswanderung, mit Sicherheit von langer Hand geplant und durchdacht, gerät bei Lina kurzfristig ins Wanken, als Curt versucht, ihre Schritte in eine ganz andere Richtung zu lenken. Der Sohn erinnert an die ihm von seiner Mutter in Jugendtagen vermittelten Ideale der freideutschen Jugendbewegung und möchte die Familie mit einem ungewöhnlichen Plan für ein sicheres Leben auf dem Land begeistern. Als Vierteljude muss mein Großvater schon kurz nach der Machtergreifung um seine Zukunft als Richter bangen. Bereits Anfang April 1933 erlassen die Nazis das „Gesetz zur Wiederherstellung des Berufsbeamtentums".[516] Der in dem Gesetz enthaltene „Arierparagraph"[517] sieht die Entlassung aller nichtarischen Beschäftigten aus dem Staatsdienst vor. Als nichtarisch gilt, wer auch nur einen jüdischen Großelternteil besitzt. Für Curt Richter trifft das zu. Aber das Gesetz lässt Ausnahmen für Soldaten des Ersten Weltkrieges zu, die durch das Frontkämpferprivileg geschützt sind. Diese Klausel hat Paul Hindenburg bei Hitler eingefordert.

Roland Richter: „*Liebe Mama, schreibe bitte sofort an Herrn Wallenger (oder wie er heißt), daß er für Büdich einen Bericht über die Schlesien schreibt, in dem hervorgehoben wird, daß sich die Besatzung der SMS Schlesien gegen die Kommunisten gestellt und gekämpft hat; sonst hat der Schein keinen Zweck. Kampf gegen Spartakus wird besonders als Front-*

kampf gewertet."[518]

Die Zeit drängt, fast flehentlich bittet Curt seine Mutter um Unterstützung. Als seine Briefe bei Lina eintreffen, ist sie bereits im Begriff, Berlin in Richtung Heringsdorf zu verlassen.

Curt Richter: *„Es ist natürlich auch insofern äußerst unangenehm, daß Ihr aus Berlin weggeht, wo es jetzt bei der Familie wirklich heißen soll „alle Mann an Bord!". Ich habe niemanden, der mir bei der Beschaffung der nötigen Unterlagen behilflich sein kann, besonders auch nicht in Flensburg. (...) Wo eine Bescheinigung über die Schlesienfahrt herzubekommen ist, ist mir ziemlich unklar. (...) Es müsste höchstens jemand auf das Reichswehrministerium gehen und in der dortigen Marineabtg. festzustellen suchen, ob über die Namen der ,Schlesien-Crew' noch Unterlagen existieren. (...) Falls Du wirklich wegfährst, müsste ich wohl doch kommen. Es ist nur schwierig, weil man an den Feiertagen niemand antrifft. Danach müsste ich Urlaub einreichen. Vielleicht mit einer privaten Begründung. Haltet Ihr dies für bedenklich? (...) Ich hatte schon erwogen, die Sache als aussichtslos anzusehen und meinen Abschied zu nehmen, da man, wenn man Anwalt werden will (und darf!) dies bald tun muss, ehe alle Stellen weg sind."*[519]

Trotz des verzweifelten Briefes ihres Sohnes kehrt Lina der Hauptstadt den Rücken, nicht ohne alle Hebel in Bewegung gesetzt zu haben, Curt die notwendigen Papiere – vor allem die Geburts- und Taufurkunden der Familie Oppenheim – zu beschaffen.

Curt Richter: *„Liebe Mama, vielen Dank für Deinen Brief. (...) Leider befürchte ich ein Ausführungsgesetz, dass die jetzt offenen Fragen im Sinne des Beamtengesetzes darstellt: Das Front eben Front und Blut nicht Religion ist. Ich fürchte auch, daß von der Möglichkeit der Versagung zur Rechtsanwaltschaft allgemein Gebrauch gemacht wird. Auch bei Ärzten wird die Kassenzulassung Nichtariern grundsätzlich versagt. Laß Dir doch bitte laufend aus Berlin berichten und informiere mich."*[520]

Curt blickt sorgenvoll in die Zukunft, *„es ist eine schreckliche Fol-*

ter".[521] Für ihn kommt eine Auswanderung nicht in Frage, da er als Jurist kaum Aussicht auf Beschäftigung hat. Stattdessen überlegt Curt, den Berliner Besitz zu verkaufen und in Ostpreußen einen Gutshof zu erwerben. Die Landwirtschaft kann eine Familie in Krisenzeiten versorgen wie die Erfahrungen des Ersten Weltkrieges ihn gelehrt haben. Zudem hofieren die Nazis das Bauerntum als „Lebensquell der nordischen Rasse"[522], sehen in ihm den „Neuadel aus Blut und Boden".[523] Ob das Blut bis in die Großelterngeneration arisch ist, spielt dabei in der Provinz noch keine Rolle. Curts Frau Frieda wird ihren Mann bei seiner Idee maßgeblich unterstützt haben, sie kennt das Leben auf einem landwirtschaftlichen Betrieb, ihre Brüder haben dem „Neuadel" bereits Unterstützung zugesagt und ihre Arbeitskraft angeboten. Der Kontakt zu Friedas Familie in Pommern ist eng.

Gustav Richter: *„Wenn Alles, wie das heute allerdings so aussieht, zusammenstürzen kann und vielleicht auch wird, dann kommt immer die Sehnsucht nach dem Land. Wir alle haben so und so oft den Landmenschen beneidet, Du und ich und wir alle so oft mit solchen Plänen gespielt und sie mehr als einmal höchst ernsthaft durchdacht."*[524]

Meine Urgroßmutter selbst hat mit dem Umzug nach Salem das Berliner Großstadtdasein gegen ein beschaulicheres Leben in ländlicher Umgebung eingetauscht. Ostpreußen ist die Heimat ihrer Mutter. Lina verbindet mit dem Land wunderbare Kindheitserinnerungen an die Sommer in Tarputschen und ihren Onkel Ernst von Saucken. Insofern ist es nicht verwunderlich, dass sie sich bei dem Ansinnen ihres Sohnes Curt in nostalgischen Gedanken verliert. Ihre eigene Zukunft ist ungewiss, Benoits Erbe wird die Familie nicht ewig ernähren, zumal sein Haus in der Tiergartenstraße noch nicht verkauft ist. Und von den Kindern lebt nur Welle in Belgien in einigermaßen gesicherter Existenz.

Curt Richter: *„Zu meiner großen Freude höre ich, daß Du dem rettenden Gedanken einer Landwirtschaft nicht ablehnend gegenüberstehst. Hier könnte fast die ganze Familie untergebracht werden. Ein paar Menschen mehr macht gar nichts aus. Und Leo und Bex wären dem*

Schicksal der drohenden Büroexistenz entronnen und könnten frei und froh danach werden. Naturliebend sind sie ja beide. Wenn aber ein solcher Plan besteht, muß er bald zur Ausführung gebracht werden. Denn die Schutzbestimmungen verhindern immer mehr Verkäufe. (...) Überlege die Sache gut und schnell. (...) Auf dem Lande dürfte uns nichts passieren. Ich müsste aber schnell informiert werden. (...) Es wäre wohl ratsam, einen famosen Bruder von Friedel einzuschalten. (...) Fuf, der ohne Theater und Leute nicht leben kann, dürfte nicht der richtige sein. Leo dagegen eher. (...) Antworte gleich. Tausend Grüße von uns Dein Büdich"[525]

In Berlin jedoch tobt Gustav. Wie Curt richtig vermutet, will und kann er sich mittlerweile ein Leben fernab von der Großstadt und dem Theater nicht mehr vorstellen. Zudem hält er die Sache für nicht finanzierbar.

Gustav Richter: *„Liebe Mama, Hab vielen Dank für Deinen Brief und die Übersendung des Briefes von dem armen Büd. Inzwischen sind die Scheine von Omama + Gustav Richter da. Ich schicke sie gleich an Büd weiter. Bei Omama war die Ceremonie (Übertritt zum Christentum) mit 16 Jahren. Fehlen tun jetzt noch Dein und Papas Taufschein und Euer Trauschein, ich würde dringend zur eiligen Beschaffung auch dieser Papiere raten. (...) Im Bezug auf Büds Plan teilt Schnux (Reinhold Richter) leider meine Ansicht vollkommen. (...) Eine hypothekarische Belastung eines größeren Gutes mit etwa 40.000 RM bei 10.000 Barzahlung (wo kommen diese her?) ist der sicherste Weg zum völligen Ruin. (...) Liebste Mama, es ist nicht schön, wenn man immer in die Lage kommt, sich gegen den Bruder, den man weiß Gott lieb hat, zu stellen. (...) Noch eins, was ich auch herzlichst bitte, sine ira et studio zu prüfen: Die Büdsche Frau fängt an, gefährlich zu werden. Hier wird zum ersten Mal in der Familie ein Element sein, daß den Gedanken der selbstverständlichen inneren Noblesse zerbricht. Wir müssen hier etwas vorsichtig sein!"*[526]

Gustavs Abneigung gegen seine Schwägerin ist nicht zu überhören. Meine Großmutter hat später höflich, aber stets ungewöhnlich distanziert über den Bruder ihres Mannes gesprochen. Nun weiß ich, warum. Ihr wird nicht verborgen geblieben sein, wie oft Gustav die Nase über ihre einfache Herkunft gerümpft hat. Am Ende schließt Lina sich der Argumentation ihres Lieblingssohnes an. Der Gutskauf, der das Leben aller Familienmitglieder radikal verändert hätte, kommt nicht zustande. Mein Großvater hat über den schicksalhaften Sommer 1933 nie gesprochen. Erst in Berlin lese ich im Archiv zum ersten Mal über seine Pläne, die Familie in Ostpreußen anzusiedeln. Die ablehnende Haltung seiner Mutter und des Bruders mögen ihn tief gekränkt haben, ein möglicher Grund für sein Schweigen. Für meinen Großvater wendet sich das Schicksal dennoch zunächst zum Guten. Die Nazibehörden akzeptieren seinen Ariernachweis, den er gewieft manipuliert hat. Curt rettet sich, indem er seiner zum Christentum konvertierten Großmutter Cornelie Richter ein evangelisches Bekenntnis zuschreibt, die Seiten der Geburtsbeurkundung der jüdischen Urgroßeltern Meyerbeer freilässt und handschriftlich notiert *„noch nicht erhalten".* [527] Auch kann er diese beglaubigte Abschrift des Gesamtarchivs der deutschen Juden vom 8. Juni 1933 vorlegen:

„Bescheinigung: Hierdurch bescheinigen wir, dass die Geburt der Agate Cornelie Meyerbeer, die am 4.3.1842 in Berlin geboren sein soll, in den Geburtslisten der Berliner Jüdischen Gemeinde Nr. 8 für die Jahre 1837–1846 nicht verzeichnet ist.
Gesamtarchiv der deutschen Juden Dr. Jacobsohn" [528]

Eine mögliche Erklärung ist, dass Juden im 19. Jahrhundert ihre Kinder freiwillig in die Geburtslisten ihrer Gemeinden eintragen lassen konnten, dies aber nicht vorgeschrieben war. Und ganz offensichtlich hat die Familie Meyerbeer keine Eintragung vornehmen lassen. Ich habe das Dokument in den Familienakten gefunden. Es muss daher auch Curts Onkel Hans und Reinhold vorgelegen haben. Dennoch werden beide als „Mischlinge" ersten Grades eingestuft und erleiden die entsprechenden Repressalien. Hans Richter erinnert sich nach dem Krieg: *„Die Familie muss mitansehen, wie das Ansehen unseres Groß-vaters Meyerbeer ständig durch die Presse besudelt und in den Schmutz gezogen wurde. Seine weltberühmten Opern durften in Deutschland* *nicht mehr aufgeführt werden. Das gesamte Notenmaterial wurde auf Befehl der Naziregierung so gründlich vernichtet, dass jetzt Wiederaufführungen seiner Opern daran scheitern, dass trotz größter Bemühungen kein Orchestermaterial mehr aufzutreiben ist.*"[529] Es dauert 75 Jahre, bis sich 2020 in Berlin die Giacomo-Meyerbeer-Gesellschaft gründet, um das Schaffen des Komponisten mit Konzerten und Vorträgen wieder in Erinnerung zu rufen. Ich kann nur vermuten, dass damals der in der Hauptstadt berühmte Name Meyerbeer dem in der ostpreußischen Provinz für Curt zuständigen und kulturell wahrscheinlich nicht sehr beflissenen Nazibeamten noch nie zu Ohren gekommen ist. Er stuft meinen Großvater als Arier ein und ermöglicht ihm damit, weiter als Amtsrichter tätig zu sein. Eine große Beruhigung für die Familie, zumal Frieda schwanger ist. Linas erster Enkelsohn kommt am 25. Mai 1934 zur Welt. Seine Eltern brechen mit der Familientradition, den erstgeborenen Sohn auf den Namen Gustav zu taufen. Sie wählen Horst als Namen aus. Horst-Reinhold, benannt nach seinem Vormund, den Curt sehr verehrt hat. Seine Großmutter lernt Horst erst kennen, als er bereits vier Jahre alt ist. Lina ist zum Zeitpunkt der Geburt ihres Enkels bereits in Schottland, arbeitet im Internat Gordonstoun erneut eng an der Seite von Kurt Hahn. Sie übernimmt die Verantwortung für die Schulkleidung und hat, wie in Salem, die Schulküche unter sich. Nicht unbedingt zur Freude der Schotten, vor allem, da Lina Speck, Würstchen und Eier zum Frühstück streicht: *„Those who saw commander Lewty's face when cheese and lettuce was served for breakfast will never forget it."*[530] Auch als Lehrerin steht Lina Richter vor den Klassen, unterrichtet Französisch und Politik. Ich konnte es kaum glauben, als ich die damalige Lehrerliste im Internet entdeckte.[531] Eine deutsche Frau, meine Urgroßmutter, darf 15 Jahre nach der Kapitulation ihre Erfahrungen und Einsichten aus dem Ersten Weltkrieg an Schüler und Schülerinnen aus Großbritannien weitergeben. Lina Richter, die sich jahrelang für eine Revision der Schuldfrage eingesetzt hat, erklärt im ehemaligen Feindesland den Versailler Vertrag, während als Folge des Diktatfriedens der Kriegsvulkan in Deutschland erneut zu brodeln beginnt.

Ihre Lebensarbeit wird eine gesegnete sein, weil mit voller Seele getan

Otto Reutter
Wir hab'n 's erlebt – und es war schön

Doch nun im Ernst, ich sprech' es offen aus:
Wir Alten hab'n der Jugend viel voraus.
Der Abend ist oft schöner als der Tag –
Bergab geht's leichter, ohne Müh' und Plag'
Und dann – heut' jung zu sein, das tät' uns leid
Wir freu'n uns, daß wir alt in solcher Zeit. –
Und doch: Eins hält uns Alte heut noch jung –
Das ist – an früher – die Erinnerung
...
Deshalb, ihr Söhne und ihr Enkel,
die ihr heut sitzt bei Mumm und Henkel,
beklagt uns nicht – nein platzt vor Neid –
wir waren jung in alter Zeit.
Wollt ihr sie auch, dann rührt die Glieder
Und sorgt dafür, dann kommt sie wieder
Dann wird's auch euch wie uns ergehn.
Wir hab'n 's erlebt – und es war schön!
(Text und Melodie: Otto Reutter, Teich/Danner, Nr. 310)

Unter der Herrschaft der Nazis zerbricht die Familie. Gustav, dem die neue Regierung verhasst ist, muss als Vierteljude seinen Beruf als Regisseur aufgeben. Paula Denks Stern am Schauspielerhimmel hingegen geht 1933 auf und strahlt immer leuchtender.

Paula Denk: *„Meine liebe gute Manceli. (...) Deine lieben Wünsche haben mir auch gleich Glück gebracht. Gleich heute schicke ich Dir einige schöne Kritiken mit. (...) Deine glückliche Paula"*[532]
Paula darf in der Tat glücklich sein, bis 1938 spielt sie zahlreiche

Rollen an den Bühnen der Hauptstadt, ist zuletzt an der Volksbühne engagiert. Sie scheint sich, anders als Gustav, mit den Machthabern in der Reichskulturkammer und im Propagandaministerium arrangiert zu haben. Die Beziehung beginnt zu kriseln. Paula Denk nimmt ein Engagement in München an, lernt dort ihren späteren Ehemann, den Schauspieler Max Eckard kennen. Die Nazis fördern ihre Karriere. 1942 ernennt Hitler Paula Denk zur Staatsschauspielerin. Ihren Namen kann Linas Sohn auch auf der „Liste der Gottbegnadeten" [533] lesen. Künstler, die für das NS-Regime besonders bedeutend sind, schaffen es auf diese Liste von Goebbels Gnaden und bleiben vom Kriegsdienst verschont.

Gustav ist am Boden zerstört, als Paula, das „Kind", die Liebe seines Lebens, sich von ihm abwendet und ihn schließlich verlässt. Es gibt niemanden in Berlin, der ihn auffängt. Lina macht sich große Sorgen um ihren Ältesten, kennt seinen sensiblen Charakter. Nach dem Krieg hat sie Gustav allein in Berlin zurückgelassen. Als die Ehe mit Lotte den ältesten Sohn immer unglücklicher gemacht hat, konnte die Mutter nur aus der Ferne trösten. Die Weltwirtschaftskrise, verbunden mit der Sorge um das Familienvermögen, die Auseinandersetzung mit Curt um den Gutskauf in Ostpreußen, auch das musste Gustav weitgehend allein durchstehen. Nicht noch einmal möchte Lina das Gefühl empfinden, eines ihrer Kinder im Stich gelassen zu haben. Der Pelikan trifft eine aufopferungsvolle Entscheidung. 1938 reist Lina zurück in die deutsche Hauptstadt auf die Gefahr hin, Deutschland nicht wieder verlassen zu können. Das Alter und die Sorgen der vergangenen Jahre sieht man ihr jetzt an, doch die Entschlossenheit ist nicht aus ihrem Blick gewichen. Die Mutter will bei ihrem Sohn sein. Dann bricht der Krieg aus. Die Angst, bei einer erneuten Ausreise entdeckt und möglicherweise ver-haftet zu werden, ist groß. Lina Richter zieht sich in ihr Haus in der Alsenstraße zurück. Nur noch selten verlässt sie mit Cockerspaniel Ronny das Grundstück. *„Meine Oma liebte Hunde, sie hatte immer ein Cockerspaniel und alle hießen Ronny."* [534] Bei ihren Spaziergängen mit Ronny muss Lina mitansehen, wie nur wenige Meter von ihrem Haus entfernt die Nazis die Villa von Cornelie Richter beschlagnahmen. Holländische und belgische Fabrikarbeiter ziehen ein, verwüsten das

Gebäude und den von Linas Schwiegermutter so geliebten Garten völlig. Meine Urgroßmutter erfährt, dass ihr Schwager Reinhold in den vorzeitigen Ruhestand entlassen wurde, als Halbjude denunziert von dem fanatischen Nationalsozialisten Roland Freisler, später Richter am Volksgerichtshof. Reinholds Bruder Hans, der nach dem Tod seiner ersten Frau eine neue Liebe gefunden hat, darf die ersehnte Hochzeit nicht feiern, die Nürnberger Gesetze verbieten es ihm. Auch Hans verschanzt sich hinter den hohen Hecken seiner Villa, ständig in der Angst, als Halbjude doch noch deportiert zu werden. Unter höchster Lebensgefahr versteckt er den Thoravorhang der Familie Beer-Meyerbeer-Richter, ein unersetzliches Andenken an den jüdischen Ursprung der Familie. Ida Dehmel nimmt sich 1942 mit einer Überdosis Schlaftabletten das Leben. Erhält Lina Nachricht vom Tod der Freundin?

Ihr zurückgezogenes Dasein bewahrt meine Urgroßmutter nicht vor den Nachforschungen der Behörden, die keine Ruhe geben und erneut ihren „arischen Nachweis" einfordern. Jetzt geht es um ihren Geburtsnamen Oppenheim und das Bankhaus ihrer Vorfahren, von den Nazis als jüdisch eingestuft. Lina hat Glück, in den zuständigen Ämtern in Ostpreußen sind noch alle Unterlagen aus dem vorigen Jahrhundert, die beglaubigten Abschriften der Taufurkunden ihres Vaters und der Großeltern, sorgfältig abgeheftet. Doch die NS-Beamten lassen nicht locker, fordern immer wieder neue Beweise der Abstammung. Die umfangreiche und für Lina belastende Korrespondenz reicht bis in das Jahr 1943. Ein Lichtblick in dunklen Tagen: Meine Urgroßmutter bekommt in Wannsee regelmäßig Besuch von ihrem Enkel Horst. Curts Familie wohnt mittlerweile in Bergfelde, kurz vor Kriegsbeginn wurde er als Amtsrichter nach Berlin versetzt. Mein Vater erinnert sich noch lebhaft an die Sorgen, mit denen mein Großvater die politische Entwicklung in Deutschland unter Hitler verfolgt. *Wenn die Nazis an die Macht kommen, bedeutet das Krieg*[535], soll er schon in den Zwanzigerjahren immer wieder gefürchtet haben. Einen Weltkrieg als Soldat hat Curt bereits erlebt und für sich die Lehre gezogen: *Wenn ich schon kämpfen muss, dann möchte ich als Offizier über mein Leben mitentscheiden dürfen.*[536] Zudem erhofft Curt, dem für Richter obligatorischen Eintritt

In schweren Zeiten zurück nach Deutschland: Lina Richter, 1938

in die NSDAP aus dem Weg gehen zu können, wenn er sich freiwillig zu Wehrübungen meldet. So verbringt mein Großvater zu Friedas Bedauern seine Urlaube bei der Reichswehr. Curt ahnt es, Hitler stürzt Deutschland in die Katastrophe. Als Kapitänleutnant befehligt mein Großvater im Zweiten Weltkrieg einen Zerstörer der deutschen Marine. Sein Bruder Leo zieht ebenfalls in den Krieg, kämpft als Unteroffizier in der englischen Armee. Linas Söhne stehen sich als Feinde gegenüber. Was für eine grausame Fügung. Doch der brüderliche Zusammenhalt bleibt erhalten. Leo kehrt nach dem Krieg noch einmal für einen Besuch nach Deutschland zurück. Die Fotos des Wiedersehens zeigen fröhliche Menschen, plaudernd mit Bier und Zigaretten. Ich bin so froh, das Album entdeckt zu haben. In den letzten Kriegsjahren fallen die Bomben auch auf Berlin, Wannsee bleibt nicht verschont. Bei einem der Angriffe wird Gustav schwer verletzt. Die Rettung für ihn und seine Mutter kommt aus Schottland. Kurt Hahn hat seine Freundin und enge Mitarbeiterin nicht vergessen und organisiert einen Flug für Lina und Gustav nach Frankfurt. Frieda und Horst verlassen ebenfalls die brennende Hauptstadt. Mein Großvater ist seit Ende 1944 in Kiel stationiert. Er weiß, dass der Krieg verloren ist, sorgt sich um Frau und Kind. Zivilisten dürfen längst nicht mehr in die Züge der Reichsbahn steigen, um aus Berlin zu fliehen. Doch der Jurist Curt fälscht erneut ein lebenswichtiges Dokument. Er lässt einen Brief schreiben, bescheinigt meiner Großmutter den Besitz kriegswichtiger Informationen. Frieda erhält die rettende Reisegenehmigung und besteigt mit ihrem Sohn einen der letzten Züge in Richtung Westen. In der Aktentasche mit den kriegswichtigen Dokumenten befinden sich die geliebten Karl-May-Bücher meines Vaters. Mehr durfte er aus dem Kinderzimmer nicht mitnehmen. Seine belesene Großmutter Lina, erinnert mein Vater, sei ohne jegliches Verständnis für Karl May gewesen. *„Ihr wäre es lieber gewesen, ich hätte Shakespeare gelesen.“*[537] Curts Familie findet in Plön einen Unterschlupf. Die Stadt wird britische Besatzungszone. Als Offizier bleibt meinem Großvater das Kriegsgefangenenlager nicht erspart. Doch da die Lager schnell überfüllt sind, darf er unter Auflagen zu seiner Familie zurückkehren. In der Öffentlichkeit hat er seine Uniform – ohne Rangabzeichen – zu tragen. Er darf nicht neben, sondern muss stets zwei Schritt hinter seiner Frau gehen. Doch es geht der Familie gut, mein Vater erzählt gerne von der Großzügigkeit und Warmherzigkeit der Besatzer vor allem Kindern gegenüber. Für Curt zahlt es sich aus, dass seine Mutter stets viel Wert auf Fremdsprachen gelegt, den Kindern selbst Stunden gegeben hat. Als Dolmetscher genießt er bei den Briten einige Privilegien. Später zieht die Familie nach Kiel, bis zu seiner Pensionierung arbeitet mein Großvater als Richter am Landgericht. Ihm obliegt die schwere Pflicht, Anfang der Fünfzigerjahre den Berliner Besitz der Familie zu verkaufen. Mir sind wunderbare Erinnerungen an meinen Großvater geblieben. Er war ein großzügiger, humorvoller und sehr gebildeter Mann. Stundenlang konnte er seinen Enkelkindern vorlesen oder mit ihnen Mensch-ärgere-dich-nicht spielen, ohne zu ermüden. Schach, Mühle, Dame, alle diese Spiele habe ich von ihm gelernt. Er war der Mentor meiner Kindheit. Lina Richter kehrt nach dem Krieg noch einmal nach Gordonstoun zurück, ihr Lebenswerk ist noch nicht vollendet. Im hohen Alter von 80 Jahren gibt Lina Richter noch immer Kurse in Philosophie. *„One of the young men told me afterwards that these were the most interesting hours of his life."*[538] So steht es in der Schulchronik. Ihr hehres politisches Ziel im Ersten Weltkrieg, die Verständigung mit Großbritannien, treibt Lina auch 30 Jahre später noch an. Der Jugend traut sie die Kraft zur Versöhnung zu. Meine Urgroßmutter organisiert 1948 einen Schüleraustausch mit Salem, an dem auch ihr Enkel Horst teilnehmen darf. Mein Vater schwärmt noch heute von der Fairness und Kameradschaft, die unter den Jungen der einst verfeindeten Nationen herrschte. Seine Erinnerungen an die Schulzeit in Schottland sind nach 75 Jahren noch so lebendig, als hätte er sich gerade erst von seiner Großmutter im Internat verabschiedet. Besonders im Gedächtnis ist ihm ein Besuch des ehemaligen Gordonstoun-Schülers Prinz Philipp geblieben, dem er sogar die Hand schütteln durfte. 1957 zieht es Lina Richter zurück nach Deutschland, in Frankfurt lebt sie bei ihrem ältesten Sohn Gustav und seiner dritten Frau Lizzie. Gustav hatte seine Mutter 1946 für einige Zeit nach Gordonstoun begleitet und tritt nun als Geschäftsführer in die Deutsche Gesellschaft für Europäische Erziehung ein, dem Trägerverein der von Kurt Hahn konzipierten Kurzschulen in Deutschland. Gemeinsam mit dem Pädagogen Helmut

Am Ende eines bewegten Lebens: Lina Richter in Kiel, um 1958

Münch verfasst er das Buch *Kurzschule und Charaktererziehung*, das ihm zu einiger wertschätzender Bekanntheit verhilft. Lina Richter verlebt einen ruhigen und friedlichen Lebensabend. Sie hat es sich mehr als verdient.

Sorgen bereiten nur die Augen. Immer schwerer fällt es Lina, trotz Brille und Vergrößerungsglas ihre geliebten Bücher zu lesen. Ein Leben ohne tägliche Lektüre vermag sie sich nicht vorzustellen. Helfen kann nur eine Operation, und die ist riskant. Immerhin ist Lina mittlerweile 88 Jahre alt. Mit dem Mut der Verzweiflung entscheidet sie sich für den Eingriff am Uniklinikum in Kiel. Die OP gelingt, einige Tage nur muss Lina im Krankenhaus verbringen. Mein Vater entsinnt sich, wie unglaublich glücklich seine Großmutter war, endlich wieder sehen, lesen zu können. Nach ihrer Entlassung fährt er Lina zu dem Haus seiner Eltern in der Virchowstraße. Die alte Dame ist aufgeregt, aber auch erschöpft, und legt sich zu einem Mittagsschlaf hin. Ganz friedlich schläft meine Urgroßmutter ein – und wacht nicht mehr auf. Ihr Tod kommt in einem Moment des Glücks und beendet leise ein langes, erfülltes und mehr als bewegtes Leben. Lina Anna Richter stirbt am 26. August 1960. Sie wird beerdigt an ihrem Wohnort in Frankfurt. Ein enger Freund der Familie pflegt das Grab bis heute. Nun möchte er den Grabstein nach Wannsee überführen, wo Raoul auf dem Kirchhof vor 112 Jahren seine letzte Ruhestätte fand. Was für eine wunderbare Idee.

Literatur

Baden, Prinz Max von, Erinnerungen und Dokumente, Stuttgart 1968.

Bergmann, Anna, Die Abtreibungspraxis im Deutschen Kaiserreich, in: Digitales Deutsches Frauenarchiv, 2021. https://www.digitales-deutsches-frauenarchiv.de/angebote/dossiers/218-und-die-frauenbewegung/die-abtreibungspraxis-im-deutschen-kaiserreich

Braune, Andreas, Die Parteien und das Frauenwahlrecht im Kaiserreich, Bundeszentrale für politische Bildung, 12.11.2018. https://www.bpb.de/themen/zeit-kulturgeschichte/frauenwahlrecht/278831/die-parteien-und-das-frauenwahlrecht-imkaiserreich/

Dargel, Eveline/ Niederhofer, Ulrike/ Feucht, Stefan, In Dir steckt mehr als Du denkst, Salem 2010.

David, Eduard, Das Kriegstagebuch des Reichstagsabgeordneten Eduard David, 1914–1918, in: Quellen zur Geschichte des Parlamentarismus und der politischen Parteien, Band 4, Düsseldorf 1966. https://kgparl.de/publikationen/das-kriegstagebuch-des-reichstagsabgeordneten-eduard-david/

Dehmel, Richard, Gesammelte Werke, Berlin 1913.

Ders., Ausgewählte Briefe, Berlin 1923.

Div. Autoren, Raoul Richter zum Gedächtnis, Leipzig 1914.

Dohm, Hedwig, Der Jesuitismus im Hausstande, Berlin 1873.

Dies., Die Antifeministen, Berlin 1902.

Dudek, Peter, Rebellen gegen den Krieg – Suche nach Gemeinschaft, Bad Heilbrunn 2021.

Eidenbenz, Mathias, Blut und Boden, in: Werkstatt Geschichte 16, Hamburg 1997, S.114–115. https://werkstattgeschichte.de/wp-content/uploads/2017/01/WG16_113-115_SCHOETTLER_BLUT.pdf

Fenske, Hans, Wahlrecht und Parteiensystem in der Weimarer Republik, in: Politische Vierteljahreszeitschrift, März 1974, S. 143. https://jstor.org/stable/24194121

Frevert, Ute (Hrsg.), Bürgerinnen und Bürger, Göttingen 1988.

Gerhard, Ute, Unerhört. Die Geschichte der deutschen Frauenbewegung, Reinbek 1990.

Großmann, Ulrich (Hrsg.), Aufbruch der Jugend – Deutsche Jugendbewegung zwischen Selbstbestimmung und Verführung, Katalog zur Ausstellung im Germanischen Nationalmuseums, Nürnberg 2013.

Günther, Rosemarie, Ida Dehmel (1870–1942). Eine süddeutsche Hamburgerin, in: Frauen und Geschichte Baden-Württemberg, 2024. https://frauen-und-geschichte.de/website.php?id=denktag/2112151318.html

Gundlach, Horst, Max Brahn (1873–1944). In memoriam, 1995. https://www.semanticscholar.org/paper/Max-Brahn-(1873-1944).-In-Memoriam-Gundlach/477cadd4d3172950913c4a5cf3c1bf20d9d3920b

Hahn, Kurt, Reform mit Augenmaß, in: Knoll, Michael (Hrsg.), Stuttgart 1998.

Harmsen, Rieke C., Werner und Hans-Bernd von Haeften und der 20. Juli 1944, Hagen 2019. https://ub-deposit.fernuni-hagen.de/receive/mir_mods_00001713

Hecht, Marie, Friedrich Nietzsches Einfluss auf die Frauen, in: Ruprecht, E., Bänsch, D: (Hrsg.), Literarische Manifeste der Jahrhundertwende 1890–1910, Stuttgart 1970, S. 543–544. https://doi.org/10.1007/978-3-476-99502-5_119

Heekerens, Hans-Ter, Wie die Erlebnispädagogik laufen lernte, Höchberg 2021.

Heise, Helene, Nervöse Vorkämpferinnen, in: Der Spiegel, 1.10. 2007. https://www.spiegel.de/geschichte/lehrerinnen-um-1900-nervoese-vorkämpferinnen-a-948006.html

Hoffmann, Tobias/Grosskopf, Anna/ Reifferscheidt, Fabian (Hrsg.), Zu wenig Parfüm, zu viel Pfütze, Hans Baluschek zum 150. Geburtstag, Katalog zur gleichnamigen Ausstellung, Köln 2020.

Hofmannsthal, Hugo von, Briefe, Wien 1957.

Hume, David, Eine Untersuchung über den menschlichen Verstand, Grafrath 2016.

Illies, Florian, 1913. Was ich unbedingt noch erzählen wollte, Frankfurt am Main 2020.

Illies, Florian, Liebe in Zeiten des Hasses, Frankfurt am Main 2021.

Institut für Zeitgeschichte, Der Fall Potempa, in: Vierteljahreshefte für Zeitgeschichte, Heft 3, 1957, S. 279–297. https://www.ifz-muenchen.de/heftarchiv/1957_3_6_kluke.pdf

Kessler, Harry Graf, Das Tagebuch 1880–1937, Online-Ausgabe, hg. von Roland S. Kamzelak, Marbach am Neckar 2019. https://edview.dla-marbach.de/

Knoll, Dr. Michael, Schulreform durch „Erlebnistherapie", in: Pädagogisches Handeln, Wissenschaft und Praxis im Dialog 5, Heft 2, 2001, S. 65–76. https://www.academia.edu/26746994/Schulreform_durch_Erlebnistherapie_Kurt_Hahn_ein_wirkungsmächtiger_Pädagoge_2001_

Koller, Christian, Von Wilden aller Rassen niedergemetzelt, Stuttgart 2001.

Krauss, Edith, Der Porträtmaler Gustav Richter bei Theodor Fontane, in: Fontane-Blätter, Potsdam, Heft 82, 2006, S. 152–170. https://www.fontanearchiv.de/bibliographie/a0000309

Krimm, Konrad, Prinz Max von Baden, Annährung an einen Schwierigen, in: Badische Heimat, Heft 3, 2016, S. 408–413. https://badische-heimat.de/wp-content/uploads/2019/11/BH-HP-2016-03.pdf

Krimm, Konrad (Hrsg.), Der Wunschlose Prinz Max von Baden und seine Welt, Stuttgart 2016.

Kroker, Bettina, Der Lehrerinnen Zölibat, Als die Lehrerin noch das Fräulein war, in: Betzold-Blog, 2022. https://www.betzold.de/blog/lehrerinnen-zoelibat/

Kuhrau, Sven/ Winkler, Kurt (Hrsg.), Juden-Bürger-Berliner – Das Gedächtnis der Familie Beer-Meyerbeer-Richter, Berlin 2004.

Lasker-Schüler, Elske: Mein Herz, Berlin 2018.

Ledermann, Frieda, Zur Geschichte der Frauenstimmrechtsbewegung, Berlin 1918.

Leixner, Otto von, Soziale Briefe aus Berlin 1888–1891, mit besonderer Berücksichtigung der sozialdemokratischen Strömungen, Berlin 1891.

Lowith, Karl, Nietzsches Philosophie der ewigen Wiederkehr des Gleichen, Hamburg 1986.

Ludwig, Andreas/ Schaulinski, Gernot, Metropole Berlin Traum und Realität 1920/2020, Berlin 2020.

Maas, Sandra, Weiße Helden, schwarze Krieger, Köln 2006.

Machtan, Lothar, Autobiographie als geschichtspolitische Waffe, in: Vierteljahreshefte für Zeitgeschichte, 2013, S. 481–512. https://www.ifz-muenchen.de/heftarchiv/2013_4_2_machtan.pdf

Machtan, Lothar, Prinz Max von Baden: Der letzte Kaiser des Kanzlers, Berlin 2013.

Malanowski, Wolfgang, Kartoffeln, keine Revolution, in: Der Spiegel, 1.12.1968. https://www.spiegel.de/politik/november-1918-kartoffeln-keine-revolution-a-b63e48 3c-0002-0001-0000-000045922120

Matthias, Erich/Morsey, Rudolph, Die Regierung des Prinzen Max von Baden, Düsseldorf 1962.

Merkle, Berthold, Des Kaisers letzter Kanzler, in: Tagesspiegel, 5.2.2004. https://www.tagesspiegel.de/kultur/des-kaisers-letzter-kanzler-8029891.html

Moeller, Hans, „Ich weiß auch, daß Sie vielen gehören" Briefe an Cornelie Richter, geb. Meyerbeer 1884–1922, Berlin 2015.

Morel, E. D., Das Gift, das zerstört. Die Mär von dem deutschen Kriegsanschlag 1914, Viöl 2005.

Morel, E. D., Ein gerechter Engländer über die Schuld am Kriege, Norderstedt 2017.

Mueller-Klug, Florian, Die Balkonreden Wilhelm II. Zum Ausbruch des Ersten Weltkrigs. 2014 in: https://clioberlin.de/blog-geschichte/64-die-balkonreden-wilhelm-2-zum-ausbruch-des-ersten-weltkriegs-html

Niemeyer, Christian, Nietzsche, die Jugend und die Pädagogik, München 2002.

Nietzsche, Friedrich, Also sprach Zarathustra, Leipzig 1899.

Nostiz, Helene von, Im alten Europa, Wiesbaden 1950.

Paust, Rudolf, Oskar Wilde über Frauen Liebe Ehe, Berlin 1922.

Richter, Lina, Die Wirkung der Blockade auf das deutsche Familienleben, Salem 1919.

Richter, Lina, Politiker und Erzieher, in: Die Zeit. https://www.zeit.de/1956/22/politiker-und-erzieher

Richter, Raoul, Essays, Leipzig 1913.

Richter, Raoul, Einführung in die Philosophie, Leipzig 1919.

Richter, Raoul, Friedrich Nietzsche: Leben und Werk, Leipzig 1922.

Rose, Lena, Frauen im Ersten Weltkrieg und die Emanzipation in Deutschland, München 2019.

Rosenberg, Arthur, Die Entstehung der deutschen Republik, Berlin 1930.

Schaper, Rüdiger, Litauen Literarische Nehrung, Wo Thomas Mann sein Refugium fand, 29.8.2018, in: Tagesspiegel. tpomas-mann-sein-refugium-fand-3981637.htmlhttps://www.tagesspiegde/rarische-nehrung-ugium-fand-3981637.html

Schlemmer, Martin, Die Rheinlandbesetzung. https://www.rheinische-geschichte.lvr.de/Epochen-und-Themen/Themen/die-rheinlandbesetzung-1918-1930/DE-2086/lido/57d133f17e43d1.98845861

Schreiber, Albrecht, Urne im Haus – Die Ruhestätte von Richard und Ida Dehmel in Ohlsdorf, in: Zeitschrift für Trauerkultur, Ausgabe Nr. 82 III, Hamburg 2003. https://www.fof-ohlsdorf.de/taxonomy/term/59

Scriba, Arnulf, Warum Arierparagraph?, Lebendiges Museum Online, 2015. https://www.dhm.de/lemo/kapitel/ns-regime/ausgrenzung-und-verfolgung/arierparagraph.html.

Steinfeld, Thomas, Raus ans Meer, in: Süddeutsche Zeitung, 5.8.2017. https://sueddeutsche.de/kultur/sommerhaus-von-thomas-mann-raus-ans-meer-1.3616178

Urbach, Karina /Buchner, Bernd, Prinz Max von Baden und Houston Steward Chamberlain, Aus dem Briefwechsel 1909–1919, in: Vierteljahreshefte für Zeitgeschichte, 2004, S.121–177. https://www.ifz-muenchen.de/heftarchiv/2004_1_4_urbach.pdf

Walter, Dirk, Weihnachtsfriede 1915. Atempause im tobenden Ersten Weltkrieg, in: Münchner Merkur, 25.12.2015. https://www.merkur.de/bayern/jahren-kurze-atempause-tobenden-ersten-weltkrieg-bruechige-weihnachtsfriede-1915-5985710.html

Westhoff, Andrea, Der „Würgeengel der Kinder" ist weiter gefährlich, in: Deutschlandfunk, 2015. https://www.deutschlandfunk.de/diphtherie-der-wuergeengel-der-kinder-ist-weiter-gefaehrlich-100.html

Wiehler, Stefan, Fraktur! Berlin-Bilder aus der Kaiserzeit, in: Tagesspiegel, 20.1.2015. https://www.tagesspiegel.de/berlin/uneheliche-kinder-sterben-fruher-3603892.html

Wilhelmy-Dollinger, Petra, Die Berliner Salons, Berlin 2000.

Winthrop-Young, Jocelin, The Doune, o. D. https://scf44a4d41d32293b.jimcontent.com/download/version/1517957193/module/5628088666/name/The%20Doune.pdf

Zahn-Harnack, Agnes von, Der Krieg und die Frauen, Berlin 1915.

Dies., Die deutsche Frauenbewegung, Berlin 1928.

Zirlewagen, Marc: „Die Einzigartige und Großartige", in: Salem Magazin 91, 07/2022, S. 37. https://www.schule-schloss-salem.de/fileadmin/04_Termine_und_News/Salem_Magazin/Salem-Magazin-91.pdf

Archive

Berlin-Brandenburgisches Wirtschaftsarchiv (BBWA)

Bodenseekreisarchiv

Landesarchiv Baden-Württemberg (LBWA)

Staats- und Universitätsbibliothek Hamburg Carl von Ossietzky, (SUB Hamburg), Dehmel-Archiv

Archiv des Deutschen Bundestages

Bundesarchiv

Deutsches Rundfunkarchiv

Digitales Deutsches Frauenarchiv

Danksagung

Ich möchte die Biografie über meine Urgroßmutter Lina Richter nicht abschließen, ohne mich bei den Menschen zu bedanken, ohne die das Buch nie zustande gekommen wäre. Dr. Matthias Weniger war so freundlich, der Familie eine Vorfassung seines geplanten Buches über Benoit Oppenheim und seine Kunstsammlung zur Verfügung zu stellen.

Lina Richter und ihre Korrespondenzpartner habe ihre Briefe überwiegend in Sütterlin geschrieben, Bernd Liebig hat die umfangreiche Aufgabe übernommen, diese Schreiben zu transkribieren und sachkundig zu kommentieren. Mein Dank gilt außerdem der freundlichen und großen Hilfsbereitschaft des Geschäftsführers des Berlin-Brandenburgischen Wirtschaftsarchivs, Björn Berghausen. Herzlich danken möchte ich auch meinem Verleger Dr. Alexander Schug für seine Begleitung und Unterstützung.

Dank an die Unterstützer der Crowdfundingaktion: Alexandra Dieterl, Kathrin Schmidtke, Elke Richter, Carsten Pohl, Christiane Scheck, Ulrike und Sören Jaspers, Hans-Werner Henningsen, Heike Puppel, Christian Fürst.

Anmerkungen

1   Moeller, Hans (Hrsg.), Ich weiß auch, daß Sie vielen gehören. Briefe an Cornelie Richter, geb. Meyerbeer 1844–1922, Berlin 2015, S. 180

2   Schaper, Rüdiger, Litauen Literarische Nehrung. Wo Thomas Mann sein Refugium fand, in: Tagesspiegel, 29.8.2017, https://www.tagesspiegel.de/gesellschaft/literarische-nehrung-wo-thomas-mann-sein-refugium-fand-3981637.html

3   Steinfeld, Thomas, Raus ans Meer, in: Süddeutsche Zeitung, 4.8.2017, https://sueddeutsche.de/kultur/sommerhaus-von-thomas-mann-raus-ans-meer-1.3616178

4   Ludwig, Andreas/Schaulinski, Gernot, Metropole Berlin, Berlin 2020, S. 15

5   Leixner, Otto von, Soziale Briefe aus Berlin 1888–1891, mit besonderer Berücksichtigung der sozialdemokratischen Strömungen, Berlin 1891, S. 88

6   Berlin-Brandenburgisches Wirtschaftsarchiv, N2/631, Brief von Kurt Oppenheim an seinen Vater Benoit Oppenheim, 31.7.1882

7   BBWA, N2/788, Brief von Ernst von Saucken an seine Nichte Lina Richter, 3.10.1916

8   BBWA, N2/634, Brief von Kurt Oppenheim an seinen Vater Benoit Oppenheim, 17.7.1882

9   BBWA, N2/633, Brief von Kurt Oppenheim an seinen Vater Benoit Oppenheim, 3.7.1882

10 Westhoff, Andrea, Der „Würgeengel der Kinder" ist weiter gefährlich, in: Deutschlandfunk, 2015. https://www.deutschlandfunk.de/diphtherie-der-wuergeengel-der-kinder-ist-weiter-gefaehrlich-100.html

11 BBWA, N2/635, Brief von Kurt Oppenheim an seinen Vater Benoit Oppenheim, 22.8.1882

12 BBWA, N2/771, Brief von Ernst von Saucken an Lina Richter, 9.9.1912

13 Moeller, Briefe an Cornelie Richter, S. 11

14 Kuhrau, Sven/Winkler, Kurt, Juden Bürger Berliner – Das Gedächtnis der Familie Beer-Meyerbeer-Richter, Berlin, 2004, S. 131

15 Moeller, Briefe an Cornelie Richter, Berlin 2015, S. 8

16 Krauss, Edith, Der Porträtmaler Gustav Richter bei Theodor Fontane, in: Fontane-Blätter, Potsdam, Heft 82, 2006, S. 165, https://www.fontanearchiv.de/bibliographie/a0000309

17 ebd, S. 152

18 Moeller, Briefe an Cornelie Richter, S. 22

19 ebd., S. 217

20 ebd., S. 22

21 Nostiz, Helene von, Aus dem alten Europa, Wiesbaden 1950, S. 35

22 ebd., S.36

23 Moeller, Briefe an Cornelie Richter, S. 12

24 ebd.

25 SUB Hamburg, Dehmel-Archiv, DA: BR: R:176, Brief von Lina Richter an Ida Dehmel, 4.10.1909

26 Richter, Lina (Hrsg.), Vorwort in: Richter, Raoul, Essays, Leipzig 1913, S. 9

27 Brahn Max, Reden am Sarge, in: Raoul Richter zum Gedächtnis, Leipzig 1914, S. 15

28 SUB Hamburg, HANSB339006, Brief von Ida Dehmel an Alice Bensheimer, undatiert

29 Heise, Helene, Nervöse Vorkämpferinnen, in: Der Spiegel, 1.10.2007, https://www. spiegel.de/geschichte/lehrerinnen-um-1900-nervoese-vorkämpferinnen-a-948006.html

30 Kuhrau/Winkler, Juden Bürger Berliner, S. 127

31 Heise, Nervöse Vorkämpferinnen

32 Kroker, Bettina, Der Lehrerinnen-Zölibat. Als die Lehrerin noch das Fräulein war, 6.12.2022, https://www.betzold.de/blog/lehrerinnen-zoelibat/

33 Kurt-Hahn-Archiv im Kreisarchiv Bodensee, Erinnerungen an Salemer Persönlichkeiten, 4. Marie Ewald: In Salem gab es wenig Duzendware, S. 924

34 Moeller, Briefe an Cornelie Richter, S. 10

35 Brahn, Raoul Richter als akademischer Lehrer, in: Raoul Richter zum Gedächtnis, S. 66

36 Brahn, Reden am Sarge in: Raoul Richter zum Gedächtnis, S. 12/13

37 ebd., S. 16

38 SUB Hamburg, DA: BR: R: 140, Brief von Lina Richter an Richard Dehmel, 29.8.1913

39 SUB Hamburg, DA: BR: R: 181, Brief von Lina Richter an Richard Dehmel, 6.11.1912

40 Richter, Raoul, Essays, S. 96

41 Richter, Lina, Vorwort in: Richter, Raoul, Essays, S. 4

42 Richter, Lina, Vorwort in: Richter, Raoul, Essays, S .4

43 SUB Hamburg, DA: BR: R: 140, Brief von Lina Richter an Richard Dehmel, 29.8.1913

44 SUB Hamburg, DA: BR: R: 138, Brief von Lina Richter an Richard Dehmel, 27.6.1913

45 SUB Hamburg, DA: BR: R: 190, Brief von Lina Richter an Ida Dehmel, 1.1.1913

46 SUB Hamburg, DA: BR: R: 138, Brief von Lina Richter an Richard Dehmel, 27.6.1913

47 Richter, Raoul, Essays, S. 135

48 Richter, Raoul, Friedrich Nietzsche. Sein Leben und Werk, Leipzig 1922, S. 356

49 ebd., S. 351

50 Hofmannsthal, Hugo von, Erinnerungen an Raoul Richter in: Raoul Richter zum Gedächtnis, Leipzig 1914, S. 46

51 Hofmannsthal, Hugo von, Erinnerungen an Raoul Richter, in: Raoul Richter zum Gedächtnis, S. 62

52 ebd, S. 51

53 Familienarchiv

54 Brahn, Max, Raoul Richter als akademischer Lehrer, in: Raoul zum Gedächtnis, Leipzig 1914, S. 71f.

55 Lasker-Schüler, Else, Mein Herz, Berlin 2018, S. 119

56 SUB Hamburg, HANSb313096, Brief von Else Lasker-Schüler an Richard Dehmel, o. D.

57 Dehmel, Richard, Ausgewählte Briefe 1883-1902, Berlin 1923, S. 324

58   Kessler, Harry Graf. Das Tagebuch. Online- Ausgabe, hrsg. von Roland S. Kamzelak, Marbach am Neckar, Deutsche Schillergesellschaft 2019. Eintrag vom 20.10.1891, https://edview.dla-marbach.de/

59   Familienarchiv

60   BBWA, N2/790, Brief von Kurt von Saucken an seine Nichte Lina Richter, 23.2.1897

61   Familienarchiv

62   Moeller, Briefe an Cornelie Richter, S. 153

63   Brahn, Raoul Richter als akademischer Lehrer, in: Raoul Richter zum Gedächtnis, S. 73

64   Kuhrau/Winkler, Juden Bürger Berliner, S. 156

65   Brahn, Raoul Richter als akademischer Lehrer, in: Raoul Richter zum Gedächtnis, S. 67

66   Richter, Lina, Vorwort in: Richter, Raoul, Essays, S. 6

67   ebd.

68   Richter, Raoul, Friedrich Nietzsche. Sein Leben und Werk, S. 2

69   ebd.

70   ebd.

71   Lowith, Karl, Nietzsches Philosophie der ewigen Wiederkehr des Gleichen, Hamburg 1986, S. 22

72   Richter, Raoul, Friedrich Nietzsche. Sein Leben und Werk, S. 311f.

73   Wundt, Wilhelm, Nachruf, in: Raoul Richter zum Gedächtnis, S. 41

74   Richter, Raoul, Essays, S. 107

75   Hofmannsthal, Hugo von, Erinnerung an Raoul Richter, in: Raoul Richter zum Gedächtnis, S. 63

76   Moeller, Briefe an Cornelie Richter, S. 321

77   ebd, S. 320f.

78   Familienarchiv

79   Ewald, In Salem gab es keine Duzendware

80   SUB Hamburg, DA: BR: R: 141, Brief von Lina Richter an Richard Dehmel, 3.9.1913

81   Familienüberlieferung

82   Familienüberlieferung

83   SUB Hamburg, DA: BR: R: 163, Brief von Lina Richter an Ida Dehmel, 21.5.1909

84   SUB Hamburg, HANSb338415, Brief von Ida Dehmel an Alice Bensheimer, 27.1.1910

85   Richter, Raoul, Friedrich Nietzsche. Sein Leben und Werk, S. 353

86   SUB Hamburg, DA: BR: R: 182, Brief von Lina Richter an Ida Dehmel, 26.11.1912

87   BBWA, N2/663, Brief von Ida Dehmel an Lina Richter, 25.11.1911

88   BBWA, N2/771, Brief von Ernst von Saucken an Lina Richter, 9.9.1912

89   SUB Hamburg, DA: BR: R: 173, Brief von Lina Richter an Ida Dehmel, 30.7.1910

90   Hobsbawn, Eric J., Kultur und Geschlecht im europäischen Bürgertum 1870–1914, in: Frever, Ute (Hrsg.), Bürgerinnen und Bürger, Göttingen 1988, S. 181

91   Richter, Raoul, Essays, S. 198

92   Richter, Raoul, Essays, S. 195

93   ebd., S. 196

94   Richter, Raoul, Essays, S. 197

95   Richter, Lina, Vorwort in: Richter, Raoul, Essays, S. 7

96   Richter, Raoul, Essays, S. 202f.

97   SUB Hamburg, DA: BR: R: 161, Brief von Lina Richter an Ida Dehmel, 11.1.1909

98   ebd.

99   Moeller, Briefe an Cornelie Richter, S. 10

100 BBWA, N2/664, Brief von Rudolph Oppenheim an seine Schwester Lina Richter, 3.9.1910

101 SUB Hamburg, DA: BR: R: 171, Brief von Lina Richter an Ida Dehmel, 21.3.1910

102 SUB Hamburg, DA: BR: R: 172, Brief von Lina Richter an Ida Dehmel, 12.7.1910

103 Hume, David, Eine Untersuchung über den menschlichen Verstand, Grafrath 2016, S. 11

104 Kessler, Tagebücher. Eintrag vom 10.5.1911

105 SUB Hamburg, DA: BR: R: 175, Brief von Lina Richter an Ida Dehmel, 14.10.1911

106 SUB Hamburg, DA: BR: R: 176, Brief von Lina Richter an Richard Dehmel, 3.12.1911

107 Kessler, Harry Graf, Tagebücher, Eintrag vom 14.12.11

108 SUB Hamburg, DA: BR: R: 178, Brief von Lina Richter an Ida Dehmel, 21.1.1912

109 SUB Hamburg, DA: BR: R: 140, Brief von Lina Richter an Richard Dehmel, 29.8.1913

110 SUB Hamburg, DA: BR: R: 139, Brief von Lina Richter an Richard Dehmel, 5.7.1913

111 BBWA, N2/782, Brief von Ernst von Saucken an Lina Richter, 30.11.1912

112 Kessler, Harry Graf, Tagebücher, Eintrag vom 17.12.1912

113 Brahn, Max, Nachruf in: Raoul Richter zum Gedächtnis, S. 14

114 Hauptmann, Gerhard, Gedenkwort in: Raoul Richter zum Gedächtnis, S. 65

115 BBWA, N2 771, Brief von Ernst von Saucken an seine Nichte Lina Richter, 9.9.1912

116 Familienüberlieferung

117 Familienüberlieferung

118 Familienüberlieferung

119 Familienüberlieferung

120 BBWA, N2/576, Brief von Elisabeth Förster-Nietzsche an Lina Richter, 17.8.1922

121 SUB Hamburg, DA: BR: R: 181, Brief von Lina Richter an Ida Dehmel, 6.11.1912

122 BBWA, N2/481, Brief von Gustav Richter an seine Mutter Lina Richter, 19.12.1912

123 SUB Hamburg, DA: BR: R: 183, Brief von Lina Richter an Ida Dehmel, 19.12.1912

124 Richter, Raoul, Einführung in die Philosophie, Brahn, Max (Hrsg.), Leipzig und Berlin 1919, S. 123

125 BBWA, N2/768, Brief von Ernst von Saucken an seine Nichte Lina Richter, 22.12.1912

126 BBWA N2/676, Brief von Rudolph Oppenheim an seine Schwester Lina Richter, 31.12.1912

127 Dehmel, Richard, Aufrichtung in: Raoul Richter zum Gedächtnis, S. 7

128 SUB Hamburg, DA: BR: R: 137, Brief von Lina Richter an Richard Dehmel, 10.6.1913

129 BBWA, N2/769, Brief von Ernst von Saucken an seine Nichte Lina Richter, 28.1.1913

130 SUB Hamburg, DA: BR: R: 138, Brief von Lina Richter an Richard Dehmel, 27.6.1913

131 Illies, Florian, 1913 Was ich unbedingt noch erzählen wollte, Frankfurt am Main 2018, S. 226

132 SUB Hamburg, DA: BR: R: 168, Brief von Lina Richter an Ida Dehmel, 23.11.1909

133 SUB Hamburg, DA: BR: R: 139, Brief von Lina Richter an Richard Dehmel, 5.7.1913

134 Dehmel, Richard, Ausgewählte Briefe 1902–1920, Berlin 1923, S. 305

135 SUB Hamburg, DA, BR: R: 138, Brief von Lina Richter an Richard Dehmel, 27.6.1913

136 BBWA, N2/263, Brief von Benoit Oppenheim an seine Tochter Lina Richter, 12.5.1913

137 BBWA, N2/211, Brief von Gustav Richter an seine Mutter Lina Richter, 13.5.1913

138 BBWA, N2/213, Brief von Curt Richter an seine Mutter Lina Richter, 13.5.1913

139 SUB Hamburg, DA: BR: R: 191, Brief von Lina Richter an Ida Dehmel, 15.7.1913

140 SUB Hamburg, DA: BR: R: 139, Brief von Lina Richter an Richard Dehmel, 27.6.1913

141 Dehmel, Richard, Ausgewählte Briefe, S. 304

142 SUB Hamburg, DA: BR: R: 138, Brief von Lina Richter an Richard Dehmel, 27.6.1913

143 Dehmel, Richard, Ausgewählte Briefe, S. 306

144 SUB Hamburg, DA: BR: R: 140, Brief von Lina Richter an Richard Dehmel, 29.8.1913

145 ebd.

146 Moeller, Briefe an Cornelie Richter, S. 484

147 Richter, Raoul, Essays, S. 6

148 BBWA, N2/460, Brief von Marie von Leyden an ihre Nichte Lina Richter, 31.7.1913

149 Brahn, Max, Nachruf in: Raoul Richter zum Gedächtnis, S. 26

150 Richter, Raoul, Essays, Leipzig 1914, S. 416

151 Hobsbawn, Erich J., Kultur und Geschlecht im europäischen Bürgertum 1870–1914, S. 176

152 SUB Hamburg, DA: BR: R: 181, Brief von Lina Richter an Ida Dehmel, 6.11.1912

153 Moeller, Briefe an Cornelie Richter, S. 180

154 SUB Hamburg, DA: BR: R: 165, Brief von Lina Richter an Ida Dehmel, 4.10.1909

155 ebd.

156 SUB Hamburg, DA: BR: R: 176, Brief von Lina Richter an Ida Dehmel, 3.12.1911

157 ebd., S. 290

158 Braune, Andreas Dr., Die Parteien und das Frauenwahlrecht im Kaiserreich, Bundeszentrale für politische Bildung, 12.11.2018, https://www.bpb.de/themen/zeit-kulturgeschichte/frauenwahlrecht/278831/die-parteien-und-dasfrauenwahlrecht-imkaiserreich/

159 Wischermann, Ulla, Frauenbewegungen und Öffentlichkeiten um 1900, Königstein 2003, S. 112

160 Moeller, Briefe an Cornelie Richter, S. 19

161 SUB Hamburg, DA: BR: R: 153, Brief von Lina Richter an Richard Dehmel, 12.7.1918

162 SUB Hamburg, DA: BR: R: 17, Brief von Lina Richter an Ida Dehmel, 3.12.1911

163 Wiehler, Stephan, Fraktur! Berlin-Bilder aus der Kaiserzeit, in: Tagesspiegel, 20.1.2015. https://www.tagesspiegel.de/berlin/uneheliche-kinder-sterben-fruher-3603892.html

164 BBWA, N2/662, Brief von Dr. Marie Baum an ihre Cousine Lina Richter, 29.7.1914

165 ebd.

166 BBWA, N2/339, Brief von Ida Dehmel an Lina Richter, 11.1.1914

167 SUB Hamburg, DA: BR: R: 197, Brief von Lina Richter an Ida Dehmel, 12.1.1914

168 SUB Hamburg, DA: BR: R: 198, Brief von Lina Richter an Ida Dehmel, 1.2.1914

169 ebd.

170 SUB Hamburg, DA: BR: R: 207, Brief von Lina Richter an Ida Dehmel, 7.7.1915

171 Richter, Raoul, Essays, S. 403

172 Kuhrau/Winkler, Juden Bürger Berliner, S. 185

173 Richter, Raoul, Essays, S. 410

174 Richter, Lina, Vorwort in: Richter, Raul Essays, S. 11

175 ebd.

176 Richter, Raoul, Essays, S. 415

177 ebd., S. 416

178 SUB Hamburg, DA: BR: R: 150, Brief von Lina Richter an Richard Dehmel, 25.9.1914

179 Kessler, Harry Graf, Tagebücher, Eintrag vom 2.8.1914

180 SUB Hamburg, DA: BR: R: 205, Brief von Lina Richter an Ida Dehmel, 27.3.1915

181 SUB Hamburg, DA: BR: R: 150, Brief von Lina Richter an Richard Dehmel, 25.9.1914

182 SUB Hamburg, DA: BR: R: 149, Brief von Lina Richter an Richard Dehmel, 8.8.1914

183 ebd.

184 Historische Postkarte

185 SUB Hamburg, DA: BR: R: 202, Brief von Lina Richter an Ida Dehmel, 22.10.1914

186 ebd.

187 SUB Hamburg, DA: BR: R: 203, Brief von Lina Richter an Ida Dehmel, 11.3.1915

188 Ludwig/Schaulinski, Metropole Berlin, S. 27

189 Lebendiges Museum Online, Chronik 1912, 12.1.1912, https://www.dhm.de/lemo/jahreschronik/1912

190 BBWA, N2/743, Brief von Marie Baum an Lina Richter, 11.7.2015

191 BBWA, N2/738, Brief von Ida Dehmel an Lina Richter, 22.10.1915

192 SUB Hamburg, DA BR R: 203, Brief von Lina Richter an Ida Dehmel, 11.3.1915

193 BBWA, N2/318, Brief von Ernst Joel an Lina Richter, 5.4.1915

194 BBWA, N2/7, Brief von Ernst Joel an Lina Richter, 11.5.1915

195 Richter, Raoul, Essays, S. 415

196 Dehmel, Richard, Ausgewählte Briefe, S. 350f.

197 BBWA, N2/187, Brief von Max Brahn an Lina Richter, 23.12.1914

198 BBWA, N2/762, Brief von Ernst von Saucken an seine Nichte Lina Richter, 14.5.1915

199 BBWA, N2/327, Brief von Ernst Joel an Lina Richter, 14.5.1915

200 BBWA, N2/400, Brief von Sophie Prior an Lina Richter, 14.8.1915

201 BBWA, N2/185, Brief von Ottilie von Bistram an Lina Richter, 19.8.1915

202 BBWA, N2/385, Brief von Reinhold Richter an seine Schwägerin Lina Richter, 24.8.1915

203   BBWA, N2/385, Brief von Reinhold Richter an seine Schwägerin Lina Richter, 25.8.1915

204   BBWA, N2/336, Brief von Ernst Joel an Lina Richter, 28.09.1915

205   BBWA, N2/13, Brief von Alfred Becker an Lina Richter, 5.10.1915

206   BBWA, N2/15, Brief von Alfred Becker an Lina Richter, 12.10.1915

207   Nietzsche, Friedrich, Also sprach Zarathustra, Leipzig 1899, S. 67

208   Richter, Raoul, Friedrich Nietzsche. Sein Leben und Werk, S. 298

209   Nietzsche, Friedrich, Also sprach Zarathustra, S. 68

210   BBWA, N2/9, Brief von Reinhold Richter an seine Schwägerin Lina Richter, 19.10.1915

211   BBWA, N2/738, Brief von Ida Dehmel an Lina Richter, 22.10.1915

212   BBWA, N2/224, Brief von Marie Hinz an Lina Richter, 8.11.1915

213   BBWA, N2/20, Brief von Rudolph von Scholz an Lina Richter, 19.11.1915

214   BBWA, N2/739, Brief von Benoit Oppenheim an seine Tochter Lina Richter, 24.12.1915

215   BBWA, N2/241, Brief von Ida Dehmel an Lina Richter, 26.12.1915

216   BBWA, N2/775, Brief von Ernst von Saucken an seine Nichte Lina Richter, 29.12.1915

217   BBWA, N2/27, Brief von Rudolph Oppenheim an seine Schwester Lina Richter, 30.1.1916

218   BBWA, N2/30, Brief von Reinhold Richter an seine Schwägerin Lina Richter, 2.3.1916

219   BBWA, N2/766, Brief von Ernst von Saucken an seine Nichte Lina Richter, 26.3.1916

220   BBWA, N2/468, Brief von N. Rickberger-Jaecke an Lina Richter, 1.6.1916

221   BBWA, N2/31, Brief von Rudolph Oppenheim an seine Schwester Lina Richter, 30.7.1916

222   SUB Hamburg, DA BR: R: 149, Brief von Lina Richter an Richard Dehmel, 8.8.1914

223   BBWA, N2/245, Brief von Max Brahn an Lina Richter, 29.12.1916

224   Kurt Hahn-Archiv, Allgemeine politische Schriften über Kurt Hahn, 1. Lina Richter: Fragmente einer biografischen Skizze von Kurt Hahn

225   ebd.

226   SUB Hamburg, DA: BR: R: 152, Brief von Lina Richter an Richard Dehmel, 18.11.1917

227   SUB Hamburg, DA: BR: R: 211, Brief von Lina Richter an Ida Dehmel, 22.12.1915

228   Krimm, Konrad (Hrsg.), Der Wunschlose, Prinz Max von Baden und seine Welt, Stuttgart 1916, S. 167

229   Ewald, In Salem gab es wenig Duzendware

230   SUB Hamburg, DA BR R: 212, Brief von Lina Richter an Ida Dehmel, 12.1.1916

231   SUB Hamburg, DA: BR: R: 208, Brief von Lina Richter an Ida Dehmel, 22.8.1915

232   Baden, Prinz Max von, Erinnerungen und Dokumente, S. 122

233   Morel, Edmund Dene, Ein gerechter Engländer über die Schuld am Kriege, Norderstedt 2017, S. 15

234   Morel, Edmund Dene, Das Gift, das zerstört. Die Mär von dem deutschen Kriegsanschlag 1914, Viöl 2005, S. 13

235 LABW, GLAK, FA N 6054, Brief von Lina Richter an ihren Bruder Rudolph Oppenheim, 28.6.1920

236 David, Eduard, Das Kriegstagebuch des Reichstagsabgeordneten Eduard David 1914–1918, in: Quellen zur Geschichte des Parlamentarismus und der politischen Parteien, Band 4, Düsseldorf 1966, S. 183, Eintrag vom 25.6.1916, https://kgparl.de/publikationen/das-kriegstagebuch-des-reichstagsabgeordneten-eduard-david/

237 Kessler, Harry Graf, Tagebücher, Eintrag vom 6.7.1916

238 David, Eduard, Kriegstagebuch, S.192, Eintrag vom 11.8.1916

239 Mey, Reinhard, Nein, meine Söhne geb' ich nicht, o. O. 1986

240 SUB Hamburg, DA: BR: R: 149, Brief von Lina Richter an Richard Dehmel, 8.8.1914

241 LABW, GLAK FA N 5304, Ausarbeitung von Lina Richter, Dokument 1916, Nr. 30

242 Familienüberlieferung

243 SUB Hamburg, DA: BR: R: 195, Brief von Lina Richter an Ida Dehmel, 20.10.1913

244 Baden, Max Prinz von, Erinnerungen und Dokumente, S. 161

245 BBWA, N2/279, Brief von Eduard David an Lina Richter, 27.7.1916

246 David, Eduard, Kriegstagebuch, S. 193, Eintrag vom 16.8.1916

247 BBWA, N2/751, Brief von Benoit Oppenheim an seine Tochter Lina Richter, 20.10.1916

248 BBWA, N2/387, Brief von Max Brahn an Lina Richter, 27.9.1916

249 BBWA, N2/387, Brief von Max Brahn an Lina Richter, 27.9.1916

250 BBWA, N2/526, Brief von Max Brahn an Lina Richter, 5.10.1916

251 Paust, Rudolf, Oskar Wilde über Frauen Liebe Ehe, Berlin 1922, S. 45

252 BBWA, N2/679, Brief von Benoit Oppenheim an seine Tochter Lina Richter, 19.10.1916

253 BBWA, N2/156, Brief von Josy Reinlein an ihre Freundin Lina Richter, 9.8.1916

254 BBWA, N2/392, 27.7.1917, Brief von Eveline Richter an ihre Mutter Lina Richter, 27.7.1917

255 Moeller, Briefe an Cornelie Richter, S. 651

256 Richter, Lina, Die Wirkung der Blockade auf das deutsche Familienleben in: LABW, GLAK, FA N 5662,18, Salem 1919, Einleitung

257 Richter, Lina, Die Wirkung der Blockade auf das deutsche Familienleben, Einleitung

258 ebd, S. 4

259 ebd, S. 6

260 Richter, Lina, Die Wirkung der Blockade auf das deutsche Familienleben, S. 11

261 ebd., S. 6

262 ebd., S. 14

263 Richter, Lina, Die Wirkung der Blockade auf das deutsche Familienleben, S. 15

264 ebd., S.16

265 ebd., S. 9f.

266 Richter, Lina, Die Wirkung der Blockade auf das deutsche Familienleben, S.19f.

267 LABW, GLAK, FA N 5352, Auszüge Lina Richters aus englischer Presse 1917–1918. Nation, Ausgabe vom 16.11.1918

268 Kurt Hahn Archiv, Sonderklassen, Fragment einer Biografie über Kurt Hahn von Lina Richter, l. Num. 59

269 ebd.

270 ebd.

271 BBWA, N2/34, Brief von Rudolph Oppenheim an seine Schwester Lina Richter, 18.11.1916

272 David, Eduard, Kriegstagebuch, S. 203, Eintrag vom 8.10.1916

273 LABW, GLAK, FA N 5304, Notizen Kurt Hahn, Lina Richter zu einer Reichstagsrede Eduard Davids, Oktober 1916

274 David, Eduard, S. 192, Eintrag vom 11.8.1916

275 BBWA, N2/792, The Observer, 26.12.1915

276 Vossische Zeitung, Nr. 636, Ausgabe vom 12.12.1916, in: Moeller, Briefe an Cornelie Richter, S. 841

277 BBWA, N2/680, Brief von Benoit Oppenheim an seine Tochter Lina Richter, 20.11.1916

278 LABW, GLAK, FA N 5352, Auszüge Lina Richters aus englischer Presse 1917–1918

279 LABW, GLAK, FA N 5460, Material zu: Richter, Lina, Warum wir den Krieg verloren, 1919

280 ebd.

281 Baden, Prinz Max von, Erinnerungen und Dokumente, S. 119

282 Moeller, Briefe an Cornelie Richter, S. 180

283 Morel, Das Gift, das zerstört, S. 11

284 SUB Hamburg, DA: BR: R: 152, Brief von Lina Richter an Richard Dehmel, 18.11.1917

285 Baden, Prinz Max von, Erinnerungen und Dokumente, S. 188

286 ebd., S. 191

287 ebd., S. 189

288 ebd., S. 207

289 SUB Hamburg, DA: BR: R: 210, Brief von Lina Richter an Ida Dehmel, 2.11.1915

290 Kessler, Harry Graf, Tagebücher, Eintrag vom 22.1.1918

291 Moeller, Briefe an Cornelie Richter, S. 729

292 SUB Hamburg, DA: BR: R: 154, Brief von Lina Richter an Richard Dehmel, 1.8.1918

293 Familienarchiv

294 Familienarchiv

295 SUB Hamburg, DA: BR: R: 154, Brief von Lina Richter an Richard Dehmel, 1.8.1918

296 Familienarchiv

297 David, Eduard, Kriegstagebuch, S. 12, Eintrag vom 4.8.1914

298 Müller-Klug, Florian, Die Balkonreden Wilhelm II. – Zum Ausbruch des Ersten Weltkriegs, 2014, in: https://clioberlin.de/blog-geschichte/64-die-balkonreden-wilhelm-2-zum-ausbruch-des-ersten-weltkriegs.html

299 https://www.zeitklicks.de/weimarer-republik/politik/die-revolutionaere/karl-liebknecht

300 SUB Hamburg, DA: BR: R: 213, Brief von Lina Richter an Ida Dehmel, 12.5.1916

301 Moeller, Briefe an Cornelie Richter, S. 801

302 ebd.

303 LABW GLAK, FA N 5460, Ausarbeitung Lina Richter (?), Warum wir den Krieg verloren, 1919

304 Krimm, Der Wunschlose, S. 167

305 LABW, GLAK, FA N 5460, Ausarbeitung von Lina Richter über den Militarismus, 1919

306 SUB Hamburg, DA: BR: R: 207, Brief von Lina Richter an Ida Dehmel, 7.7.1915

307 Dargel, Eveline, Feucht, Stefan, Niederhofer, Ulrike, In Dir steckt mehr als Du glaubst, Katalog zur Ausstellung im Neuen Museum Schloss Salem, Tettnang 2010, S. 20

308 David, Eduard, Kriegstagebuch, S. 241, Eintrag vom 7.7.1917

309 Rosenberg, Dr. Arthur, Die Entstehung der Deutschen Republik, Berlin 1930, S. 187

310 Merkle, Berthold, Des Kaisers letzter Kanzler, in: Tagesspiegel, 5.2.2014 https://www.tagesspiegel.de/kultur/des-kaisers-letzter-kanzler-8029891.html

311 Rosenberg, Die Entstehung der Deutschen Republik, S. 189

312 David, Eduard, Kriegstagebuch, S. 247, Eintrag vom 16.7.1917

313 Matthias, Ernst, Morsey, Rudolf, Die Regierung des Prinzen Max von Baden, Düsseldorf 1962, S. 903

314 SUB Hamburg, DA: BR: R: 152, Brief von Lina Richter an Richard Dehmel, 18.11.1917

315 BBWA, N2/595, Brief von Lina Richter an ihre Tochter Eveline Richter, 11.7.1917

316 SUB Hamburg, DA: BR: R: 154, Brief von Lina Richter an Richard Dehmel, 1.8.1918

317 LABW, GLAK, FA N 5352, Auszüge Lina Richters aus englischer Presse 1917–1918

318 LABW, GLAK, FA N 5605, Nr. 15, Gespräch Lina Richters mit Eduard David, 23.9.1918

319 Krimm, Konrad, Der Wunschlose, S. 11

320 ebd.

321 LABW, GLAK, FA N 5859, Denkschrift, Was erwarten die Feinde, was hoffen sie, von Richter, Lina / Hahn, Kurrt, September 1918

322 Baden, Prinz Max von, Erinnerungen und Dokumente, S. 318

323 Moeller, Briefe an Cornelie Richter, S. 719, Brief von Hugo Graf von und zu Lerchenfeld an Cornelie Richter, 25.10.1918

324 Machtan, Lothar, Prinz Max von Baden, Der letzte Kanzler des Kaisers, Berlin 2013, S. 481

325 Krimm, Konrad, Der Wunschlose, S. 167

326 LABW, GLAK, FA N 6835, Nr. 11, Argumente Lina Richters für eine Kanzlerschaft des Prinzen Max von Baden, Juli 1917

327 David, Eduard, Kriegstagebuch, S. 286, Eintrag vom 6.10.1918

328 David, Eduard, Kriegstagebuch, S. 286, Eintrag vom 6.10.1918

329 Baden, Prinz Max von, Erinnerungen und Dokumente, S. 332

330 LABW, GLAK, FA N 5859, Denkschrift, Was erwarten die Feinde, was hoffen sie von Richter, Lena / Hahn, Kurt, September 1918

331 Moeller, Briefe an Cornelie Richter, S. 180

332 Baden, Prinz Max von, Erinnerungen und Dokumente, S. 394

333 Machtan, Lothar, Prinz Max von Baden, S. 392

334 Baden, Prinz Max von, Erinnerungen und Dokumente, S. 351

335 Machtan, Prinz Max von Baden, S. 394f.

336 LABW, GLAK, FA N 5567,6, Titelseite Welt am Montag, 14.10.1918

337 David, Eduard, Kriegstagebuch, S. 291 Eintrag vom 15.10.1918

338 LABW, GLAK, FA N 5859, Brief von Lina Richter an Prinz Max von Baden, 7.12.1918

339 LABW, GLAK, FA N 5567, Schreiben von Lina Richter an Prinz Max von Baden, 2.10.1918

340 Baden, Prinz Max von, Erinnerungen und Dokumente, S. 394

341 ebd., S. 395

342 ebd., S. 427

343 Baden, Prinz Max von, Erinnerungen und Dokumente, S. 437

344 LABW, GLAK, FA N 5859, Brief von Lina Richter an Prinz Max von Baden, 19.10.1918

345 LABW, GLAK, FA N 5859, Brief von Lina Richter an Prinz Max von Baden, 19.10.1918

346 Baden, Prinz Max von, Erinnerungen und Dokumente. S. 443

347 ebd., S.464

348 ebd., S. 465

349 Rosenberg, Die Entstehung der Deutschen Republik, S. 233

350 LABW, FA N 5609, Denkschriften zur Abdankung des Kaisers, September–November 1918

351 Baden, Prinz Max von, Erinnerungen und Dokumente, S. 498

352 ebd., S. 499

353 Matthias, Morsey, Die Regierung des Prinzen Max von Baden, S. 427

354 Deutscher Bundestag, wissenschaftliche Dienste, Dokumentation, vom Kaiserreich zur Republik, S. 35, https://www.bundestag.de/resource/blob/585520/544cafcae857e6b6ec4086ed6f3873dc/WD-1-036-18-pdf-data.pdf

355 Kessler, Harry Graf, Tagebücher. Eintrag vom 3.11.1918

356 LABW, GLAK, FA N 5609, Schreiben von Lina Richter zur Wahrnehmung von Prinz Max von Baden als Reichskanzler und Zumutungen während der Friedensverhandlungen, 15.11.1918

357 Matthias, Morsey, Die Regierung des Prinzen Max von Baden, S. 517

358 LABW, GLAK, FA N 5609, Denkschriften zur Abdankung des Kaisers, September–November 1918

359 Baden, Prinz Max von, Erinnerungen und Dokumente, S. 589

360 Malanowski, Wolfgang, November 1918, Kartoffeln, keine Revolution, 2. Fortsetzung, in: Der Spiegel, 1.12.1968, https://www.spiegel.de/politik/november-1918-kartoffeln-keine-revolution-a-b63e483c-0002-0001-0000-000045922120

361 Baden, Prinz Max von, Erinnerungen und Dokumente, S. 597

362 LABW, GLAK, FA N 5606, 49, Zusammenstellung von Lina Richter über das Schießverbot, 9.11.1918

363 Baden, Prinz Max von, Erinnerungen und Dokumente, S. 599

364 LABW, GLAK, FA N 5609,49, Zusammenstellung von Lina Richter über das Schießverbot, 9.11.1918

365 Deutsches Rundfunkarchiv, https://www.swr.de/swr2/wissen/archivradio/ausrufung-der-republik-durch-philipp-scheidemann-1918-102.html

366 David, Eduard, Kriegstagebuch, S. 292, Eintrag vom 9.11.1918

367 Matthias, Morsey, Die Regierung des Prinzen Max von Baden, S. 631

368 LABW, GLAK, FA N 5859, Korrespondenz Kurt Hahn, Lina Richter, Brief von Lina Richter an Prinz Max von Baden, 7.12.1918

369 LABW, GLAK, FA N 5859, Brief von Lina Richter an Prinz Max von Baden, 29.11.1918

370 Deutsches Rundfunkarchiv, https://www.swr.de/swr2/wissen/archivradio/ausrufung-der-republik-durch-philipp-scheidemann-1918-102.html

371 Bundesarchiv 2023, Dokumente zur Zeitgeschichte, Ausrufung der Republik, 9.11.1918, https://www.bundesarchiv.de/DE/Content/Dokumente-zurZeitgeschichte-19181109_ausrufung-der-republik/html

372 LABW, GLAK, FA N 5859, Brief von Lina Richter an Prinz Max von Baden, 7.12.1918

373 BBWA N2/779, Brief von Ernst von Saucken an seine Nichte Lina Richter, 20.12.1918

374 https://www.zeitklicks.de/weimarer-republik-politik/typisch-weimar/die-weimarer-koalition

375 LABW, GLAK, FA N 6210, Brief von Lina Richter an Marie Baum, 18.2.1919

376 ebd.

377 ebd.

378 SUB Hamburg, HANSb336026, Brief von Stefan Zweig an Richard Dehmel, o. D.

379 Fenske, Hans, Wahlrecht und Parteiensystem in der Weimarer Republik, Politische Vierteljahreszeitschrift, März 1974, S. 143, https://jstor.org/stable/24194121

380 LABW, GLAK, FA N 6210, Brief von Lina Richter an Marie Baum, 8.2.1919

381 LABW, GLAK, FA N 6210, Brief von Lina Richter an Marie Baum, 8.2.1919

382 Moeller, Briefe an Cornelie Richter, S. 734

383 Richter, Lina, Politiker und Erzieher, in: Die Zeit, 31.5.1956 https://www.zeit.de/1956/22/politiker-und-erzieher

384 LABW, GLAK, FA N 6210, Brief von Lina Richter an Marie Baum, 8.2.1919

385 Moeller, Briefe an Cornelie Richter, S. 745

386 Deutschlandfunk Archiv, https://www.deutschlandfunk.de/vor-100-jahren-die-unterzeichnung-des-versailler-vertrages-100.html

387 Morel, Das Gift, das zerstört, S. 52

388 LABW, GLAK FA N 5903,5, Brief von Lina Richter an Ludwig Haas, 23.5.1919

389 LABW, GLAK FA N 5903,5, Brief von Ludwig Haas an Lina Richter, 26.5.1919

390 LABW, GLAK, FA N 6212, 5, Brief von Lina Richter an ihren Arzt, 18.6.1919

391 SUB Hamburg, DA: BR: R: 155, Brief von Lina Richter an Richard Dehmel, 21.6.1919

392 Richter, Lina, Die Wirkung der Blockade auf das deutsche Familienleben, Vorwort, Salem 1919

393 LABW, GLAK, FA N 6514,7, Schreiben von Kurt Hahn an Margarete Gärtner, 5.6.1920

394 LABW, GLAK, FA N 6212, 7, Brief von Lina Richter an Marie Baum, 9.10.1919

395 LABW, GLAK, FA N 5350, Ausarbeitungen v. a. Lina Richters zur innen- und außenpolitischen Lage 1918–1925

396 Morel, Das Gift, das zerstört, S. 50f.

397 BBWA, N2/576, Brief von Elisabeth Förster Nietzsche an Lina Richter, 7.8.1922

398 SUB Hamburg, DA: BR: R: 197, Brief von Lina Richter an Ida Dehmel, 12.1.1914

399 Hahn-Archiv, Richter, Fragment einer biografischen Skizze über Kurt Hahn

400 Schlemmer, Martin, Die Rheinlandbesetzung, Kapitel 8, Der Einsatz von Kolonialtruppen in dem besetzten Gebieten, https://www.rheinische-geschichte.lvr.de/Epochen-und-Themen/Themen/die-rheinlandbesetzung-1918-1930/DE-2086/lido/57d133f17e43d1.98845861

401 LABW, GLAK, FA N 6514,17, Schreiben von Lina Richter an Margarete Gärtner, 30.7.1920

402

⁷LABW, GLAK, FA N 5280, Erklärung von Mitgliedern der Heidelberger Vereinigung gegen die Übergriffe farbiger Besatzungstruppen, 1.6.1920

403 LABW, GLAK, FA N 5864, Nation vom 7.8.1920

404 ebd.

405 LABW, GLAK, FA N 6514,33, Schreiben von Margarete Gärtner an Lina Richter, 15.1.1921

406 LABW, GLAK, FA N 6514,27 und FA N 6514,22, Schreiben von Lina Richter an Margarete Gärtner, 16.10.1920 und 10.9.1920

407 LABW, GLAK, FA N 6514,14, Schreiben von Lina Richter an Margarete Gärtner, 11.7.1920

408 LABW, GLAK, FA N 5459,11, Schreiben von Lina Richter zu Möglichkeiten der Zusammenarbeit mit der Entente bei der Bekämpfung von Krankheiten und Epidemien, Entwürfe zu offenen Briefen 1919–1920

409 Ewald, In Salem gab es keine Duzendware

410 Richter, Fragment einer biografischen Skizze von Kurt Hahn

411 Richter, Politiker und Erzieher

412 Dargel/Niederhofer/Feucht, In Dir steckt mehr als Du glaubst, S. 9

413 BBWA, N2/361, Brief von Gustav Richter an seine Mutter Lina Richter, o. D.

414 Dargel/Niederhofer/Feucht, In Dir steckt mir als Du glaubst, S. 50f.

415 LABW, GLAK, FA N 6054, Brief von Lina Richter an ihren Bruder Rudolf Oppenheim, 28.6.1920

416 Ewald, In Salem gab es keine Duzendware

417 Ewald, In Salem gab es keine Duzendware

418 Zirlewagen, Marc, Die Einzigartige und Großartige, Salem Magazin 7/22, S. 37

419 Ewald, In Salem gab es keine Duzendware

420 Ewald, In Salem gab es keine Duzendware

421 ebd.

422 Richter, Fragment einer biografischen Skizze von Kurt Hahn

423 ebd.

424 Richter, Fragment einer biografischen Skizze von Kurt Hahn

425 Dargel/Niederhofer/Feucht, In Dir steckt mehr als Du glaubst, S. 42ff.

426 Richter, Fragment einer biografischen Skizze von Kurt Hahn

427 BBWA, N2/125, Brief von Roland Richter an Kurt Hahn, 14.6.1928

428 SUB Hamburg, DA: BR: R: 212, Brief von Lina Richter an Ida Dehmel, 18.3.1920

429 Kessler, Harry Graf, Tagebücher, Eintrag vom 22.7.22

430 Kessler, Harry Graf, Tagebücher, Eintrag vom 24.7.1922

431 BBWA, N2/629, Brief von Gustav Richter an seine Tante Daisy Oppenheim, 23.8.1922

432 BBWA, N2/360, Brief von Gustav Richter an seine Mutter Lina Richter, o. D.

433 SUB Hamburg, DA: BR: R: 155, Brief von Lina Richter an Richard Dehmel, 21.6.1919

434 BayHStA, GHA; NL Rupprecht Nr. 694, Brief von Max von Baden an Ruprecht von Bayern, 17.2.1919

435 Richter, Fragment einer biografischen Skizze von Kurt Hahn

436 Ewald, In Salem gab es keine Duzendware

437 LABW, GLAK, FA N 6233, Brief von Lina Richter an Kurt Hahn, 21.3.1921

438 BBWA, N2/271, Brief von Hans von Haeften an Lina Richter, 13.12.1918

439 Harmsen, Rieke C., Werner und Hans-Bernd von Haeften und der 20. Juli 1944, Hagen 2019, S. 100, https://ub-deposit.fernuni-hagen.de/receive/mir_mods_00001713

440 Baden, Prinz Max von, Erinnerungen und Dokumente, S. 73

441 BBWA, N2/684, Brief von Benoit Oppenheim an seine Tochter Lina Richter, 18.8.1925

442 BBWA, N2/645, Brief von Benoit Oppenheim an seine Tochter Lina, 7.10.1927

443 Baden, Prinz Max von, Erinnerungen und Dokumente, S. 26f.

444 Machtan, Lothar, Autobiografie als geschichtspolitische Waffe, Vierteljahreshefte für Zeitgeschichte, 2013, S. 481, https://www.ifz-muenchen.de/heftarchiv/2013_4_2_machtan.pdf

445 Machtan, Lothar, Autobiografie als geschichtspolitische Waffe, S. 495

446 BBWA, N2/643, Brief von Benoit Oppenheim an seine Tochter Lina Richter, 17.12.1929

447 BBWA, N2/646, Brief von Benoit Oppenheim an seine Tochter Lina Richter, 28.8.1928

448 BBWA, N2/377, Rundbrief von Lina Richter an ihre Kinder, 14.5.1927

449 BBWA N2/641, Brief von Benoit Oppenheim an seine Tochter Lina Richter, 13.11.1928

450 BBWA, N2/685, Brief von Benoit Oppenheim an seine Tochter Lina Richter, 16.11.1929

451 BBWA, N2/574, Brief von Gustav Richter an seine Mutter Lina Richter, 20.9.1931

452 BBWA, N2/431 und 647, Briefe von Benoit Oppenheim an seine Tochter Lina Richter, 8.3.1929 und 29.3.1929

453 BBWA, N2/133, Brief von Roland Richter an seine Mutter Lina Richter, 23.6.1929

454 BBWA, N2/648, Brief von Benoit Oppenheim an seine Tochter Lina Richter, 6.11.1929

455 BBWA, N2/559, Brief von Benoit Oppenheims Haushälterin Johanna Flugmacher an Lina Richter, 2.12.1929

456 ebd.

457 BBWA, N2/147, Brief von Roland Richter an seine Mutter Lina Richter, 30.1.1931

458 SUB Hamburg, DA: BR: R: 163, Brief von Lina Richter an Ida Dehmel, 21.5.1909

459 SUB Hamburg, DA: BR: R: 172, Brief von Lina Richter an Ida Dehmel, 12.07.1910

460 BBWA, N2/357, Brief von Gustav Richter an seine Mutter Lina Richter, 2.5.1927

461 BBWA N2/ 593, Brief von Lotte Richter an ihre Schwägerin Eveline Richter, 12.5.1927

462 BBWA N2/364, Brief von Gustav Richter an seine Mutter Lina Richter, 10.5.1930

463 ebd.

464 ebd.

465 BBWA N2/585, Brief von Lotte Richter an ihre Schwiegermutter Lina Richter, 23.1.1931

466 BBWA, N2/342, Brief von Gustav Richter an seine Mutter Lina Richter, 27.1.1931

467 BBWA, N2/342, Brief von Gustav Richter an seine Mutter Lina Richter, 27.1.1931

468 BBWA, N2/389, Brief von Lotte Richter an ihre Schwiegermutter Lina Richter, 31.12.1931

469 BBWA, N2/100, Brief von Eveline Richter an ihre Mutter Lina Richter, 5.1.1932

470 BBWA, N2/568, Brief von Paula Denk an Lina Richter, 20.1.1932

471 BBWA, N2/103, Brief von Eveline Richter an ihre Mutter Lina Richter, 18.7.1932

472 BBWA, N2/350, Brief von Gustav Richter an seine Mutter Lina Richter, 17.3.1931

473 BBWA, N2/349, Brief von Gustav Richter an seine Mutter Lina Richter, 21.2.1932

474 BBWA, N2/644, Brief von Benoit Oppenheim an seine Tochter Lina Richter, 12.12.1927

475 BBWA, N2/578, Brief von Curt Richter an seine Mutter Lina Richter, 15.3.1930

476 BBWA, N2/470, Brief von Paula Denk an Lina Richter, 3.2.1932

477 BBWA, N2/377, Brief von Gustav Richter an seine Mutter Lina Richter, 14.5.1933

478 BBWA N2/128, Brief von Roland Richter an seine Mutter Lina Richter, 6.12.1928

479 BBWA, N2/553, Brief von Marie von Leyden an ihre Nichte Lina Richter, 3.3.1930

480 BBWA, N2/104, Brief von Eveline Schütte an ihre Mutter Lina Richter, 13.5.1932

481 BBWA, N2/116, Brief von Eveline Richter an ihre Mutter Lina Richter, 23.2.1929

482 BBWA, N2/105, Brief von Eveline Schütte an ihre Mutter Lina Richter, 27.7.1932

483 BBWA, N2/46, Brief von Leo Richter an seine Mutter Lina Richter, 20.9.1929

484 BBW, N2/39, Brief von Leo Richter an seine Mutter Lina Richter, 25.5.1929

485 BBWA, N2/45, Brief von Leo Richter an seine Mutter Lina Richter, 21.10.1929

486 BBWA, N2/49, Brief von Leo Richter an seine Mutter Lina Richter, 9.8.1930

487 BBWA, N2/81, Brief von Leo Richter an seine Mutter Lina Richter, 3.3.1932

488   BBWA, N2/582, Brief von Roland Richter an seine Mutter Lina Richter, 13.7.1932

489   BBWA, N2/59, Brief von Leo Richter an seine Mutter Lina Richter, 21.7.1932

490   BBWA, N2/87, Brief von Leo Richter an seine Mutter Lina Richter, 16.1.1933

491   Familienarchiv

492   Familienarchiv

493   SUB Hamburg, DA BR R: 192, Brief von Lina Richter an Ida Dehmel, 3.8.1913

494   ebd.

495   Moeller, Briefe an Cornelie Richter, S. 760

496   Dargel/Niederhofer/Feucht, In Dir steckt mehr als Du glaubst, S. 50, Brief von Kurt Hahn an Marine Ewald vom 19.9.1919

497   BBWA, N2/129, Brief von Roland Richter an seine Mutter Lina Richter, 9.11.1927

498   ebd.

499   BBWA, N2/127, Brief von Roland Richter an seine Mutter Lina Richter, 17.2.1928

500   BBWA, N2/130, Brief von Roland Richter an seine Mutter Lina Richter, 3.11.1928

501   BBWA, N2/131, Brief von Roland Richter an seine Mutter Lina Richter, 20.7.1929

502   Familienüberlieferung

503   BBWA, N2/348, Brief von Gustav Richter an seine Mutter Lina Richter, 6.2.1932

504   BBWA, N2/350, Brief von Gustav Richter an seine Mutter Lina Richter, 17.3.1932

505   BBWA, N2/107, Brief von Eveline Schütte an ihre Mutter Lina Richter, 23.3.1932

506   BBWA, N2/103, Brief von Eveline Schütte an ihre Mutter Lina Richter, 18.7.1932

507   BBWA, N2/353, Brief von Gustav Richter an seine Mutter Lina Richter, 9.10.1932

508   Richter, Fragment einer biografischen Skizze von Kurt Hahn

509   Institut für Zeitgeschichte München, Der Fall Potempa, Vierteljahreshefte für Zeitgeschichte, Heft 3, 1957, S. 279–297, https://www.ifz-muenchen.de/heftarchiv/1957_3_6_kluke.pdf

510   ebd.

511   Richter, Fragment einer biografischen Skizze von Kurt Hahn

512   BBWA, N2/86, Brief von Leo Richter an seine Mutter Lina Richter, 14.3.1933

513   Kessler, Harry Graf Tagebücher, Eintrag vom 24.6.1933

514   Zirlewagen, Marc, Die Einzigartige und Großartige

515   BBWA N2/554, Brief von Roland Richter an seine Mutter Lina Richter, 8.5.1933

516   Scriba, Arnulf, Warum Arierparagraph?, Lebendiges Museum Online, 2015, https://www.dhm.de/lemo/kapitel/ns-regime/ausgrenzung-und-verfolgung/arierparagraph.html

517   ebd.

518   BBWA, N2/554, Brief von Roland Richter an seine Mutter Lina Richter, 8.5.1933

519   BBWA, N2/384, Brief von Curt Richter an seine Mutter Lina Richter, 14.4.1933

520   BBWA N2/383, Brief von Curt Richter an seine Mutter Lina Richter, 25.4.1933

521   BBWA, N2/381, Brief von Curt Richter an seine Mutter Lina Richter, 12.4.1933

522 Eidenbenz Mathias, Blut und Boden, in: WerkstattGeschichte 16, Hamburg 1997, S.114, https://werkstattgeschichte.de/wp-content/uploads/2017/01/WG16_113-115_SCHOETTLER_BLUT.pdf

523 ebd.

524 BBWA, N2/355, Brief von Gustav Richter an seine Mutter Lina Richter, 3.5.1933

525 BBWA, N2/383, Brief von Curt Richter an seine Mutter Lina Richter, 25.4.1933

526 BBWA N2/355, Brief von Gustav Richter an seine Mutter Lina Richter, 3.5.1933

527 Familienarchiv

528 Familienarchiv

529 Kuhrau, Winkler, Juden Bürger Berliner, S. 190

530 Familienarchiv

531 Winthrop-Young, Jocelin, The Doune, o. D., https://scf44a4d41d32293b.jimcontent.com/download/version/1517957193/module/5628088666/name/The%20Doune.pdf

532 BBWA, N2/470, Brief von Paula Denk an Lina Richter, 3.2.1933

533 https://dewiki.de/Lexikon/Gottbegnadeten-Liste

534 Familienüberlieferung

535 Familienüberlieferung

536 Familienüberlieferung

537 Familienüberlieferung

538 Familienarchiv